HEINER BRÜNJES

Bremen bewegen

Bremen und seine Straßenbahn
Teil 3

Impressum

**© 2019. Alle Rechte
beim KellnerVerlag**

St.-Pauli-Deich 3

28199 Bremen

Telefon 0421·77866

Telefax 0421·704058

sachbuch@kellnerverlag.de

www.kellnerverlag.de

Lektorat

Madita Krügler

**Grafische Gestaltung
und Produktion**

Designbüro

Möhlenkamp & Schuldt

www.dm-bremen.de

Druck

Der DruckKellner

St.-Pauli-Deich 3

28199 Bremen

ISBN 978-3-95651-221-6

Der Auslöser für dieses Buch war der hier abgebildete unscheinbare Tisch mit integrierter Vitrine. Er steht heute im Bremer Straßenbahn-Museum und stammt ursprünglich aus dem ehemaligen Kundencenter in Sebaldsbrück. Dieses Möbelstück erinnerte den Autor an das gleiche Modell, das bis 2002 im Standort Domsheide stand, und veranlasste ihn, die Entwicklung der Verkaufsstellen bild- und textlich zu recherchieren. Dabei fand er viele weitere Fotos – und es entstand die Idee, sie in einem neuen Buch der breiteren Öffentlichkeit zugänglich zu machen.

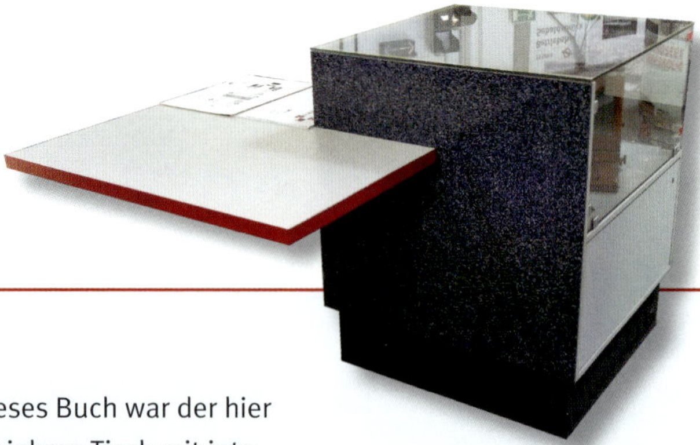

DER AUTOR
HEINER BRÜNJES

Heiner Brünjes ist Mitarbeiter der BSAG und Autor aller drei Bände der Reihe ›Bremen und seine Straßenbahn‹. Er ist nicht nur Straßenbahnfan, sondern Anhänger einer modernen, urbanen und ökologischen Mobilität. Darüber hinaus engagiert sich der Autor im Bremer Straßenbahn-Museum ›Das Depot‹ für die Geschichte des ÖPNV. Seine weiteren Leidenschaften sind bunt: Er schreibt gern, setzt sich für mehr Umweltschutz und Nachhaltigkeit ein, ist begeisterter User des PC-Betriebssystems Ubuntu, interessiert sich für freiwilliges Engagement und ist Norddeutschlandfan.

Fahren Sie mit uns in die Zukunft

Bürgermeister-Smidt-Brücke

Vor Ihnen liegt der dritte Band zu unserer Buchreihe ›Bremen und seine Straßenbahn‹. Er handelt vom Wandel der Mobilität in Bremen und von neuen Perspektiven. Das französische Wort für Zukunft avenir liegt der Bezeichnung unserer neuen Straßenbahn-Baureihe ›Avenio‹ zugrunde. Auch der Bremer Name ›Nordlicht‹ für die künftigen Schienenfahrzeuge symbolisiert die zukunftsweisende Perspektive. Sie stellen eine der wichtigsten Investitionen in die nachhaltige Fortbewegung dar. Unsere Bestellung umfasst insgesamt 77 dieser sehr geräumigen Bahnen, von denen die ersten beiden Züge im Jahr 2020 zur Erprobung fahren werden, bis weitere folgen. Im Folgenden stellen wir Ihnen die ›Nordlichter‹ ausführlich vor und laden Sie zu Blicken hinter die Kulissen ein. Auch neue Fahrzeuge mit zeitgemäßer Technik müssen gewartet werden. Die Freie Hansestadt Bremen und die Bremer Straßenbahn AG (BSAG) machen derzeit viele Werkstätten fit für die kommenden Jahrzehnte. Anstelle des heutigen Depots in Gröpelingen entsteht beispielsweise ein zeitgemäßes Mobilitätsdrehkreuz mit einer modernen Umsteigeanlage.

Neue Fahrzeuge und Werkstätten sind wichtige Maßnahmen, um unsere Fortbewegung langfristig zu sichern und noch mehr Menschen für die Nutzung des Öffentlichen Personennahverkehrs (ÖPNV) zu gewinnen. Viel Gutes ist schon geschehen: Seit dem Erscheinen des zweiten Teils unserer Buchreihe im Jahr 2009 wurde das Schienennetz weiter bis zum Bahnhof Mahndorf und nach Falkenberg ausgebaut, die neue Linie 5 zwischen Gröpelingen, dem Europahafen und dem Hauptbahnhof eröffnet, das Busnetz in der Überseestadt erweitert sowie die 90er-Linien in Bremen-Nord ins Rollen gebracht und laufend verbessert. Neben der Beschaffung von neun weiteren Straßenbahnzügen in den Jahren 2011 und 2012 hat die BSAG insbesondere die Busflotte modernisiert, sodass in dem Unternehmen heute ausschließlich Dieselfahrzeuge mit hohen Abgasnormen (EEV oder Euro 6) zum Einsatz kommen.

Alle Maßnahmen haben zum Ziel, noch mehr Menschen von unseren Leistungen zu überzeugen. Das ist auch allein daher von großer Bedeutung, weil der deutlich spürbare Klimawandel von uns mehr denn je ein Umdenken bei der Verkehrsmittelwahl erfordert. Um die Umwelt zu entlasten und Fahrverbote zu vermeiden, bedarf es eines bewussteren Umgangs mit dem hohen Gut Mobilität. Seit geraumer Zeit können wir verzeichnen, dass sich die Fortbewegung der Menschen tatsächlich verändert: Statt jährlich rund 92,5 Millionen Fahrgäste wie im Jahr 1997 nutzten zwanzig Jahre später bereits 105,6 Millionen die Linien der BSAG! Ursachen dafür sind neben den deutlich verbesserten Angeboten zunehmende Ver-

Von links: Michael Hünig, Vorstand Betrieb und Personal der BSAG, Arbeitsdirektor, und Hajo Müller, Kaufmännischer Vorstand, Sprecher des Vorstands.

Editorial

kehrsstaus, neue Möglichkeiten der Kommunikation und veränderte Einstellungen vor allem junger Menschen zur Mobilität.

Neben den klimatischen Veränderungen sorgen auch der demografische Wandel – der zunehmende Anteil älterer Menschen – sowie die fortschreitende Digitalisierung für neue Herausforderungen in der Verkehrsbranche. Um auf die Entwicklungen zu reagieren, hat die Freie Hansestadt Bremen zusammen mit der BSAG unter Einbeziehung der Bürgerinnen und Bürger Konzepte und konkrete Maßnahmen erarbeitet. Die Ergebnisse sind im ›Verkehrsentwicklungsplan Bremen 2025‹ (VEP) zusammengefasst, der als Grundlage für die künftige Verkehrsplanung dient. Die Umsetzungen stehen im engen Zusammenhang mit der Finanzierbarkeit. Ergänzt wird der VEP durch den ›Masterplan Green City Bremen‹, dessen Ziel es ist, mögliche Fahrverbote aufgrund schlechter Luftwerte durch Innovationen zu vermeiden und eine Verkehrswende einzuleiten. Schwerpunkte sind unter anderem die Förderung der Elektromobilität auf der Grundlage von zertifiziertem Ökostrom, insbesondere durch die Beschaffung von batteriebetriebenen Bussen, und On-Demand-Mobilitätskonzepte.

Um auch in Zukunft das bestmögliche Angebot zu fahren, bleiben die Stadt und die BSAG eng verbunden: Unser Unternehmen wird bis mindestens Juni 2041 für den ÖPNV in Bremen verantwortlich sein. Bis zu diesem Datum läuft der neue öffentliche Dienstleistungsauftrag (ÖDLA). Das Unternehmen begreift dies als einen Vertrauensvorschuss, den wir nicht enttäuschen werden. Die BSAG sieht ihre künftige Rolle auch darin, als Expertin beratend tätig zu sein und Denkanstöße zu geben. Unsere Teams entwickeln Vorschläge, die Entscheidungen trifft die Politik, welche die Verkehre bestellt und finanziert. Für diese Aufgaben benötigen wir genaue Kenntnisse von den Bedürfnissen der Bevölkerung und insbesondere den Wünschen und Ideen für die Fortbewegung der Zukunft. Um mit ihnen über moderne urbane Mobilität zu sprechen, stellen wir daher das Serviceangebot MOBILDIALOG bereit. Dieses umfasst die Kommunikation mit den Menschen in den verschiedenen Stadtteilen, ebenso wie Fachveranstaltungen, Werbekampagnen, unseren Blog und auch das Kundenmagazin.

Darüber hinaus laden wir Sie gemeinsam mit unseren Partnerinnen und Partnern dazu ein, das eigene Mobilitätsverhalten zu entdecken und zu hinterfragen. Als Gast der Ausstellung ›Der mobile Mensch – Deine Wege. Deine Entscheidung. Deine Zukunft‹ im Universum Bremen können Sie bis Mitte 2020 erforschen, welche Mobilitätsformen am besten zu Ihren eigenen Bedürfnissen passen. Sie erfahren zudem, welche Möglichkeiten schon heute bestehen und an welchen Ideen für die Zukunft gearbeitet wird. Blicken Sie mit uns auf die moderne urbane Mobilität. Steigen Sie ein, die Fahrt beginnt!

Die Zukunft hat schon begonnen

Marktplatz am Rathaus

*Weitere Fotos vom Bau
der ›Nordlichter‹ finden Sie
auf den Seiten 254/255.*

EIN STÜCK ZUKUNFT ENTSTEHT –
BAU DER ›NORDLICHTER‹

Der Verkehrsverbund Bremen/Niedersachsen (VBN) ist ein von über 30 kommunalen und privaten Verkehrsunternehmen getragener Verkehrsverbund, darunter die BSAG. Die Städte Bremen, Bremerhaven, Delmenhorst und Oldenburg sowie die Landkreise Ammerland, Diepholz, Oldenburg, Osterholz, Wesermarsch und Verden bilden den Zweckverband Verkehrsverbund Bremen/Niedersachsen (ZVBN).

Die moderne urbane Mobilität ist in Bewegung. Welche Angebote gibt es in Bremen bereits? Was erwartet die Menschen dieser Stadt und der niedersächsischen Nachbargemeinden in den kommenden Jahren von der BSAG konkret? Auf diese Fragen möchte das Unternehmen Ihnen in diesem Kapitel Ein- und Ausblicke geben.

Vor dem Hintergrund der demografischen, digitalen und ökologischen Veränderungen, des Wertewandels bei der Verkehrsmittelwahl und der dynamischen Stadtentwicklung werden das Liniennetz und die Fahrpläne fortlaufend optimiert. Seit 2013 sind an mehreren Stellen der Stadt attraktive Drehkreuze entstanden, an denen verschiedene Verkehrsmittel und Linien miteinander vernetzt sind. Darüber hinaus baut die Gesellschaft zusammen mit Partnern Angebote für Car- und Bike-Sharing auf. Vor allem im Vertrieb und in der Fahrgastinformation nutzt das Unternehmen die fortschreitende Digitalisierung für einen besseren Kundendienst. Bei einem deutlich vielfältigeren Angebot rückt die fachkundige Beratung in den Fokus. Deshalb hat die BSAG in ihre drei Kundencenter investiert und setzt mobile Servicemitarbeitende ein.

Eine Grundlage für die Bremer Verkehrspolitik in den kommenden Jahren sind nach den Bürgerschaftswahlen im Mai 2019 die Vereinbarungen der künftigen Bremer Landesregierung. Für die nahe Zukunft des ÖPNV im Verkehrsverbund Bremen/Niedersachsen (VBN) gibt es zudem den 279 Seiten starken ›Nahverkehrsplan 2018–2022‹. Herausgeber ist der Zweckverband Verkehrsverbund Bremen/Niedersachsen (ZVBN).

Im Nahverkehrsplan heißt es: ›Mit dem von der Verbandsversammlung des ZVBN am 13. Dezember 2017 beschlossenen Nahverkehrsplan für die Jahre 2018 bis 2022 ist der planerische und konzeptionelle Rahmen für die weitere Ausgestaltung eines modernen Nahverkehrssystems in unserer Region abgesteckt‹ (a. a. O., Seite 3). Beispiele für konkrete Projekte und Themen sind: die Verlängerungen der Linien 1 und 8 in Huchting, der Bau der Querverbindung Ost, das geplante neue Busnetz in Obervieland und die Barrierefreiheit im ÖPNV.

Aber die Bremer Straßenbahn AG denkt noch weiter: Wie sieht unsere Mobilität etwa im Jahr 2030 aus? Längerfristige Überlegungen, Konzepte und Visionen zum Verkehr finden Sie ebenfalls in diesem Buch. Weitere Informationen über den Nahverkehrsplan können Sie unter der Internetadresse www.zvbn.de/bibliothek nachlesen.

›NORDLICHTER‹
BEWEGEN BREMEN

Mit Stolz präsentiert Ihnen die BSAG nun das künftige Flaggschiff des Bremer Straßenbahnnetzes: den ›Avenio‹ von der Firma Siemens Mobility. In Bremen wird er auch als ›Nordlicht‹ bezeichnet. Der Norden steht hierbei für die Verbundenheit mit der Stadt und der Region, während das Licht Zukunft und Hoffnung symbolisiert. Seine technische Bezeichnung lautet GT8N-2; dies kennzeichnet ihn als achtachsigen Nieder-flur-Gelenktriebwagen. Nach den Fahrzeug-typen GT8N (ab 1993) und GT8N-1 (ab 2005) begründet er die dritte Generation bremi-scher Niederflur-Straßenbahnwagen. Das fortschrittliche Fahrzeug wird das Straßen-bild Bremens in den kommenden Jahrzehn-ten prägen. Mit leicht abgerundeten Kanten, einer stromlinienförmigen Front sowie einem klar strukturierten Innenraum mit großen Fenstern ist die rund 37 Meter lange und 2,65 Meter breite Bahn ein wahrer Hingucker. Für die Fahrgäste steht ein großzügig gestal-

›Modern, bequem, zuverlässig und selbst-verständlich barrierefrei – das ist die neue Straßenbahn für alle Bremerinnen und Bremer‹, freut sich Hajo Müller, kaufmännischer Vorstand und Sprecher des Vorstands der BSAG, und nennt die Beschaffung einen ›Meilenstein für den Nahverkehr der Zukunft in Bremen und umzu‹.

Im Inneren bieten die ›Nordlichter‹ eine Sitzlandschaft mit gepolsterten Sitzen und Holzbänken.

teter und klimatisierter Innenraum mit viel-fältigen Sitzmöglichkeiten und acht Mehr-zweckflächen in unmittelbarer Nähe der Türen zur Verfügung. Den Fahrerinnen und Fahrern bieten die ›Nordlichter‹ einen ergonomischen, klimatisierten Arbeitsplatz mit einem 180-Grad-Panoramablick.

Einsteigen bitte!

Schauen wir uns den Wagen genauer an: Die sieben Türen führen in einen geräu-migen Eingangsbereich und erlauben so einen schnellen Fahrgastwechsel an den Haltestellen. Sie verfügen über neue Leucht-anzeigen, die etwa mit einem grünen Licht signalisieren, dass die Türen geöffnet wer-den können. Von den Eingängen aus gelangt man über die breiten Gänge mit äußerst

So ähnlich wie dieses Holzmodell werden die neuen »Nordlichter« von außen aussehen.

flachen Rampen an den Drehgestellen (damit gemeint sind die Laufwerke eines Schienenfahrzeugs, bei dem die Räder in einem gegenüber dem Wagenkasten drehbaren Rahmen gelagert werden) schnell zu den Sitz- und Stehplätzen im gesamten Zug. Die Orientierung fällt leicht, da sich die vier Wagenmodule im Aufbau sehr ähneln.

In dem neuen Modell sind viele Wünsche nach Sitzgelegenheiten und Stehplätzen erfüllt. Sie können zwischen Holzbänken und Kunststoffsitzen mit weinroten oder grauen Polsterauflagen wählen, die eine Sitzlandschaft bilden. Jeweils vier Sitze in jedem der vier Wagenteile werden nicht gepolstert, sondern aus Holz gefertigt. Die BSAG entspricht damit einem Materialwunsch, den Fahrgäste immer wieder ge-

äußert hatten. Sitzabstände und -breiten bieten vier Personen ausreichend Platz für einen bequemen Aufenthalt und entsprechen den Maßen aus den vorhandenen, neueren Niederflurbahnen vom Typ GT8N-1. An die Sitzgruppen über den Drehgestellen schließen sich weitere Sitzpaare an, die stufenlos zugänglich und somit besonders leicht von Menschen mit eingeschränkter Mobilität nutzbar sind. Die neuen ›Nordlichter‹ bieten deutlich mehr Platz als die älteren Niederflurzüge des Typs GT8N – nämlich 95 Sitzplätze statt etwa 80 Stück – also knapp 20 Prozent mehr. Viele Haltemöglichkeiten garantieren stehenden Fahrgästen eine sichere und angenehme Fahrt. Insgesamt finden bis zu 256 Menschen im Bremer ›Avenio‹ Platz.

Blick in den Fahrstand.

Seit 2014

Für Passagiere mit Rollstühlen, Rolla- toren, Kinderwagen oder sperrigem Gepäck sind acht Mehrzweckflächen eingerichtet und mit Klappsitzen ausgestattet. Fahrgäste im Rollstuhl finden an der zweiten Tür den gewohnten Hublift vor. Die Einstiegshöhe ist dort etwas niedriger als bei den bisherigen Bahnen. Sollte die Mehrzweckfläche in die- sem Bereich bereits belegt sein, kann eine weitere im nächsten Wagenteil barrierefrei erreicht werden. Breite Durchgänge an den Gelenken erleichtern die Bewegungsfreiheit.

Damit sie den Fahrgästen viel Platz anbieten können, sind die GT8N-2 – wie auch das Vorgängermodell GT8N-1 – breiter als die älteren GT8N-Züge (nämlich 2,65 anstatt 2,3 Meter) und erfordern entsprechende Gleisan- lagen. Auf den Linien 1, 3, 4, 5, 6 und 8 sind

sie sofort einsetzbar. Bei den Strecken der Linien 2 und 10 sind an zwei Stellen, näm- lich in der Gröpelinger Heerstraße zwischen Lindenhofstraße und Depot und in der Se- baldsbrücker Heerstraße beim Bahnhof Sebaldsbrück, Anpassungen erforderlich, die beim ohnehin anstehenden Gleisersatzbau miterledigt werden.

Sicherheit im Fokus

Ob bei Tag oder bei Nacht: Im neuen ›Nordlicht‹ können Sie sich sicher fühlen. Dafür sorgen die übersichtliche Raumgestal- tung ohne dunkle Ecken, die deckenhohen Fenster, die gute Innenbeleuchtung und der Blick zum Fahrstand durch die transpa- rente Trennwand. Die Fahrerin oder der Fahrer können wiederum den Fahrgastraum

Die ›Nordlichter‹ werden mit einem verbesserten Informations- und Entertainment-system ausgestattet – so wie bereits einige der vorhandenen Bahnen.

überblicken und in Notsituationen Unterstützung anfordern. Die Fahrgäste erreichen das Fahrpersonal künftig bequem mithilfe einer Sprechstelle, die sich an jeder Tür befindet. Eine Videoaufzeichnungsanlage rundet das Sicherheitspaket ab.

Auch bei der Gestaltung des Fahrstands steht die Sicherheit im Mittelpunkt: Für eine gute Übersicht sorgt ein Panoramafenster mit einem 180-Grad-Sichtfeld. Dazu wurden die Fensterflächen auch für die Sichtbarkeit von Signalanlagen optimiert. Kameras und die transparent gestaltete Rückwand erlauben zugleich den Blick auf das Geschehen im Fahrgastraum und auf das Ein- und Aussteigen an den Haltestellen. Zur Unterstützung der Fahrerinnen und Fahrer erhalten die Züge moderne Assistenzsysteme, die Hindernisse und Personen im Gleisbereich besser und schneller erkennen. Sie warnen nicht nur, sondern leiten im Notfall auch eine Zwangsbremsung ein. Der helle und geräumige Führerstand ist nach den neuesten Erkenntnissen der Ergonomie

gestaltet. Umgeben vom Bedienpult kann der oder die Fahrende alle Bedienelemente für den Fahrbetrieb bequem erreichen. Die wichtigsten Informationen zeigt ein Display in der Mitte des Fahrstands – und damit immer im Blickfeld – an.

Doppelgelenke und elektronische Achsen

Kennen Sie den Zweck von Schallabsorbern? Der ›Avenio‹ hat mit seinen vier Wagenteilen auf den ersten Blick einige Ähnlichkeiten mit den älteren Niederflurwagen vom Typ GT8N, doch sind in der neuen Bahn viele technische Innovationen verbaut. Eine der auffallendsten Veränderungen in der Konstruktion ist das große Fahrzeuggelenk (die doppelte ›Ziehharmonika‹) in der Wagenmitte. Es befindet sich dort, wo bei den älteren Hochflurzügen die Kupplung den Trieb- mit dem Beiwagen verband. Das Doppelgelenk bietet mehr Spielraum zum Beispiel bei Kurvenfahrten oder beim Befahren von Senken und Kuppen. Die Folge ist ein geringerer

Verschleiß an der Gelenkmechanik. Auch dadurch ist die Bahn rund 1,5 Meter länger als die bisherigen Bahnen.

Damit die ›Nordlichter‹ gut beschleunigen und bremsen, verfügen sie ›unter der Haube‹ über drei angetriebene Drehgestelle. Die älteren Bahnen hatten hingegen nur zwei davon. Die insgesamt sechs Motoren sind außen an den Drehgestellen angebracht. Das erfordert weniger Einbauten im Innenraum, und es gibt keine Stufen in Längsrichtung. Der Wagen wird weiträumiger und lässt bei der Einrichtung mehr Möglichkeiten. Die Antriebe sind luftgekühlt, was im Vergleich zur Wasserkühlung weniger zu wartende Technik erfordert.

Eine weitere Raffinesse sind die modernen Motoren, deren Elektronik Bögen und die unterschiedlichen Radien automatisch erkennt. Aus geometrischen Gründen ist die Außenschiene in Kurven länger als die Innenschiene. Die innovative Elektronik der Motoren sorgt nun dafür, dass sich die Räder in Kurven auf der Außenschiene schneller als auf der Innenschiene drehen. Die Fachleute erwarten durch diese ›elektronische Achse‹ sanftere Kurvenfahrten, deutlich weniger Quietschgeräusche, mehr Laufruhe insgesamt und eine höhere Lebensdauer der Radreifen.

Beim ›Avenio‹ wurde besonders auf Nachhaltigkeit geachtet: Er ist zu 90 Prozent recyclingfähig und verwendet rückgewonnene Bremsenergie zu einem hohen Anteil zum Heizen oder speist sie ins Oberleitungsnetz ein. Zudem wird ausschließlich stromsparende LED-Beleuchtung eingesetzt. Der sparsame Verbrauch des ›Nordlichts‹ ermöglicht außerdem in Verbindung mit hoher Verfügbarkeit und Zuverlässigkeit sowie niedrigen Instandhaltungskosten einen effizienten und wirtschaftlichen Betrieb.

Lärm gilt als umweltschädliche Emission. Daher arbeitet die BSAG konstant an der Verringerung der Geräusche, die Straßenbahnen beim Durchfahren von Kurven oder beim

Technische Daten der ›Nordlichter‹

- Anzahl **77 bestellte Fahrzeuge, Option auf sieben weitere für Netzerweiterungen**
- Wagennummern **3201 bis 3242 und 3401 bis 3435**
- Aufbau **vier Einzelgelenk-Triebwagen**
- Baujahre **2019 bis voraussichtlich 2022**
- Breite **2.650 mm**
- Länge **rund 3.700 mm**
- Höhe **rund 3.600 mm**
- Gewicht **ca. 49 Tonnen Leergewicht**
- Höchstgeschwindigkeit **70 km/h**
- Mehrzweckabteile **8 Sondernutzungsflächen**
- Motoren **3 angetriebene Fahrwerke mit je 2 Seitenantrieben**
- Motorleistung **6 x 120 kW**
- Sitzplätze **70 feste Sitze, 25 Klappsitze, gesamt: 95 Stück**
- Stehplätze **(4 Pers./m; Klappsitze hochgeklappt): 186 Stück**
- Plätze gesamt **256 Stück (Klappsitze hochgeklappt)**
- Türen **7 Außenschwenk-Schiebetüren**

Überqueren von Kreuzungen oder Weichen verursachen. Neben der ›elektronischen Achse‹ sind Messergebnisse mit Schallabsorbern vielversprechend, die, direkt an den Rädern angebracht, Schwingungen bereits am Entstehungsort dämpfen. Auch da fällt der neue GT8N-2 positiv auf: Alle Räder sind damit ausgestattet und ermöglichen so eine leise Fahrt.

Fortschrittliche Technik wird auch für den Service eingesetzt: Mehrere große Doppelmonitore zeigen nicht nur die Liniennummern und nächsten Haltestellen an.

Sie bieten auch Platz für zusätzliche Informationen wie zum Beispiel die Anschlussmöglichkeiten an der nächsten Haltestelle, Störungsmeldungen, Nachrichten oder Hintergrundinfos. Die Fahrgäste sind also immer auf dem Laufenden.

›Nordlichter‹ in zwei Ausführungen

Die BSAG erhält zwei technisch unterschiedlich ausgestattete ›Nordlichter‹: 42 Wagen sind reine Straßenbahn-Fahrzeuge. Sie sind mit den Nummern 3201 bis 3242 gekennzeichnet. 35 Stück können optional

Die alten Niederflurbahnen vom Typ GT8N der Baujahre 1993–1996 werden aus technischen Gründen durch neue, moderne Fahrzeuge ersetzt.

mit einigen technischen Zusatzeinrichtungen für den Einsatz auf der Bremen-Theding-hauser Eisenbahn ausgestattet werden, also auf den geplanten Strecken bis nach Mittels-huchting (Linie 1) und Leeste (Linie 8) fahren. Sie erhalten die Nummern 3401 bis 3435.

Bei den Extras handelt es sich zum Beispiel um einen zusätzlichen Fahrstand hinten im Wagen (Heckfahrstand), um Zug-beeinflussungseinrichtungen (etwa für einen automatischen Halt, wenn ein Signal überse-hen wurde) und neben der üblichen BSAG-Funkeinrichtung eine weitere für den Eisen-bahnbetrieb, sodass die Kommunikation mit einem Zug möglich ist. Außerdem besitzen sie als Warnsignal neben den üblichen Klin-geln eine Signalpfeife. Das vierte ›Nordlicht‹ mit der Nummer 3401 wird bereits mit die-sen Einrichtungen geliefert. Mit ihm wird die behördliche Zulassung der Eisenbahnauf-sichten in Bremen und Niedersachsen erfol-gen. Die Einrichtungen der übrigen 34 Wagen werden bestellt, sobald Klarheit über den Ausbau der Linien 1 und 8 besteht.

Gute Gründe für neue Bahnen

Straßenbahnzüge sind in Bremen etwa 30 Jahre im Einsatz. Mit zunehmendem Alter nimmt der Reparaturaufwand stark zu, und Ersatzteile werden knapper. Das gilt insbe-sondere für die elektronischen Bauteile. Die Flotte der 77 älteren Niederflurbahnen vom Typ GT8N wies etwa ab dem Jahr 2010 er-heblichen Verschleiß auf, der gutachterlich erfasst wurde und nur zeit- und kostenauf-wändig behoben werden konnte. Um die

Einsatzfähigkeit zu garantieren, veranlassten die Werkstätten aufwändige, regelmäßige Sonderkontrollen.

Das durchschnittliche Alter der in den Jahren 1993 bis 1996 gebauten Fahrzeuge, die hohe Laufleistung und die steigenden Aufwendungen für Reparaturen führten be-reits Ende 2012 zu Untersuchungen, ob eine nachhaltige Sanierung möglich und sinn-voll sei oder besser neue Fahrzeuge bestellt werden sollten. Gemeinsam mit Vertretern der Stadt Bremen und unterstützt durch verschiedene Experten wurde die Situation umfassend analysiert und bewertet. Hand-lungsalternativen für den Erneuerungsbedarf wurden vorgeschlagen und das Konzept mit Lösungsalternativen Ende 2013 den Ver-tretern der Stadt Bremen vorgestellt. Zur weiteren Ermittlung der Wirtschaftlichkeits-betrachtungen wurden, unter Beachtung vergaberechtlicher Anforderungen, aktuelle Preise ermittelt und übernommen. Am 29. Juli 2014 traf der Senat der Freien Hanse-stadt Bremen die grundsätzliche Entschei-dung über die Ersatzbeschaffung der GT8N-Flotte.

Am 10. November 2015 beschloss der Bremer Senat die Finanzierung von 67 neuen Straßenbahnen sowie die Generalüberholung von zehn GT8N-Zügen. Einen Monat später stimmte die Bremische Bürgerschaft der Straßenbahnbeschaffung zu. Mehr als 600 Millionen Euro werden in den kommenden Jahren in neue Straßenbahnen sowie in die Infrastruktur investiert. Rund zwei Drittel der Summe übernimmt die Stadtgemeinde, ein

Drittel die BSAG durch Optimierungen und Einsparungen. Darin enthalten sind neben den Beschaffungs- und Sanierungskosten sowie Zinsen zusätzlich auch Mittel für notwendige Infrastrukturmaßnahmen in den Betriebshöfen sowie die Instandhaltungskosten der insgesamt 77 Fahrzeuge.

Zur Mitte des Jahres 2017 wurde das Ergebnis der Ausschreibung bekannt gegeben: Bremens neue Straßenbahn wird von der Firma Siemens Mobility geliefert. Am 29. Juni unterzeichneten die Beteiligten den Liefervertrag über zunächst 67 Fahrzeuge der Baureihe ›Avenio‹. Der Kauf weiterer 17 Siemens-Züge wurde zudem als Option vereinbart – in zwei Paketen zu zehn und sieben Bahnen. Diese können bei Bedarf nachbestellt werden.

Bezogen auf die zu sanierenden zehn Fahrzeuge der GT8N-Flotte hat das Unternehmen bis Anfang 2017 durch einen Gutachter den technisch erforderlichen Aufwand und die damit verbundenen Kosten untersuchen lassen. Im Vergleich dazu wurde das Ergebnis der Ausschreibung mit der optionalen Beschaffung weiterer zehn Fahrzeuge herangezogen. Auf die beabsichtigte Sanierung der zehn GT8N-Züge verzichten Bremen und die BSAG aus wirtschaftlichen Gründen und machten stattdessen Ende 2017 Gebrauch von der Option, zehn weitere Fahrzeuge zu beschaffen, sodass jetzt insgesamt 77 Bahnen bestellt sind. Die verbleibenden sieben optionalen Züge kommen zur Bestellung, wenn das Straßenbahnnetz erweitert wird.

Straßenbahnen kann man nicht einfach im Internet bestellen

Wie funktioniert so eine Bestellung von Straßenbahnen? Salopp gesagt: Ein Verkehrsbetrieb kann nicht einfach in einen Laden oder einen Online-Shop gehen und anhand eines Katalogs einen Straßenbahnwagen aussuchen und ihn kaufen. Der Erwerb von Bahnen und auch Bussen ist viel komplizierter als zum Beispiel der Kauf eines privaten Fahrzeugs. Eines haben jedoch alle gemeinsam: Zunächst ist die Finanzierung zu klären.

Die Anforderungen an das Fahrzeug orientieren sich in erster Linie an den Wünschen der Kundinnen und Kunden und darüber hinaus natürlich an den bestehenden technischen Normen, Gesetzen, Verordnungen, den Gleistrassierungen, den Anforderungen der Freien Hansestadt Bremen und der Instandhaltung. Darüber hinaus ist es für das Unternehmen ein Anliegen, Wünsche der Umwelt- und Behindertenverbände sowie der Mitarbeitenden zu berücksichtigen.

Ein wichtiger Schritt vor der Bestellung ist die Erstellung eines Anforderungskatalogs, der sich aus einem technischen und einem kommerziellen Lastenheft zusammensetzt. Darin sind unter anderem die Anzahl, Größe und Ausstattung der Fahrzeuge festgelegt. Zu diesem Zeitpunkt weiß die BSAG noch nicht, welches Fabrikat sie erhält, da Aufträge ab einem bestimmten Volumen europaweit ausgeschrieben werden müssen. Die Ausschreibung beginnt mit der Veröffentlichung im Amtsblatt der Europäischen

Ein Teil der Sitze in den neuen Zügen werden Holzbänke sein.

Union. Die Angebote der interessierten Herstellerfirmen müssen bis zu einem bestimmten Termin, der sogenannten Submission, eingegangen sein. Damit die Zielvorgaben eingehalten werden, prüft ein Projektteam aus Technikern, Kaufleuten und Juristen die abgegebenen Angebote. Das Angebot, welches sich anhand von vorher festgelegten Kriterien aus Preis, aber auch technischen und qualitativen Merkmalen als wirtschaftlichstes herausstellt, erhält nach einer sehr gründlichen und dokumentierten Prüfung den Zuschlag.

Fahrgäste und Mitarbeitende konnten mitreden

Nach der Vertragsunterzeichnung wurden zahlreiche Details für die neue Bahn weiterentwickelt und konkretisiert. Das Ergebnis zeigte ein zehn Meter langes Innenraummodell, das Ende 2017 auf dem Betriebsgelände am Flughafendamm stand. In diesem sogenannten Mock-up waren der begehbare Innenraum und der Fahrerarbeitsplatz des ›Avenios‹ nachgebaut. Beide Bereiche luden schon mal zum Platznehmen ein. Zwar fehlten noch einige Details wie Fenster

So könnte die Obernstraße mit einem ›Nordlicht‹ aussehen.

und Türen. Aber das Modell im Maßstab 1:1 gewährte dennoch einen realistischen Eindruck davon, wie die neuen Fahrzeuge künftig von innen aussehen würden. Und der erste Eindruck: Groß ist sie. ›Wird die wirklich so hoch?‹ Das war eine der ersten Fragen, die von Besucherinnen und Besuchern zu hören war. Dabei ist der ›Avenio‹ mit 3,6 Metern sogar ein paar Zentimeter niedriger als die ebenfalls großen GT8N-1.

Auch der erste Blick in den Innenraum weckte Interesse, insbesondere der Materialmix bei den Sitzen. ›Gibt es wirklich Holzsitze?‹, lautete hier die häufigste Frage. Tatsächlich werden Bremens neue Bahnen mit Polster- und Holzsitzen ausgestattet. Die Fahrgäste können also selbst entscheiden, wie sie sitzen möchten. Auch kleine Details ließen sich am Holzmodell bereits testen – wie beispielsweise die zusätzliche Außenkamera an der

ersten Tür. Sie sorgt für einen besseren Blick in den Gefahrenbereich vor dem Fahrzeug, zum Beispiel auf parkende Autos im engen Ostertor.

An der Gestaltung des ›Nordlichts‹ beteiligten sich neben Mitarbeitenden der BSAG insbesondere Vertreterinnen und Vertreter der Behindertenverbände als Fachleute für Barrierefreiheit. Ein Wunsch ihrerseits: die Entfernung von zwei Klappsitzen gegenüber der zweiten Tür. Dort, wo künftig der Hublift montiert ist, können Rollstuhlfahrende dann direkt geradeaus und ohne Rangieren einfahren. Durch konstruktive Anpassungen beim Wagenkasten konnten die BSAG den Ansprüchen von Menschen mit Behinderungen und Mobilitätseinschränkungen hinsichtlich der Barrierefreiheit nochmals besser entsprechen. Der zweite Wagenteil erhält gegenüber einer Sondernutzungsfläche eine zusätzliche Tür, die den Zu- und Ausstieg für Fahrgäste mit Rollstuhl erleichtert. Um den Fahrgastwechsel an den Haltestellen zu beschleunigen und somit die Reisezeit zu verkürzen, werden die ›Nordlichter‹ im vierten Wagenteil mit einem weiteren Stieg ausgestattet, sodass insgesamt sieben statt wie bisher fünf Türen vorhanden sind.

Bau an mehreren Standorten

Die neuen ›Nordlichter‹ entstehen an mehreren Standorten der Firma Siemens Mobility im Umkreis von etwa 200 Kilometern um die Stadt Wien. In Graz werden beispielsweise die kompletten Drehgestelle, in Tschechien die Seitenwände und das Dach und in der Slowakei die Bodengruppe gefertigt. Im Werk Wien-Simmering erfolgt dann der Zusammenbau der Komponenten bis zum fertigen Wagen einschließlich der Abnahme. Bis zu 450 Fahrzeuge können dort pro Jahr gefertigt werden. Wien ist damit einer der weltgrößten Fertigungsstandorte des Konzerns. Und es ist ein Ort mit Tradition. Die Entwicklungs- und Fertigungsgeschichte reicht zurück bis etwa zum Jahr 1850. Für die Baubegleitung und die technischen Abnahmen vor Ort erhält die BSAG Unterstützung vom TÜV Nord und der VerkehrsConsult Dresden-Berlin GmbH (VCDB).

Die BSAG ist nicht der einzige Verkehrsbetrieb, der auf den Fahrzeugtyp ›Avenio‹ setzt: Die erste Bestellung kam 2011 aus Den Haag. Im Juli 2012 kaufte die Qatar Foundation ein schlüsselfertiges Tramsystem für die Hauptstadt Katars, Doha. Die Münchener Verkehrsgesellschaft bestellte im September 2012 die ersten Fahrzeuge. Sie hat bisher zwei-, drei- und vierteilige Wagen erhalten. Für ein geplantes Straßenbahnsystem im Großraum Kopenhagen liefert Siemens vierteilige ›Avenios‹.

Als BSAG bringen wir rund 130 Jahre Erfahrung im elektrischen Nahverkehr mit. Unser Busnetz soll genauso umweltfreundlich wie unsere mit Ökostrom betriebenen Straßenbahnen werden.

ROLLT MIT VOLT

Die Bremer Straßenbahnen fahren seit dem Jahr 1890 elektrisch und sind somit zumindest vor Ort emissionsfrei. Bei den Bussen ist der Wendepunkt in Sachen Antriebsenergie fast erreicht. Um in der ökologischen und ökonomischen Verantwortung nicht noch stärker vom Öl abhängig zu sein, setzt die BSAG daher auf den vermehrten Einsatz von Elektrofahrzeugen. Sie betreibt diese mit Ökostrom, was die Gesamtenergiebilanz positiv beeinflusst. Mit rund 120 Straßenbahnen ist die Gesellschaft eine Vorreiterin der Elektromobilität an der Weser.

Um die Technik von elektrischen, aus Batterien gespeisten Antrieben kennenzulernen, begann am 6. August 2010 ein zweimonatiger Testbetrieb mit einem Elektro-Minibus. Er wurde von der BSAG in Zusammenarbeit mit der Bremer Touristik-Zentrale (BTZ) für Rundfahrten durch Bremens Innenstadt eingesetzt. Der Versuch kam bei der Bevölkerung gut an, sodass ab dem 5. Juli 2011 zunächst zwei und später ein dritter Wagen beschafft wurden. Die neuen, offenen Fahrzeuge verfügten über Solarzellen auf dem Dach, hatten jeweils 14 Sitzplätze, waren wendig und erleichterten mobilitätseingeschränkten Personen die Teilnahme an Stadtführungen. Sie gingen während der Saison auf zwei Rundkursen in den regelmäßigen Einsatz. Der Name ›Emma‹ erinnerte an die Gräfin, welche den Bremern die Bürgerweide schenkte. Er bedeutete aber auch ›**E**lektro-**M**inibus-Tour rund um den Bremer **Ma**rktplatz‹.

Der Elektrobus ›Emma‹ auf Stadtrundfahrt am Bremer Marktplatz 2011.

Busbesuch aus Wien: Der Elektrobus der Firma Rampini kann an den Endstellen durch einen Dachstromabnehmer per Oberleitung aufgeladen werden. In Bremen fuhr er vor einigen Jahren auf einem Rundkurs durch die City.

Seit 2014

Gäste aus China und aus Wien

Im Jahr 2013 begann die BSAG mit der Erprobung von Elektrobussen für den Liniendienst. Beispielsweise testete das Unternehmen ab dem 16. Juli 2013 für rund vier Wochen einen ›Stromer‹ der chinesischen Firma BYD (›Build Your Dreams‹). Es handelte sich um einen zwölf Meter langen Bus, wie er auf vielen Linien eingesetzt wird. Er übertraf die in ihn gesetzten Erwartungen und fuhr

›Wenn wir die Belastung der Luft mit Schadstoffen in Bremen in Zukunft dauerhaft und nachhaltig verringern wollen, führt an einem sauberen, elektrischen Nahverkehr als Alternative zum privaten Pkw-Gebrauch kein Weg vorbei.‹

MICHAEL HÜNIG, VORSTAND BETRIEB UND PERSONAL DER BSAG, ARBEITSDIREKTOR

mehr als 250 Kilometer ohne Nachladung. Im Advent 2013 war ein rund acht Meter langer Elektrobus der Wiener Linien und der Hersteller Siemens/Rampini für etwa vier Wochen in Bremen zu Gast und fuhr auf einer besonderen City-Ringlinie. Das Besondere: Die benötigte Energie bezog er mithilfe eines Dachstromabnehmers und eines Stücks doppelten Fahrdrahts (Plus- und Minuspol) an seiner Endhaltestelle auf dem Bahnhofsplatz. Er speicherte den Strom innerhalb von zehn Minuten in seinen Lithium-Ferrit-Batterien. Der Rampini lief in Bremen problemlos und wurde von den Fahrgästen sehr gut angenommen. Während der folgenden Monate testete die BSAG weitere Elektrobusse verschiedener Hersteller.

Die BSAG hat während der vergangenen Jahre mehrfach Elektrobusse erprobt.

Zwei Fahrzeuge im Dauertest

Ein Langzeitversuch folgte ab Mitte 2016 mit zwei Bussen des Herstellers Sileo: einem zweiachsigen Zwölf-Meter-Bus und einem dreiachsigen Achtzehn-Meter-Bus, beide gefertigt im niedersächsischen Salzgitter. Der Sileo S12 war bis zum Sommer 2019 regelmäßig auf den Linien 51 und 53 in Obervieland unterwegs, der Gelenkbus auf der Linie 63 zwischen Hauptbahnhof und GVZ. Möglich ist das, weil der S12 mindestens 250 Kilometer mit einer Batterieladung zurücklegen kann, der S18 sogar rund

300 Kilometer. Damit können die beiden Elektrofahrzeuge auf durchschnittlichen Kursen Dieselbusse ersetzen. Die in Einzelfällen bis zu 490 Kilometer langen Kurse sind mit der gegenwärtigen E-Bus-Technologie aber noch nicht zu schaffen. Damit die ›Stromer‹ zuverlässig mit Energie versorgt werden können, sind auf dem Betriebshof Neustadt provisorische Ladestationen eingerichtet und eine intelligente Software regelt das Lademanagement.

*Die BSAG erprobte auch einen
Elektrobus der Marke BYD.*

So ähnlich wie dieser Wagen werden die 28 neuen Dieselgelenkbusse aussehen.

Seit 2014

Zunächst noch Dieselbusse

Für die Umstellung der Busflotte auf E-Fahrzeuge brauche es mehr als nur Fördergelder, betont Hajo Müller. ›Die deutsche Industrie hat das Thema E-Mobilität total verschlafen‹, kritisiert der BSAG-Vorstandssprecher die mangelnde Verfügbarkeit an geeigneten Fahrzeugen. Im Jahr 2018 waren deutschlandweit gerade einmal 300 der insgesamt rund 45.000 ÖPNV-Busse elektrisch unterwegs – und davon nur gut die Hälfte mit Batterietechnologie. ›Wenn jetzt alle Verkehrsunternehmen aus den rund 60 Masterplan-Städten größere Chargen bestellen, werden sie vom europäischen Markt kaum bedient, innerhalb Deutschlands schon gar nicht.‹ Deshalb werden bis Ende 2019 von der Firma Evobus, einem Tochterunternehmen der Daimler AG, noch einmal

sparsame Dieselbusse mit der derzeit höchsten Abgasnorm Euro 6 geliefert, darunter 28 dreiachsige (Gelenkbusse) und 15 zweiachsige Busse. Die Gelenkwagen verfügen über eine elektrische Anfahrhilfe, die Kraftstoff spart und Emissionen mindert. Die Fahrzeuge sind mit modernen Assistenzsystemen und Bildschirmen ausgestattet, an denen die Anschlussmöglichkeiten an der nächsten Haltestelle in Echtzeit angezeigt werden. So weiß man, wie viel Zeit zum Umsteigen noch verbleibt. In der nächsten Ausschreibung Ende 2019 werden weitere 21 Dieselbusse für das Jahr 2020 beschafft.

STRASSENBAHN-WERKSTÄTTEN FIT FÜR DIE ZUKUNFT

Ein umfangreiches Erneuerungsprogramm ist auch für die Betriebshöfe angelaufen. Neue Gleise für die Depots in der Neustadt und in der Neuen Vahr, ausgelegt auf die neuen Straßenbahnen, zeugen schon heute von den umfassenden Veränderungen, die gerade erst begonnen haben. Zwei neue Werkstatthallen in der Neustadt (BSAG-Zentrum) sind mit dem Beginn der Lieferung der neuen Bahnen funktionsbereit. Im Sebaldsbrücker Depot wird die vorhandene Werk-statt für die neuen ›Nordlichter‹ vorbereitet und erweitert. Damit die breiteren Züge in der Wagenhalle abgestellt werden können, ist ein Umbau für Ende 2019 geplant.

Mit dem geplanten Umbau macht die BSAG den Gröpelinger Betriebshof und die Umsteigeanlage fit für die Zukunft und für die neuen Straßenbahnen. Das Depot in Gröpelingen ist das drittgrößte Drehkreuz und damit für das Unternehmen ein wichtiger Standort in unserer Stadt.

Bau der neuen Halle der Servicewerkstatt in der Neustadt im November 2018.

Blick in die runderneuerte Werkstatt in Sebaldsbrück.

Seit 2014

Gröpelingen verbindet uns

Die größten Veränderungen sind für den Standort Gröpelingen vorgesehen: Der über 90 Jahre alte Betriebshof muss einer zeitgemäßen Anlage weichen. Der Neubau mit voraussichtlichem Baubeginn im Jahr 2020 soll einen direkten Zugang von der Gröpelinger Heerstraße zur Haltestelle ermöglichen. Ziele sind die erhebliche Aufwertung des Areals und eine zukunftsfähige Haltestelle, die die Attraktivität des Nahverkehrs weiter stärkt.

Der Weser-Kurier beschreibt in seiner Ausgabe vom 5. Januar 2017 die derzeitige Situation: ›Wo hält denn hier bloß mein Bus? Wer zum ersten Mal am Gröpelinger Depot umsteigt [...] der kann auf der großen mit Schienensträngen übersäten Fläche durchaus schon mal den Überblick verlieren. Mehrere Bus- und Straßenbahnlinien treffen dort aufeinander, die gute Verbindungen vor allem in den Osten und Norden der Stadt ermöglichen. Dementsprechend ist dort täglich einiges los.‹ Die Station am Betriebshof Gröpelingen liegt verkehrlich an vorderster Stelle aller bremischen ÖPNV-Haltestellen: Fast 24.000 Fahrgäste steigen hier tagtäglich ein, aus und um. Viele kommen aus dem Quartier, andere nutzen ihn für die Weiterfahrt nach Bremen-Nord. Es bewegen sich also auch regelmäßig viele Menschen rund um diesen zentralen Haltepunkt – der jedoch

33

weder besonders übersichtlich noch optisch übermäßig ansprechend ist.

Die Situation rund um die Umsteigeanlage könnte deutlich verbessert werden, davon sind auch die Stadt Bremen und die BSAG überzeugt. Der Ausgangspunkt aller Überlegungen ist, dass die neue Wagengeneration Veränderungen der Gleisanlagen und der Werkstatt erfordert. Busse und Bahnen halten künftig direkt entlang der Gröpelinger Heerstraße, während die Werkstatt und Abstellanlagen im hinteren, abgegrenzten Teil des Grundstücks angesiedelt werden. Die neue Haltestelle besteht aus drei Gleisen. Eine Überdachung, ein Beleuchtungskonzept und elektronische Abfahrtstafeln an allen

Bahnsteigen sorgen für eine hohe Aufenthaltsqualität. In der Nähe des Zugangs zu den Bahnsteigen ist ein Parkstreifen als Angebot für Car-Sharing und Taxen sowie eine Abstellanlage für Fahrräder vorgesehen. Den Bremerinnen und Bremern stehen somit verschiedene Mobilitätsangebote zur Verfügung. Aus dem klassischen Depot wird ein Verkehrsdrehkreuz. An der Gröpelinger Heerstraße entsteht auch die Wendeschleife, die optisch durch eine Rasenfläche aufgewertet wird und grüne Akzente setzt. Die Heerstraße bekommt eine zusätzliche Querungshilfe nördlich der Marßeler Straße, und auch die Rad- und Gehwege werden neu gestaltet. Die neue Umsteigeanlage eröffnet darüber

So futuristisch wird der neue Bahnsteig in Gröpelingen aussehen.

Der Plan zeigt, wie das neue Gröpelinger Depot künftig aufgeteilt sein wird. Oben befindet sich die Umsteigeanlage an der Gröpelinger Heerstraße, in der Mitte die Gebäude mit Werkstatt und Fahrdiensträumen und unten die Abstellanlage für die Straßenbahnen an der Stapelfeldtstraße.

Seit 2014

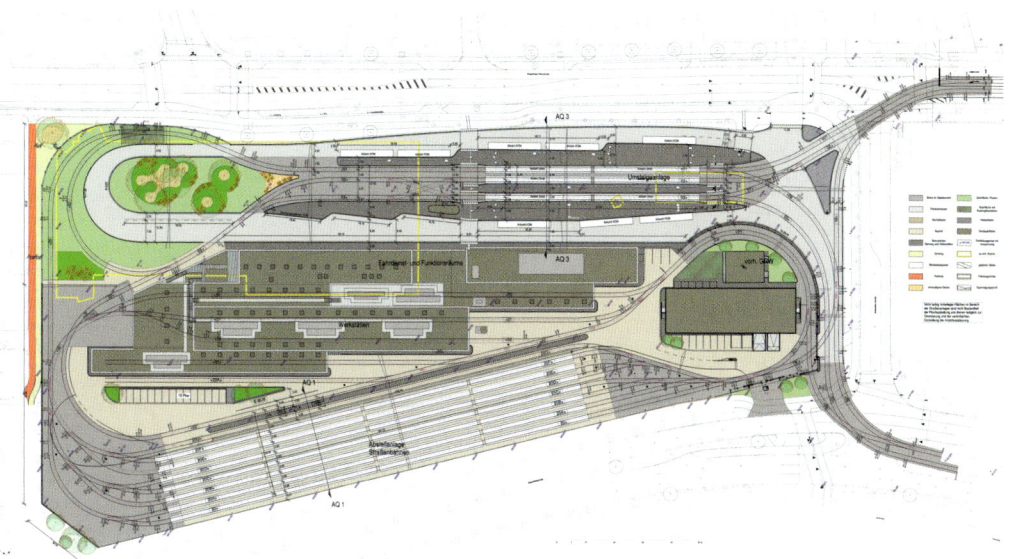

hinaus die Möglichkeit einer späteren Weiterführung der Straßenbahnlinien bis zum Bahnhof Oslebshausen. Die Werkstatthalle und die Depotgebäude werden etwa in der Mitte des Geländes – zwischen der Umsteigeanlage und den umfangreichen Abstellgleisen an der Hafenrandstraße – gebaut. Als erstes wird die Umsteigeanlage fertiggestellt und anschließend die angrenzenden Verkehrsflächen. Außerdem stellen die Beteiligten die Fuß- und Radwege komplett barrierefrei her.

Von der Baustelle zur Schaustelle

Spätestens seit dem Baubeginn der Linie 4 im Jahr 1996 begleiten die Stadt Bremen und die BSAG größere Baustellen mit einer aktiven Öffentlichkeitsarbeit. Informationen und Events sind wichtige Bestandteile.

Auf Gröpelingen kommen mit den geplanten Umbauarbeiten große Veränderungen zu, daher haben die Beteiligten ein umfangreiches Kommunikationskonzept entwickelt. Ziele sind die Akzeptanz der Baumaßnahme und der Imagegewinn für das Projekt: Der verbindende Charakter der Haltestelle Gröpelingen soll auch in der baulichen Umsetzung deutlich werden. Bereits im Herbst 2018 machten große Plakate rund um den Betriebshof Gröpelingen darauf aufmerksam. Zum Kommunikationskonzept gehören unter anderem die Website www.zukunft-groepelingen.de wie auch mögliche Baustellenführungen.

SCHON HEUTE GUT VERNETZT

Der Ausbau des Liniennetzes ist ein wichtiger Beitrag zur Stadtentwicklung und zum Klimaschutz. In diesem Jahrzehnt ist das Angebot auf der Schiene mit den Verlängerungen der Linien 1 bis zum Bahnhof Mahndorf und 4 bis nach Lilienthal-Falkenberg deutlich verbessert worden. Beide Verbindungen stehen bei den Fahrgastzahlen an vorderster Stelle. An einem normalen Werktag nutzen zwischen 50.000 und 60.000 Fahrgäste diese Linien. Bei den Bussen sind unter anderem das neue Netz in Bremen-

Nord mit den 90er-Linien und der Quartierbus Gröpelingen (Linie 82) hinzugekommen. Zum Jahreswechsel 2018/2019 wurden die Fahrpläne der Linien 55, 90 und 42 verbessert. An mehreren Stellen der Stadt sind die Angebote besser miteinander vernetzt. Ein Beispiel ist das im Jahr 2017 eröffnete Drehkreuz am Bahnhof Blumenthal.

Die ›Grüne Linie 1‹

Die in den Jahren 2012 und 2013 in zwei Schritten eröffnete neue Strecke der

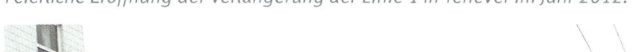
Feierliche Eröffnung der Verlängerung der Linie 1 in Tenever im Jahr 2012.

Die grüne Linie 1 beim Weserpark sorgt für mehr Aufenthaltsqualität.

Seit 2014

Linie 1 von der Züricher Straße bis zum Bahnhof Mahndorf ist als grünes Band gestaltet und weitgehend mit Rasen und Bäumen begrünt. Auf den mit Rasen bepflanzten Abschnitten fahren die Straßenbahnen besonders leise. Die sorgfältige Gestaltung wertet den Ortsteil Tenever und die folgende Einkaufsmeile an der Hans-Bredow-Straße rund um den Weserpark spürbar auf. An der Linie 1 haben die Beteiligten modellhaft verschiedene ökologische Maßnahmen erprobt. Folgende Projekte des technischen Umweltschutzes und insbesondere zur Energieeinsparung sind an der Strecke verwirklicht:

- Sämtliche Fahrgastunterstände haben stromsparende LED-Beleuchtung.
- Die Deckenbeleuchtung (LEDs) von zwei Fahrgastunterständen wurde mit Sonnenenergie und unabhängig vom Stromnetz betrieben. Die Stationen wurden dafür mit Solarmodulen ausgestattet.
- An den beiden Haltestellen Weserpark war versuchsweise eine Solaranlage installiert, die neben der Beleuchtung der Fahrgastunterstände (LEDs) auch die Beleuchtung der Werbeträger mit Energie versorgte.
- Die Beheizung von zwei Weichen im Bereich der Wendeschleife Bahnhof Mahndorf zum Schutz vor dem Einfrieren erfolgt als Novum mit Erdwärme (Geothermie) aus rund 100 Metern Tiefe. Durch Bohrungen wird natürliche Wärme aus dem Erdinneren genutzt. Das spart Strom und erübrigt den Einsatz von Streusalz.

Gut bewährt haben sich die mit Rasen oder Sedum-Vegetationsmatten begrünten Gleise. Sie sehen nicht nur optisch ansprechend aus, sondern dämmen auch Fahrgeräusche und ersparen das Spritzen von Unkrautvernichtungsmitteln. Auf diese Weise wird zum Beispiel ein Abschnitt der Linien 3 und 5 in Gröpelingen künftig begrünt.

Die Linie 4 kommt an

Seit dem 1. August 2014 pendelt die 4 zwischen Bremen-Arsten, der Innenstadt und Lilienthal-Falkenberg. Sie ist damit nicht nur die längste Straßenbahnlinie, sondern auch die erste, welche die Landesgrenze zu Niedersachsen quert. Auf einer Streckenlänge von rund 23 Kilometern bedient sie 49 Haltestellen. Darin enthalten ist die 5,5 Kilometer lange Neubaustrecke von Borgfeld bis nach Falkenberg. Sie verfügt an der Endstelle in Falkenberg über einen Park & Ride-Platz mit Taxistand, Bike-Sharing-Angebote, Fahrradbügel und -boxen (Bike & Ride) sowie Umsteigemöglichkeiten zu den Regionalbuslinien. Außerdem gibt es eine Ladestation für Elektro-Pkw und -Bikes. Dort ist somit ein Mobilitätsdrehkreuz entstanden. Während der Verkehrsspitzen morgens und nachmittags sind 26 Fahrzeuge auf der Strecke unterwegs.

Und das ist die Bilanz: Das Fahrtenangebot, insbesondere auch innerhalb der Gemeinde Lilienthal, wird immer besser angenommen. Die Zahl der Fahrgäste steigt fortlaufend. Rund zwei Drittel aller Fahrten auf der neuen Strecke werden länderüber-

Starker Andrang am Mobilitätsdrehkreuz in Falkenberg.

greifend zwischen der Hansestadt und Niedersachsen durchgeführt, der Rest findet innerhalb der Gemeinde statt (Binnenverkehr). Wie positiv die Entwicklung verläuft, verdeutlicht die folgende Zahl: Im Durchschnitt stieg die Nachfrage innerhalb Lilienthals um gut fünf Prozent pro Jahr. Dieser Trend ist seit dem Auftakt der Linie ungebrochen. In Lilienthal sind also Potenziale aktiviert worden, und zukünftig können noch weitere Fahrgäste gewonnen werden. Seit der Eröffnung der Ortsentlastung und der Straßenbahn hat die Verkehrsbelastung auf der Lilienthaler Hauptstraße und der Falkenberger Landstraße zudem spürbar abgenommen. Eine Car-Sharing-Station im Lilienthaler Zentrum ergänzt seit Ende 2018 das Angebot.

›Dort, wo der motorisierte Individualverkehr Stau verursacht, ist die Straßenbahn, wenn sie in einem eigenen Gleisbett unterwegs ist, das schnellste Verkehrsmittel.‹

MICHAEL HÜNIG

Stadt am Fluss, Linien nach Übersee

Bremen öffnet sich zunehmend zur Weser hin. Mit rund 300 Hektar Fläche ist die Überseestadt eines der größten städtebaulichen Projekte. Laut der Website www.ueberseestadt-bremen.de werden dort im Jahr 2025 bis zu 17.000 Arbeitsplätze

Seit 2014

vorhanden sein und bis 2030 rund 7.000 Menschen wohnen (Stand 2016). Die Hafen-Straßenbahnlinie 3 befährt seit dem 2. Dezember 2006 die innenstadtnahen Bereiche beim Europahafen. Damals hatte die Zukunft der alten Bremer Hafenreviere gerade erst begonnen. Die weitere Entwicklung dieses Gebiets verlief sehr erfolgreich. Die BSAG reagierte am 5. November 2012 mit der Eröffnung der neuen Buslinie 20. Sie ermöglichte eine schnelle Direktverbindung zwischen dem Hauptbahnhof und der Überseestadt und weiter über Bahnhof Walle bis zum Gewerbegebiet Hohweg. Die 20 ersetzte bisherige Streckenabschnitte der Buslinien 26 und 28, die entsprechend verkürzt wurden. Zur Erschließung des nordwestlichen Bereichs

der Überseestadt wurde das Angebot ab dem 15. März 2017 deutlich verbessert.

Die Erfolgsgeschichte dieses Stadtteils ist ein positives Signal für Bremen. Sie führt aber zu einer zunehmend angespannten Verkehrssituation im Westen der Stadt. Während die 3 aufgrund ihrer separaten Trasse an den Staus vorbeifahren kann und somit zuverlässig ist, gab es bei der bisherigen Buslinie 20 auf ihrem Weg vom oder zum Hauptbahnhof häufige und erhebliche Verspätungen. Alle Versuche, die Pünktlichkeit zu verbessern, brachten nicht den gewünschten Erfolg. Somit entstand die Idee, die vorhandenen besonderen Bahnkörper der Linien 3 und 10 zu nutzen und eine neue Straßenbahnverbindung zwischen dem Hauptbahnhof,

Die Linie 24 am Lankenauer Höft mit Blick auf die Überseestadt.

Die neue Linie 5/5S verbindet die Überseestadt, Teile von Walle und das Einkaufszentrum Waterfront mit dem Hauptbahnhof und mit Gröpelingen und ergänzt das Angebot der Linie 3.

der Überseestadt, dem Einkaufszentrum Waterfront und Gröpelingen einzurichten. Das Resultat: Die neue Straßenbahnlinie 5 fährt vom Bürgerpark zum Hauptbahnhof, weiter wie auf der Linie 10 über Falkenstraße, Daniel-von-Büren-Straße und Doventor zur Eduard-Schopf-Allee in die Überseestadt. Bis nach Gröpelingen entspricht der folgende Streckenverlauf dem der Linie 3. Am 30. März 2019 ging die neue Linie 5/5S an den Start. Vom Bürgerpark bis zur Haltestelle Waller Ring wird mit Bedienung aller Haltestellen gefahren – die Station Doventorsteinweg war anfangs jedoch noch nicht fertiggestellt. Um für Fahrgäste schnell und attraktiv zu sein, hält die Linie 5, anders als die 3, ab Waller Ring nicht an allen Haltestellen und wird bis Gröpelingen als Schnellbahnlinie 5S bezeichnet.

Von der Route profitieren nicht zuletzt die Beschäftigten aus dem vorderen Bereich der Überseestadt. Sie kommen jetzt selbst bei Stau auf den Straßen im Berufsverkehr morgens schnell und pünktlich zur Arbeit und abends zurück. Auch die Kundinnen und Kunden des Gröpelinger Einkaufszentrums Waterfront haben von der neuen Verbindung Vorteile: Sie können es nun mit zwei Linien umsteigefrei neu vom Hauptbahnhof und wie bisher von der Innenstadt aus erreichen. Die 5/5S ist zunächst tagsüber von Montag bis Sonnabend unterwegs.

Parallel zur Einführung der Linie 5 hat die BSAG auch den Verlauf der Buslinien 20, 26 und 28 angepasst. Ziel ist, die Überseestadt auf diese Weise besser mit den benachbarten Stadtteilen zu verknüpfen. Die 26 wurde von der Emder Straße über Überseetor

Die ehemalige Buslinie 20 am Speicher XI. Hier fährt heute die Linie 28.

Streckenplan der Linie 5.

Seit 2014

und Marcuskaje bis zur Haltestelle Überseestadt-Nord verlängert. Sie verbindet die nördliche Überseestadt direkt mit Findorff, dem Hauptbahnhof, der City, der Neustadt und Huckelriede. Die 28er-Busse starten ebenfalls an der Überseestadt-Nord und fahren über Hochschule für Künste, Überseetor, Schuppen 3, Schuppen 1 und Konsul-Smidt-Straße weiter in Richtung Universität und Technologiepark. Die 20 wurde in diesem Zuge zur Quartierbuslinie für Walle und die Überseestadt entwickelt. Sie schafft ab

Europahafen eine direkte Anbindung zum Bahnhof Walle und somit zur Regio-S-Bahn und verkehrt von dort weiter bis zum Gewerbegebiet Hohweg.

Die neue Linie 5: Blick hinter die Kulissen

Mit der kurz bevorstehenden Lieferung der neuen ›Nordlichter‹ entspannt sich die Fahrzeugsituation bei der BSAG, was die Einrichtung der neuen Linie 5 überhaupt erst möglich macht. Anfangs vier, später drei

5S Gröpelingen
1)
Gröpelingen

Use Akschen
2)

3)

Holz- und Fabrikhafen

Waller Ring 5 5S
4)

Elisabethstraße

Walle

Findorff

Grenzstraße
Europahafen

Hansator

Bürgerpark 5

Konsul-Smidt-Straße
5)

Daniel-von-Büren-Straße

Europahafen

Messe-Zentrum
9)   11) 12)
6)   13)
7)   8)   10)   14)

Eduard-Schopf-Allee

Falkenstraße
Hauptbahnhof

Weser

41

Züge sind planmäßig zwischen Gröpelingen und dem Bürgerpark im Einsatz. Bevor das neue Netz in der Überseestadt in Betrieb genommen werden konnte, waren umfangreiche Vorbereitungen erforderlich. Dazu gehörten zahlreiche Abstimmungsgespräche zwischen der Politik, den Behörden der Stadt Bremen und den betroffenen Bereichen der BSAG.

Die Planerinnen und Planer prüften unter anderem, wie die neuen Verbindungen verlaufen könnten, an welchen Stellen zusätzliche Haltestellen eingerichtet oder vorhandene Stationen verlegt werden müssen, ob es hinreichend Fahrzeuge und Personal gebe und wie groß die Nachfrage sei. Neue Gleise waren nicht erforderlich; alle notwendigen Weichenverbindungen existierten bereits. Unter anderem befährt die 5 die zuvor im Linienverkehr nicht genutzten Schienen in Teilen der Daniel-von-Büren-Straße beim Jobcenter.

Da die Wege der Linie 5 wie auch der Busverbindungen 20, 26 und 28 von den bisherigen Verbindungen abweichen, musste die Stadt Bremen viele Ampelschaltungen anpassen. Ein ›Sorgenkind‹ war die Lichtsignalanlage – so lautet die offizielle Bezeichnung – an der Kreuzung Eduard-Schopf-Allee/Am Wall und Doventor. Hier war für die von der Linie 5 genutzte Gleisverbindung bisher keine Bevorrechtigung vorgesehen. So konnte eine Bahn hier mehrere Minuten stehen, bevor das Signal ›Fahrt frei‹ zeigte! Das wäre für die neue Verbindung äußerst hinderlich gewesen, hätte einen zusätzlichen Straßenbahnzug erfordert und zudem zu Verspätungen der Linie 3 geführt.

Da die 5 in Gröpelingen und Walle nicht alle Haltestellen bedient und in diesem Bereich ein Ersatz für die ehemalige Schnellbahnlinie 3S ist, mussten ihre Fahrpläne sorgfältig mit den Abfahrtszeiten der Linie 3 abgestimmt sein, sodass die beiden Verbindungen sich nicht gegenseitig behinderten. Dies galt unter anderem für den Abschnitt im Bereich der Straße ›Auf der Muggenburg‹ in der Überseestadt. Wegen des dort verlegten Eisenbahngleises gelten für die Bahnen besondere technische Sicherungen. Wartezeiten bei der Einfahrt in den Streckenabschnitt sollen vermieden werden. Zudem war es die Aufgabe der Fachleute, die Abfahrtszeiten derart zu gestalten, dass für den Betrieb möglichst wenige Fahrzeuge benötigt werden und somit geringe Kosten entstehen. Die Zeiten der Buslinie 28 sind so festgelegt, dass sie an der Haltestelle Konsul-Smidt-Straße Anschluss an die Straßenbahnen haben. Für die neue Verbindung mussten jedoch nicht nur die Fahrpläne genau durchdacht, sondern auch die Dienstpläne

Seit 2014

der Fahrerinnen und Fahrer gründlich vorbereitet werden, ebenso die Information der Fahrgäste an den Haltestellen und online.

Das neue Angebot der BSAG wird von vielen Menschen bisher positiv aufgenommen. Denn die Linie 5 bietet nicht nur eine zuverlässige Anbindung der Überseestadt, sondern darüber hinaus für den Stadtteil Gröpelingen, den dortigen Einzelhandel und insbesondere für das Einkaufszentrum Waterfront zum Hauptbahnhof. Kritik gab es, weil die direkte Verbindung von der nördlichen Überseestadt in die City nur mit der Linie 26 möglich ist. Diese fährt umwegig über Findorff, dafür allerdings häufiger als die bisherige 20, weshalb eine neue Schienenstrecke zur Überseestadt-Nord im Gespräch bleibt.

Zusammen mit der neuen 5 gibt es derzeit acht Straßenbahnlinien, nämlich 1 bis 6, 8 und 10. Die Nummern 7 und 9 sind seit dem Jahr 1965 beziehungsweise 1927 unbenutzt.

Mit dem Bus zur Fähre

Die positive Entwicklung der Überseestadt strahlt auch auf das andere Weserufer aus, nämlich auf den Stadtteil Woltmershausen mit dem Ausflugsziel Lankenauer Höft am Neustädter Hafen. Während der wärmeren Monate besteht am Wochenende von dort eine Fährverbindung nach Gröpelingen und zur Überseestadt. Seit dem 18. August 2013 fährt die Buslinie 24 sonn- und feiertags über die gewohnte Endstelle Rablinghausen hinaus zum Anleger der Fähre und

Blick vom Gröpelinger Weserufer mit der Fähre Pusdorp auf das Lankenauer Höft im Jahr 2018.

stellt damit für Ausflügler während der Fährsaison ein attraktives Angebot dar. Auch hier ist eine gute Entwicklung zu verzeichnen: Die Hafenbar ›Golden City‹ öffnet temporär seit der Saison 2018 nicht in Walle, sondern erstmals am Lankenauer Höft. Auch wenn für die Nutzung der Fähre ein eigener Tarif gilt, zeigt dieses Beispiel, wie die Einbeziehung von Schiffsverbindungen in den bremischen ÖPNV künftig vorstellbar ist.

Obervieland neu verbunden

Das Busnetz im Stadtteil Obervieland wird voraussichtlich ab dem Jahr 2020 verändert. Dabei geht es um zwei Maßnahmen, nämlich die Verlängerungen der bisher in Huckelriede endenden Linien 26/27 in Richtung Neubaugebiet Gartenstadt Werdersee,

Habenhausen, Arsten, Kattenturm-Mitte und dem Klinikum Links der Weser beziehungsweise in Richtung Kattenturmer Heerstraße, Kattenturm-Mitte, Kattenesch und Brinkum-Ikea als Ersatz für die bisherigen Linien 51 und 53. Damit entstehen neue umsteigefreie Verbindungen zwischen Teilen von Obervieland und der Neustadt, der Innenstadt und dem Hauptbahnhof. Die durch den Ortsteil Habenhausen fahrende Linie erhält sechs neue Haltestellen und berücksichtigt einen Wunsch der Obervielander: Sie wird über das Bürgerhaus Gemeinschaftszentrum Obervieland bis zum Klinikum Links der Weser weiterfahren – anstatt, wie ursprünglich vorgesehen, bereits am Heukämpendamm wieder umzukehren. Welche der beiden Linien 26 und 27 die Strecken in Richtung

Anstelle der bisherigen Linie 53 soll die 26 oder die 27 bis nach Brinkum/IKEA fahren.

Seit 2014

Brinkum bzw. Klinkum Links der Weser übernimmt, wird derzeit geklärt

Für ALLE Menschen unserer Stadt: Barrierefreiheit

Etliche Bremerinnen und Bremer sind dauerhaft oder vorübergehend in der Mobilität eingeschränkt oder haben nachlassende sensorische Fähigkeiten wie Seh- oder Hörprobleme. Für sie ist ein barrierefreier Zugang zum ÖPNV eine Voraussetzung für die Teilnahme am gesellschaftlichen Leben. Hinzu kommt: Ab dem Jahr 2022 besteht ein gesetzlicher Anspruch auf Barrierefreiheit im ÖPNV, sofern es im Nahverkehrsplan nicht anders geregelt und begründet ist. Barrierefreiheit bedeutet, dass die Verkehrsmittel in der allgemein üblichen Weise und ohne fremde Hilfe nutzbar sein müssen. Dabei war Bremen Ende der 1980er Jahre ein Vorreiter: Bereits im Jahr 1988 erprobte die BSAG die ersten Niederflurbusse, zwei Jahre später eine Niederflur-Straßenbahn. Mittlerweile sind alle Fahrzeuge niederflurig und mit einem Hublift ausgestattet. Bei den Haltestellen entwickeln sich die Standards für die Barrierefreiheit ständig weiter. Mit immer weiteren, nach aktuellen Richtlinien ausgebauten Straßenbahnstopps ermöglichen die Stadt Bremen und das Unternehmen allen Menschen mehr Mobilität. Hierzu zählen beispielsweise Blindenleitstreifen, erhöhte Bahnsteigkanten und dunkle Beläge mit neuer Rippenplatte. Bushaltestellen liegen in der Zuständigkeit der Stadt. Um eine vollständige Barrierefreiheit zu erreichen, wird

der Standard derzeit vom ZVBN weiterentwickelt und im fortgeschriebenen Nahverkehrsplan Eingang finden. Partner sind unter anderem der Landesbehindertenbeauftragte der Freien Hansestadt Bremen und die Landesarbeitsgemeinschaft Selbsthilfe behinderter Menschen Bremen e. V. sowie weitere Interessenvertretungen. Zu den Maßnahmen gehören auch direkte Hilfen für die Kundinnen und Kunden, wie etwa Rollatorentrainings. In Zusammenarbeit mit dem SelbstBestimmt Leben e. V. bietet die BSAG zudem regelmäßig einen Trainingsparcours für Rollstuhlfahrende an.

Seit Juni 2018 sind die ersten 20 BSAG-Busse mit einem neuen Service an Bord unterwegs. Sie informieren Fahrgäste mittels Außenlautsprecher darüber, auf welcher Linie das jeweilige Fahrzeug in welcher Fahrtrichtung unterwegs ist. Damit wird vor allem Menschen mit Sehbehinderungen die Orientierung im Bremer Nahverkehr erleichtert. Die Testphase wird von Mitgliedern des Bremer Blinden- und Sehbehindertenvereins eng begleitet. In den nächsten Monaten werden die optimalen Tages- und Nachtlautstärken ermittelt. Nach erfolgreicher Testphase stattet die BSAG nach und nach auch die anderen Busse mit dem akustischen Informationssystem aus. Die Straßenbahnen werden ebenfalls das ›Sprechen‹ lernen. Die neueren Niederflurbahnen des Typs GT8N-1 und die ›Nordlichter‹ verfügen bereits über Außenlautsprecher, die an das Informationssystem angeschlossen werden.

NEUE QUARTIERE, NEUE GLEISE

Mit der geplanten Streckenführung der Linie 1 macht Bremen mehr als 16.000 Menschen im Stadtteil Huchting ein komfortableres ÖPNV-Angebot.

›Wat den Eenen sin Uhl, is den Annern sin Nachtigall‹. Im übertragenen Sinne meint dieses Sprichwort: Was der eine nicht mag, kann für den anderen höchst erstrebenswert sein. Jeder sieht die Dinge aus seiner eigenen Perspektive. Im Hinblick auf die meisten Verkehrsprojekte und insbesondere den Ausbau des Straßenbahnnetzes gibt es ebenso viele leidenschaftliche Befürworter wie auch Kritikerinnen und Kritiker. Für einige Menschen bedeuten neue Strecken eine Veränderung ihres Umfelds und das Ändern von Gewohnheiten. Den Befürwortern hingegen ist die Bahn ein vertrautes und umweltfreundliches Verkehrsmittel, das sehr geräumig und leistungsstark ist. Entsprechend kontrovers und emotional wird über die Projekte gesprochen.

Seit dem Jahr 1996 sind in Bremen zwar viele neue Gleise verlegt worden, doch es gibt nach wie vor große Wohn- und Gewerbegebiete sowie ganz neue Quartiere, die nicht über einen Schienenanschluss verfügen. Das Bremer Straßenbahnnetz soll daher in den kommenden Jahren ergänzt werden. Beschlossene und in der Planung befindliche Erweiterungen sind laut VEP drei Strecken: Mittelshuchting, Leeste und die Gleisverbindung Steubenstraße (gemeint ist die Querverbindung Ost; QVO).

So soll die künftige Straßenbahnstrecke für die Linien 1 und 8 im Bereich Willakedamm aussehen.

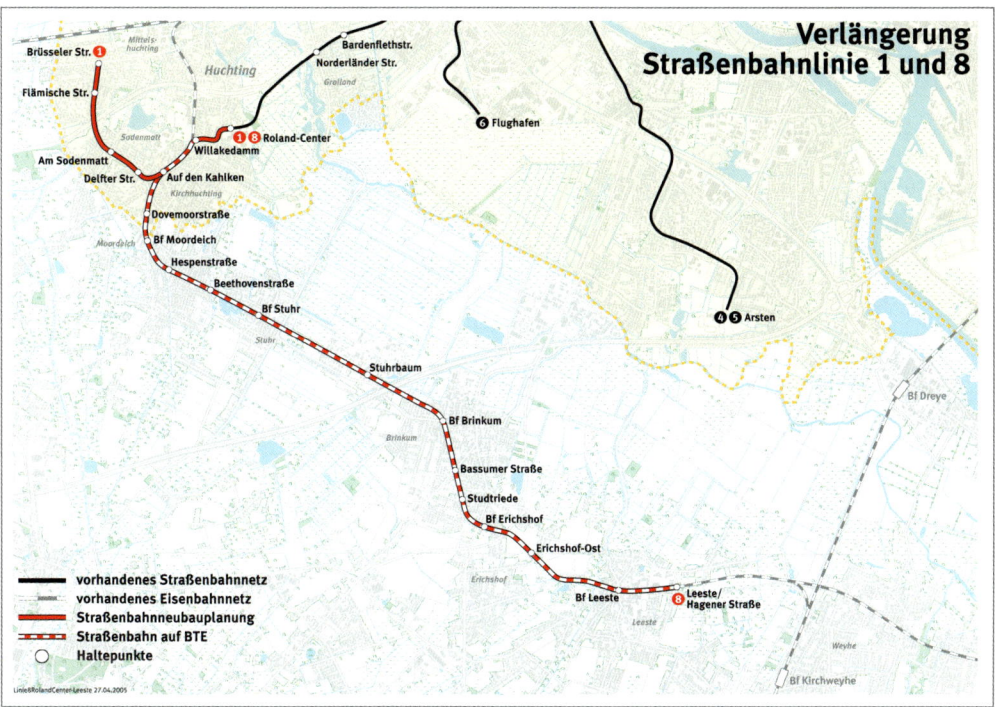

Plan von den künftigen Verlängerungen der Linie 1 bis nach Mittelshuchting und der Linie 8 bis nach Weyhe-Leeste.

Die 1 wird auch in Huchting grün

Weil die Straßenbahn am Ortsrand von Huchting endet, müssen dort viele Menschen in den Bus umsteigen. Geplant ist es, die Ortsteile Kirchhuchting, Sodenmatt und Mittelshuchting durch eine Verlängerung der Linie 1 anzubinden. Die 3,7 Kilometer lange Neubaustrecke mit sechs neuen Haltestellen führt vom Roland-Center über die Kirchhuchtinger Landstraße, Willakedamm und die Trasse der Bremen-Thedinghauser Eisenbahn (BTE) zur neuen Station Auf den Kahlken. Dann geht es weiter über die Heinrich-Plett-Allee bis zur Endhaltestelle Brüsseler Straße. Die Abschnitte werden überwiegend als mit Rasen oder Sedum begrünte Gleise gestaltet und tragen zur Aufwertung des Straßenbilds bei. Das gute Ergebnis der Standardisierten Bewertung ergab im Jahr 2017 grünes Licht für die Bundesförderung. Der aktualisierte Nutzen-Kosten-Faktor von 1,38 liegt deutlich über dem Pflichtwert zur Förderwürdigkeit von 1,0. Das Bundesverkehrsministerium hat das Ergebnis geprüft und freigegeben. Damit können nun die Bundeszuschüsse – bis zu 60 Prozent – fest eingeplant werden, sofern das Baurecht und ein Beschluss der Mitfinanzierung der verbleibenden Summe vorliegen.

Weitere Infos zur Querverbindung Ost:
http://querverbindung-ost.de

*So könnte die Bennigsenstraße mit einer
Straßenbahn künftig aussehen.*

Visualisierung der Stresemannstraße mit der Straßenbahn.

Die Linie 8 fährt Eisenbahn

Die Linie 8 wird bis Weyhe-Leeste, Hagener Straße verlängert. Bis zum Willakedamm nutzt sie gemeinsam mit der Linie 1 die Neubaustrecke. Danach fährt sie auf den Schienen der Bremen-Thedinghauser Eisenbahn durch Moordeich, Stuhr und Erichshof bis nach Leeste und erschließt rund 20.000 Menschen. Am 26. August 2016 hob das Niedersächsische Oberverwaltungsgericht den Planfeststellungsbeschluss (vereinfacht: die Baugenehmigung) der Niedersächsischen Landesbehörde für Straßenbau und Verkehr zur Verlängerung der Straßenbahnlinie 8 auf. Bemängelt wurden eine falsche rechtliche Grundlage und eine fehlende Umweltverträglichkeitsprüfung. Am 27. Juli 2018 ließ das Bundesverwaltungsgericht jedoch

Planungsdetails zum Ausbau der
Linien 1 und 8 finden Sie im Internet
unter www.verlaengerung-sued.de

Verlauf der geplanten Querverbindung Ost.

Seit 2014

Julius-Brecht-Allee

Bei den Drei Pfählen

Steubenstr.

Bennigsenstr.

die Revision zu. Das Verfahren geht damit weiter. Die drei Gemeinden wollen weiterhin, dass das Projekt für die Region ein Erfolg wird, denn die Straßenbahnverbindung zwischen Bremen, Stuhr und Weyhe hat durch das Urteil nichts von ihrer herausragenden Bedeutung für das Zusammenwachsen der Region verloren. Die nicht vorhandene Schienenanbindung wird sogar als Wachstumsbremse wahrgenommen, denn die Wege für den Straßenverkehr nach Bremen sind häufig überlastet. Im Auftrag der Gemeinde Stuhr weitete die BSAG ab dem 5. November 2018 den Fahrplan der Buslinie 55 zwischen dem Roland-Center und Brinkum montags bis freitags erheblich aus. Während der Hauptverkehrszeiten verkehrt sie seitdem alle 20 Minuten und tagsüber alle 30 Minuten – doppelt so oft wie bisher.

Besser in die City

Eines der wichtigsten Verkehrsmittel für die Neue Vahr ist die Straßenbahnlinie 1. Sie soll durch eine weitere Linie ergänzt werden. Dazu plant die Stadtgemeinde Bremen den Bau eines Streckenstücks zwischen der Kreuzung Bei den drei Pfählen mit der

Bennigsenstraße über Stresemann- und Steubenstraße bis zur Julius-Brecht-Allee in der Neuen Vahr. Es handelt sich also um eine Verbindung zwischen den Linien 2 und 10 in Hastedt und der 1 in der Vahr. Die neue Spange ermöglicht direkte Fahrten zwischen Osterholz und Vahr einerseits sowie Hulsberg, Petersberg, Stein- und Ostertor und der Fußgängerzone in der City andererseits, indem beispielsweise die Linie 2 ab Georg-Bitter-Straße nicht mehr nach Sebaldsbrück, sondern über die Spange in Richtung Vahr und Osterholz fährt und dort die 1 verstärkt. Die QVO macht den Straßenbahnverkehr im Osten zudem zuverlässiger, indem sie etwa Umleitungen der Linien 2, 3 und 10 bei Störungen in der Östlichen Vorstadt ermöglicht. Außerdem sind direkte Verbindungen von der Vahr und von Lilienthal zum Weserstadion machbar. Am 12. März 2019 hat der Bremer Senat die Querverbindung Ost beschlossen. Dafür bewilligt er bis einschließlich 2024 gut vier Millionen Euro aus bremischen Mitteln. Die restliche Bausumme soll unter anderem aus Fördermitteln des Bunds fließen.

Gut genutzt: Die B+R-Station in Borgfeld.

INDIVIDUELLE MOBILITÄTSKETTEN

Die BSAG geht davon aus, dass der Wunsch nach Mobilität und Flexibilität künftig an Bedeutung zunehmen wird. Jeder Mensch entscheidet nach Bedarf, wie er seine Wege zurücklegen will. Anders ausgedrückt: Er gestaltet seine Mobilitätskette. Neben der Nutzung von Bahnen und Bussen wollen vor allem jüngere Menschen bei Bedarf auf Mietwagen und Leihfahrräder zurückgreifen können. In Zukunft möchte das Unternehmen die Angebote für Car- und Bike-Sharing zusammen mit geeigneten Partnern ausbauen. Die Information über vorhandene Angebote, die Buchung wie auch die Bezahlung sollen über eine spezielle VBN-App online möglich sein. Das Ziel ist, dass die Fahrgäste sowohl die Straßenbahnen und Busse als auch Elektro-Pkw und Fahrräder unkompliziert nutzen können. Somit entsteht eine nachhaltige Mobilitätskette, die zusätzliche Nachfrage bringt. Zudem hat die Verzahnung der Verkehrsmittel an Drehkreuzen eine hohe Bedeutung.

Car-Sharing

Wer häufig mit dem ÖPNV oder dem Fahrrad unterwegs ist und nur gelegentlich ein

Die Mobilitätsstation Neue Vahr/Berliner Freiheit bietet neben E-Pkw auch verschiedene Fahrräder, die sich in den Boxen befinden.

Infos zu den Mobilitätsstationen:
www.move-about.de

Seit 2014

Laden eines E-PKW.

Auto benötigt, für den ist Car-Sharing ein gutes Angebot. Die Kundinnen und Kunden reservieren die Fahrzeuge spontan oder lange im Voraus, für nur eine Stunde oder einen ganzen Tag. Mit Car-Sharing kann man in Bremen an derzeit rund 100 Standorten verschiedene Autotypen nutzen. Viele Stationen befinden sich in der Nähe der BSAG-Haltestellen. Und es kommen laufend neue hinzu. Die Car-Sharing-Standorte sind im interaktiven Liniennetzplan der BSAG (www.bsag-netz.de) in der Rubrik Mobilität hinterlegt.

Seit vielen Jahren arbeitet die BSAG mit dem Anbieter cambio zusammen, der einen Mix aus Verbrennern, Hybriden und E-Autos bietet. Eine Kooperation gibt es auch mit Move-About (E-Pkw). Die Interessenten für Car-Sharing können aus dem Angebot das jeweils Passende wählen. Inhaber von MIA (Jahresabo), MIAplus, des Job- oder VBN-SemesterTickets erhalten derzeit bei beiden Anbietern Vergünstigungen. In Kooperation mit Partnern betreibt die BSAG seit Mai 2013 in der Neuen Vahr an der Berliner Freiheit und auch in Osterholz am Schweizer Eck je eine Mobilitätsstation mit E-Carsharing. Weitere Infos gibt es auf den Websites: www.cambio-carsharing.de und www.move-about.de

Leih Dir ein Rad

Am 18. Juni 2018 wurde das neue gemeinsame Fahrradverleihsystem ›WK-Bike‹ von Weser-Kurier, BSAG und ›Bremen Bike it‹ vorgestellt. Das Ziel ist, noch mehr Bremer und Touristen auf die Drahtesel zu bringen und attraktive Angebote für die Mobilität zur Verfügung zu stellen. Zunächst konnten 325 Fahrräder an 40 festen Stationen in Bremen (Zielzahl: 450 Bikes) geliehen und wieder zurückgebracht werden. Diese befinden sich häufig an Drehkreuzen der BSAG wie zum Beispiel an den Bahnhöfen Blumenthal und Mahndorf, am Leibnizplatz, in Falkenberg oder beim Weser-Kurier in der Martinistraße. Neben den festen Stationen gibt es sogenannte Flexzonen, die sich unter anderem in der Innenstadt und in der Neustadt befinden. Dort können die ›WK-Bikes‹ großflächig gemietet und abgestellt werden. Die Nutzung funktioniert unkompliziert mithilfe der nextbike-App. Nextbike ist als Fahrradanbieter Partner des Weser-Kuriers. Sobald der QR-Code am Rad gescannt oder eine entspre-

Präsentation des neuen Fahrradverleihsystems auf dem Bremer Marktplatz Mitte 2018. Die BSAG ist dabei.

Das attraktive Leihrad-Angebot bildet einen weiteren wichtigen Baustein für eine vernetzte und umweltverträgliche Tür-zu-Tür-Mobilität in unserer Stadt. Mehr Infos: www.wk-bike.de

chende Radnummer eingegeben wurde, öffnet sich das Fahrradschloss. Eine praktische Verbesserung gibt es seit dem 1. Februar 2019: Nach der Registrierung ist auch eine Ausleihe per MIA-Karte mit Preisvorteil möglich. Bitte informieren Sie sich diesbezüglich auf der Website www.wk-bike.de.

Vom Auto in die Bahn, vom Fahrrad in den Bus

Mit dem Pkw bis an den Stadtrand fahren und dort in Bahnen, Busse oder auf Leihfahrräder umsteigen: Das entspricht den Zielen der modernen bremischen Verkehrsplanung. Durch den Ausbau des Straßenbahnnetzes sind am Bahnhof Mahndorf und im niedersächsischen Falkenberg neue und

MIA-Kundinnen und -Kunden haben bei der Nutzung von ›WK-Bike‹ derzeit Preisvorteile.

*Der P+R-Platz in Huckelriede
am Sielhof hat ein eige-
nes Parkhaus und ist eine
Verkehrsdrehscheibe für das
südliche Bremer Umland.*

Seit 2014

attraktive P+R-Anlagen entstanden. Ein Anliegen ist, Umsteigeanlagen durch neue
Angebote attraktiver zu machen. Dazu gehören insbesondere Bike-Sharing-Angebote wie
›WK-Bike‹ oder Bike & Ride-Abstellanlagen
(B+R) an Haltestellen. Das Fahrrad hat hohes
Potenzial als Zubringer zum ÖPNV. Insbesondere zu den starken Achsen des schienenge-
bundenen Regionalverkehrs, aber auch an
wichtigen Umsteigepunkten und Endhalte-
stellen des Straßenbahnnetzes, sind sichere
und wettergeschützte Bike & Ride-Anlagen
sinnvoll. Die BSAG beabsichtigt im Rahmen
eines multimodalen Angebots als Alternative
zum Autobesitz, sich weiter mit dem Bike &
Ride-Angebot auseinanderzusetzen und, sofern sinnvoll, auszubauen. Die Kooperation
mit ›WK-Bike‹ ist ein weiterer Baustein.

Die Haltestelle wird zum Mobilitätspunkt

Was in Gröpelingen erst noch geschaffen wird, nämlich eine attraktive Umsteigeanlage, ist am Bahnhof Mahndorf, in Huckelriede, in Falkenberg und am Bahnhof Blumenthal bereits Wirklichkeit. Um die Nutzung
nachhaltiger Mobilität im Südosten Bremens
zu erleichtern, ist am neuen Haltepunkt Bahnhof Mahndorf im Jahr 2013 eine Anlage zum
bequemen Umstieg zwischen den verschiedenen Verkehrsmitteln entstanden. Dort halten neben der Regio-S-Bahn zusätzlich Züge
nach Hannover, Uelzen, Norddeich und Bremerhaven. Nördlich des Bahnhofs wenden die
Linien 1 und die vom Kuhkamp verlängerte
37, südlich die Linien 38 bis 41 unter anderem nach Hemelingen. Es gibt reichlich Park
& Ride-Plätze, teils überdachte Fahrradab-
stellmöglichkeiten und Taxistände sowie gute
und barrierefreie Umsteigemöglichkeiten.

*Die neu gestaltete Umsteigeanlage Huckelriede
im Jahr 2013.*

BSAG

Fahrradabstellanlage mit Lademöglichkeit für E-Bikes in Lilienthal-Falkenberg.

Am 12. August 2013 wurde die neu gestaltete Haltestelle Huckelriede der Öffentlichkeit vorgestellt. Sie ist eine wichtige Umsteigestation für den südlichen Ortsteil der Neustadt und den angrenzenden Stadtteil Obervieland und präsentiert sich heute als ein würdiges Eingangstor für den Ortsteil. Durch eine engere Verflechtung des angrenzenden Huckelrieder Parks mit den Anlagen der Haltestelle entstand hier ein völlig neuer Stadtraum: Fahrgassen und Bahnsteige, ein Stadtplatz, eine Straße, neue Fahrgastunterstände, eine Trafostation in neuartigem Gewand, Bäume und der Huckelrieder Park geben der Huckelrieder Mitte ein neues Gesicht. Die auffälligen Fahrgastunterstände unterstreichen die angestrebte Verknüpfung von Park und Verkehrsanlage: Das in der Ornamentik der Stahlwände umgesetzte Thema ›Baum‹ stellt einen deutlichen Bezug zum Park her. Die Verglasung gewährleistet

Schutz vor Wind und Niederschlag. Die Wartehäuser sind in ihrer Art einmalig und stellen über ihre Funktion hinaus einen besonderen, für diesen Ort entwickelten Anziehungspunkt dar.

Zeitgemäß, komfortabel und sicher – so präsentiert sich der neue Busbahnhof am Bahnhof Blumenthal seit dem 30. Oktober 2017. Der modernisierte Mobilitätspunkt im Bremer Norden ermöglicht einen einfachen und bequemen Umstieg zwischen den Buslinien der BSAG, des VBN sowie der Regio-S-Bahn. Wichtigste Neuerung der Anlage ist die Umsteiginsel in der Mitte des Busbahnhofs. Diese wird von allen Buslinien angefahren und bietet neben großzügigen Aufenthaltsflächen vor allem kurze Wege – ein Vorteil, der auch für umsteigende Fahrgäste zwischen den BSAG-Bussen und der Regio-S-Bahn gilt. So müssen Umsteiger nur noch die neue Busspur überqueren.

Das neue Mobilitätsdrehkreuz Bahnhof Blumenthal im Jahr 2017. Dort kann bequem zwischen der Regio-S-Bahn und den Busverbindungen umgestiegen werden.

TICKETS DIGITAL, BERATUNG PERSÖNLICH

Das Bezahlen und Speichern von Tickets wird immer bequemer, die kontaktlose Buchung zur Selbstverständlichkeit. BSAG und VBN nutzen die technischen Entwicklungen und insbesondere die fortschreitende Digitalisierung.

›Der Fahrscheinautomat mit seinen papiergebundenen Tickets wird mittelfristig verschwinden. Andere Vertriebswege gewinnen an Bedeutung, wie etwa Mobilitätsplattformen und multimodale Angebote.‹

HAJO MÜLLER

Einfach kontaktlos

Barzahlung und Fahrscheine gibt es zwar nach wie vor, sie nehmen jedoch an Bedeutung ab. Digitales Bezahlen und digitale Tickets sind im VBN wichtige Themen. Bei BOB und MIA erfolgt die Bezahlung per Abbuchung vom Bankkonto.

Seit dem Jahr 2016 ist die BSAG dabei, ihr Vertriebssystem, wie zum Beispiel die Ticketautomaten, zu erneuern. Das Projekt begann mit dem Tausch der Ticketdrucker bei den Busfahrerinnen und -fahrern. Im Jahr 2017 hat die BSAG auch die über 100 privaten Vorverkaufsstellen, also Kioske und Geschäfte, mit den Geräten umgerüstet. Grundsätzlich kontaktlos ist der Ticketkauf für BOB-Kundinnen und -Kunden an den neuen BOB-Terminals (TOUCHmobil 3) in den Fahrzeugen seit 2018. Nach der Wahl von Fahrtziel und Personenanzahl genügt es, die Karte vor das Gerät zu halten. Das geht nicht nur schneller, sondern verhindert auch verklemmte BOB-Karten im Gerät. Die neuen

Automaten sind schlanker und haben einen zeitgemäßen Touch-Bildschirm mit überarbeiteter Bedienung.

Seit März 2018 gibt es auch rund 25 Ticketautomaten (VENDStations) an wichtigen Haltestellen. Dort können alle VBN-Tickets gekauft werden – auch BOB und MonatsTickets. Ausgenommen sind lediglich

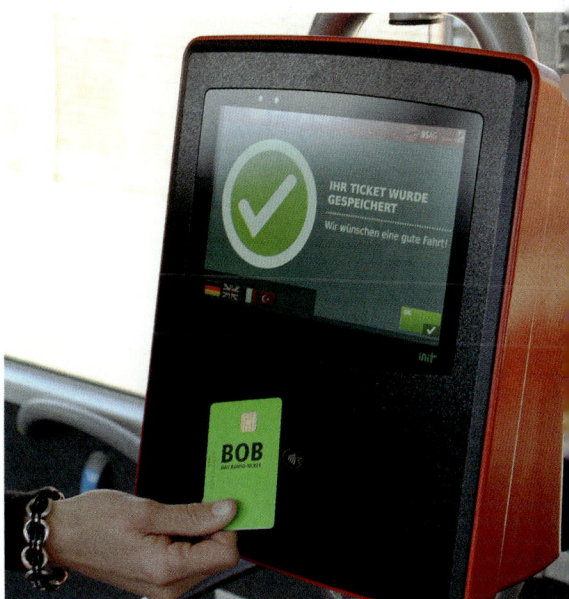

Einfach kontaktlos: Die neuen BOB-Automaten der BSAG sind unkompliziert zu bedienen.

*Die VBN-FahrPlaner-App bietet neben Fahrplanaus-
künften auch die Möglichkeit, ein HandyTicket zu
erwerben. Das Angebot wird ständig weiterentwickelt.*

AboTickets wie MIA oder das JobTicket. Neben Bargeld akzeptieren die Automaten auch
verschiedene elektronische Zahlungsmög-
lichkeiten. Außerdem können sie Banknoten
als Wechselgeld herausgeben. Die neuen
Geräte ermöglichen unter anderem am
Hauptbahnhof, an allen City-Haltestellen, am
Roland-Center, in Huckelriede, Gröpelingen,
an den Bahnhöfen Vegesack und Blumenthal
den bequemen Ticketkauf schon vor dem
Einstieg ins Fahrzeug.

Seit Mitte 2018 werden außerdem alle
Straßenbahnen mit neuen Automaten
(VEND-mobil), der mobilen Variante der Hal-
testellen-Ticketautomaten, ausgestattet. Für
Fahrgäste bedeutet das: Auch in den Bahnen
können sie bargeld- und kontaktlos zahlen.
Anders als ihre Vorgänger akzeptieren die
neuen Automaten nun mehr als einen Geld-
schein pro Buchung – und geben Wechselgeld nicht mehr nur in Münzform heraus. Das
Ticketsortiment in den Fahrzeugen bleibt un-
verändert und somit kann ein Ticket weiterhin auch per BOB gekauft werden. Das neue
System berücksichtigt damit zahlreiche seit
Langem bestehende Wünsche der Fahrgäste.

Mit dem Handy zum VBN-Ticket

Tickets können seit dem 4. Mai 2015
verbundweit mit dem Handy gekauft und auf
diesem gespeichert werden. Möglich ist das
über die FahrPlaner-App des VBN oder über
die Ende 2018 eingeführte Bezahlfunktion an
den Automaten.

Nicht immer und überall sind Verkaufsstellen, Automaten oder das passende Klein-
geld vorhanden. Hier bietet das Smartphone
eine schnelle und mobile Alternative. Und
das Angebot kommt an: Laut Verbundbericht
2017/2018 des VBN wurden im Jahr 2017
etwa 555.000 Euro Umsatz mit dem Handy
Ticket gemacht, das sind 70 Prozent mehr
als in 2016. Die Zahl der verkauften Tickets
betrug knapp 134.000 Stück (plus 78 Prozent)
und die Anzahl der Kundinnen und Kunden,
die das HandyTicket nutzten, lag bei rund
42.000 Personen (plus 69 Prozent). Seit dem
8. April 2019 können ÖPNV-Kundinnen und
-Kunden die FahrPlaner-App auch zum Ticketkauf für die meisten Verbindungen des
Niedersachsentarifs nutzen. Ein Ziel ist es,
dass möglichst schnell weitere Verbünde und
Unternehmen einbezogen werden können.

Eine weitere Möglichkeit, das Mobiltelefon für den Fahrkartenkauf zu nutzen, besteht seit Ende 2018 an den Ticketautomaten
wichtiger Haltestellen sowie denen der Straßenbahnen. Eine Voraussetzung dafür ist,
dass das Handy einige heute übliche technische Standards erfüllt. Nach der Installation
von Bezahl-Apps wie beispielsweise ›Google
Pay‹, ›Apple Pay‹ oder ›Mobiles Bezahlen‹
der Sparkassen und der Eingabe einiger
Daten kann das Smartphone als Geldbörse
eingesetzt werden. Zum Bezahlen wird das
Handy über das Lesegerät des Automaten
gehalten. Man erhält dann ein Papierticket.
Seit Mitte Juni 2019 können die Tickets
für den VBN auch in der App DB Navigator

> Der erweiterte VBN-FahrPlaner ist ein gutes Beispiel dafür, wie die Digitalisierung zu einem echten Mehrwert bei der Nutzung des Nahverkehrs führen kann. Die App wird zum Mobilitätsportal für Bremen und Niedersachsen. Infos: www.niedersachsentarif.de

Seit 2014

gebucht werden. Damit wird das Reisen im öffentlichen Personennahverkehr in den vier kreisfreien Städten Bremen, Bremerhaven, Delmenhorst und Oldenburg sowie in den benachbarten Landkreisen komfortabler. Wer im DB Navigator nach Verbindungen im VBN-Bereich sucht, bekommt über die Eingabe von Start und Ziel die entsprechenden Verbundfahrkarten angezeigt und kann diese als HandyTicket buchen. Das neue Angebot umfasst unter anderem KurzstreckenTickets, Einzel- und TagesTickets für 1–5 Personen, das NachtTicket und den 1. Klasse-Zuschlag.

BOB, MIA und JobTicket auf neuen Wegen

BSAG und VBN haben viele Ideen zur Weiterentwicklung der digitalen Tickets: Für das AboTicket MIA ist das neue Portal ›meineBSAG‹ seit Mitte 2019 online. Es ist auf der Website der BSAG verlinkt. Über den digitalen Abokundendienst kann man zum Beispiel Anträge stellen, Adressänderungen vornehmen usw. Für Fahrgäste mit einem JobTicket sowie für Schülerinnen, Schüler und Auszubildende überlegt das Unternehmen digitale Funktionen, sodass das Aufkleben von Wertmarken in Zukunft möglichst entfallen kann. Auch an eine Modernisierung von BOB ist gedacht: Das bisherige auf Chipkarten beruhende System wird künftig durch eine App erweitert. Die Einführung ist für das Jahr 2020 geplant. Das BOB-Ticket würde dann auch auf dem Handy funktionieren.

Fahrgastinformation heute

Die heutigen Fahrgäste möchten überall und laufend gut informiert sein und nutzen dafür moderne Endgeräte wie Smartphones und Tablets. Die BSAG erweitert daher kontinuierlich das Angebot und nutzt die digitalen Techniken. So werden immer mehr Straßenbahnhaltestellen mit elektronischen Abfahrtstafeln (›dynamischen Fahrgastinformationen‹, DFI) ausgestattet. Im Gespräch ist zudem, weitere Stopps insbesondere im Busnetz mit kleineren Anzeigern zu ergänzen, die in den Haltestellenschildern eingebaut sind (›DFI-light‹) und die tatsächlichen Abfahrtszeiten anzeigen.

Bei Betriebsstörungen haben die Mitarbeitenden der Leitstelle alle Hände voll zu tun. Sie versorgen die dynamischen Abfahrtsanzeiger an den Haltestellen, die Fahrplanauskunft, die Website oder die Monitore in den Fahrzeugen mit Störinformationen. Fahrgäste werden so bei Betriebsstörungen schnell und aktuell informiert und könnten auf alternative Fahrtmöglichkeiten ausweichen.

Das Smartphone ist heute nahezu eine Selbstverständlichkeit. Immer mehr Menschen verwenden es für ihre mobile Fahrplanauskunft, zum Beispiel an den Stationen. Am 22. November 2011 ging die neue VBN-App ›FahrPlaner‹ an den Start. Sie informiert über alle Busse und Bahnen für die Länder Bremen und Niedersachsen, bei vielen Fahrten sogar in Echtzeit. Dies gilt auch für die Fahrzeuge der BSAG. Die App bietet eine komfortable Fahrplanauskunft, Informationen über die nächstgelegenen Haltestellen sowie

Preisauskünfte und Möglichkeiten des Ticket-
kaufs. Eine weitere bequeme Möglichkeit
besteht seit dem Jahr 2014: Die Haltestellenfahrpläne sind mit einem QR-Code ausgestattet. QR bedeutet ›Quick Response‹ –
schnelle Antwort. Mit Hilfe dessen und ihres
Smartphones können die Fahrgäste an den
Haltestellen die Abfahrtszeiten in Echtzeit
erhalten. Seit Kurzem steht der Code auch
auf den Liniennetzplänen. Er führt den Fahrgast direkt zum interaktiven Liniennetzplan.

Im Frühjahr 2019 ging die aktualisierte
Website www.bsag.de online. Neben tech-
nischen Verbesserungen wurde die Rubrik
›Aktuelles‹ eingeführt. Dort erscheinen in
übersichtlicher Form neue BSAG-Meldungen.
Zudem sind die Fahrplan- und Störinforma-

tionen größer, prominenter und übersichtlicher auf der Seite angeordnet. Verbesserungen gibt es auch für Bürgerinnen und
Bürger, die sich über Fahrpläne und Tickets
hinaus informieren möchten. Denn die Homepage der BSAG hat am 16. August 2016
einen Bruder erhalten: den BSAG-Blog. Seitdem berichtet das Unternehmen unter der
Adresse blog.bsag.de online über seine
Arbeit, erzählt Geschichten und Geschichte
und erlaubt einen Blick hinter die Kulissen.
Eine Kommentarfunktion macht es möglich,
sich zu beteiligen und zu Themen des Blogs
und des Unternehmens zu äußern. Der
Blog erschien am 31. August 2018 in einer
neuen, übersichtlicheren und frischeren
Aufmachung.

Die aktuelle BSAG-Website nach dem Relaunch Mitte 2019.

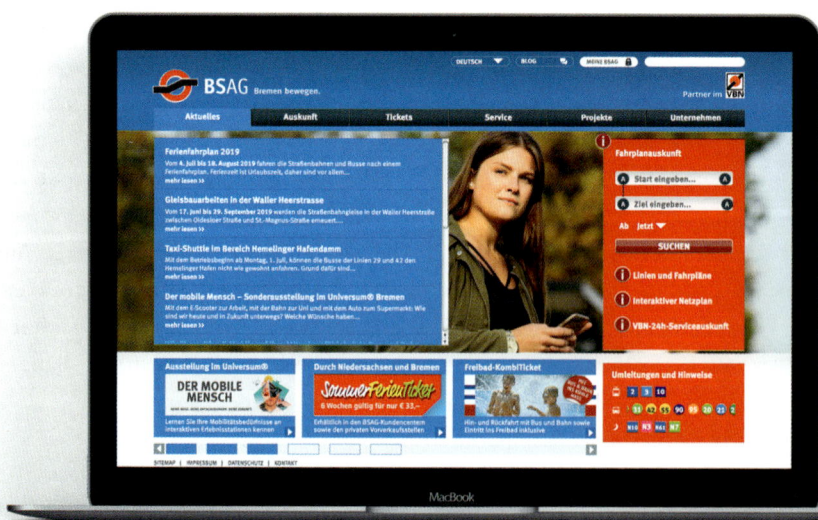

Seit der zweiten Hälfte des Jahres 2018 bietet die BSAG verstärkt MOBILDIALOGE zu allen Themen der bremischen Fortbewegung und nutzt dafür insbesondere den Blog. Rund zwei Monate später veröffentlichte die BSAG die erste Ausgabe des neuen Kundenmagazins ›MOBILDIALOG‹. Beide Medien sind wichtige Anlaufstellen für Infos rund um die Mobilität in unserer Stadt.

Aber nicht allein die moderne digitale Technik sorgt für guten Service: Seit März 2018 ist die Fahrgastinformation optisch aufgefrischt und präsentiert sich wesentlich moderner. Die bisherige, im Farbton Blau gehaltene Gestaltung der Schaukästen wurde im Jahr 1997 eingeführt und benötigte ein zeitgemäßeres Design mit einem farbenfrohen Anblick. Dabei werden die in den Übersichtsplänen verwendeten Farben der Linien auch in den Aushangfahrplänen angewandt. Die Linie 1 ist zum Beispiel grün, die Linie 4 rot und die Linie 24 lila dargestellt. Die Unternehmensfarbe Rot bildet den Rahmen für die Vitrinen. Die Störungsinformationen präsentieren sich nun mit dem auffallenden ›I-Symbol‹. Alle Infos sind so angeordnet, dass sich der Fahrgast möglichst schnell und intuitiv zurechtfindet. Im Laufe des Jahres 2019 werden auch die Linienfahrpläne eine neue Gestaltung erhalten und die Anzeigen der Abfahrtsmonitore, die sich in den Kundencentern und in manchen Gebäuden befinden, dem neuen Layout angepasst.

BSAG-Vorstand Hajo Müller und die erste Kundin bei der Eröffnung des neuen Kundencenters.

Überall aktuell: Fahrgastinformation der Zukunft

Folgendes ist für die nahe Zukunft geplant: Die neuen Straßenbahnen erhalten ein Fahrgast- und Infotainmentsystem, das seit Mitte 2017 in vier Bahnen des Typs GT8N-1 erprobt wird. Es besteht aus Einheiten mit zwei Doppelmonitoren. Auf dem einen Bildschirm werden die nächsten Haltestellen mit den jeweiligen Umsteigemöglichkeiten gezeigt. Darüber hinaus gibt es einen neuen Service: An ausgewählten Stationen sind die Abfahrten der weiterführenden Linien in Echtzeit dargestellt. Somit können die Fahrgäste ablesen, wie viel Zeit ihnen zum Umsteigen bleibt. Künftig sind auch Infos zu Störungen und Umleitungen denkbar.

Auf dem zweiten Monitor informiert die BSAG unterhaltsam über Service- und weitere Themen oder platziert Werbung. Seit Ende 2018 werden auch Kurznachrichten gesendet. Sie stammen vom Radio Bremen-Nachrichtenmagazin buten un binnen. Die 43 Niederflurbahnen vom Typ GT8N-1 sollen schrittweise mit dem System ausgestattet werden. Bei neuen Bussen ist zumindest für die Fahrgastinformation ein vergleichbares Angebot mit Umsteigehinweisen in Echtzeit geplant.

Noch Zukunftsmusik ist die digitale Haltestellenvitrine: Die heute im Schaukasten ausgehängten Fahr- und Netzpläne, Störmeldungen und Tarifinformationen in Papierform werden dann auf einem Bildschirm angezeigt. Angedacht ist, dass die

Eröffnung des neuen Kundencenters auf dem Vegesacker Bahnhofsvorplatz im Herbst 2014.

Modern, aufgeräumt, einladend – so präsentiert sich das neue Kundencenter Domsheide der BSAG seit dem 26. November 2018.

Seit 2014

Kunden dort zwischen den verschiedenen Themen mithilfe eines Menüs auswählen können. Die Information ist aktueller als in den heutigen analogen Vitrinen. Andererseits kann immer nur ein Nutzender entscheiden, welches Thema gerade angezeigt wird. Die BSAG möchte daher zunächst Erfahrungen im Rahmen eines Tests sammeln. In den nächsten Jahren ist die Erprobung an einer zentralen Haltestelle geplant.

Drei Kundencenter der neuen Generation

Die fortschreitende Digitalisierung im Ticket- und Informationsbereich bietet neue und komfortable Möglichkeiten. Genauso wichtig ist ein persönliches Verkaufsgespräch,

denn der ÖPNV und immer vielfältigere Angebote sind beratungsintensiv. Das Ziel ist es, den Menschen Mobilitätsdienstleistungen an zentralen Haltestellen in deutlich erkennbaren, modernen und funktionalen Shops anzubieten und ihnen für ihre Fortbewegung optimale Lösungen zu erklären. Die BSAG ermöglicht in ihren drei Kundencentern bereits heute den kompletten Service für alle VBN-Produkte, etwa rund um das AboTicket MIA. Aber auch für Fahrgäste, die ohne ein gültiges Ticket gefahren sind, sind sie eine Anlaufstelle. Man kann sich zudem an Monitoren über die nächsten Abfahrtszeiten der Linie informieren oder Fahr- und Netzpläne mitnehmen. Aber nicht ›nur‹ die Dienstleistung soll stimmen, sondern

Links ein Bild der Eröffnung.

Der neue Standort des Kundencenters Hauptbahnhof befindet sich im City-Gate.

auch das Umfeld: Zeitgemäße Kundencenter entwickeln sich in vielen Branchen – und auch bei der BSAG – immer mehr zu Orten, in denen sich die Kundinnen und Kunden gerne aufhalten. Mit drei attraktiven Standorten in gut angebundener Lage und dem Infomobil als viertem Standbein werden die Bürgerinnen und Bürger gut versorgt.

Als Vorreiter für den neuen Kundencentertyp gilt der am 16. September 2014 eröffnete Standort am Bahnhof Vegesack. Das rund 50 Quadratmeter große Kundencenter Vegesack liegt direkt in der Laufachse vom Bahnhofsgebäude zum Bussteig. Den Kundinnen und Kunden stehen zwei Schalter für die schnelle Bedienung zur Verfügung. Die BSAG setzt damit in Bremen-Nord zudem ein Zeichen für mehr Kundenservice: ein interessantes Gebäude, das in seiner Gestaltung nicht nur das Thema Bewegung und Mobilität aufgreift, sondern ein wenig maritim wirkt.

Das größte Kundencenter an der Domsheide im Gebäude der ehemaligen Baumwollbörse ist mit über 200 Quadratmetern Fläche sehr großzügig bemessen, war jedoch nach 16 Jahren Einsatzzeit überholungsbedürftig. Beim Umbau zwischen dem 22. Juni und dem 26. November 2018 wurde es gründlich modernisiert und verbessert. Zeitgemäßes Mobiliar erleichtert die Kommunikation zwischen Mitarbeitenden und Kundinnen

Das neue Infomobil der BSAG sorgt für zusätzlichen Service.

›Die Nutzung unserer Haltestellen sowie der Busse und Bahnen wird mit dem Serviceteam für alle Fahrgäste noch komfortabler. Jetzt gibt es an den Verkehrsknotenpunkten direkte Ansprechpartnerinnen und -partner, die sich sofort um die Anliegen der Menschen kümmern.‹

MICHAEL HÜNIG

Seit 2014

beziehungsweise Kunden. Damit rollstuhlfahrende Fahrgäste auf Augenhöhe beraten werden können, wurde einer von fünf Beratungs- und Verkaufsplätzen barrierefrei gestaltet. Die BSAG hat nicht nur den Kundenbereich umgebaut, sondern zudem den Service erweitert: Vor allem das Fundbüro, das sich zuvor am Depot in Gröpelingen befand, findet hier seit April 2019 Platz und ist durch die zentrale Lage deutlich leichter zu erreichen. Zudem stehen den Fahrgästen für die Abgabe und Abholung von Fundsachen längere Öffnungszeiten zur Verfügung.

Das kleine Kundencenter Hauptbahnhof, das sich bis vor Kurzem in der sogenannten Ellipse auf dem Steig des Zentralen Omnibusbahnhofs (ZOB) befand, genügte mit 39 Quadratmetern Fläche weder hinsichtlich der Größe noch der Ausstattung den Anforderungen an eine fortschrittliche Anlaufstelle. Zudem war es für viele Reisende nur schwer zu finden. Da bot sich mit dem Neubau des ›City-Gates‹ auf dem Bahnhofsplatz die günstige Gelegenheit, in zentraler Lage am Eingangstor zu Bremen einen geeigneten Verkaufs- und Beratungsraum zu eröffnen. Kommen Bahn- oder Busreisende am Hauptbahnhof an, laufen sie auf das neue, rund 70 Quadratmeter große Kundencenter zu, das über den Mittelgang zwischen den

beiden Gebäuden zu erreichen ist. Zur Verfügung stehen seit Mitte 2019 im Erdgeschoss vier Schalter für Verkauf und Beratung. Der neue Standort in der Nähe der Bahnsteige ist mit seiner nahezu verdoppelten Grundfläche und ansprechenden hellen Innenausstattung eine deutliche Verbesserung gegenüber der ursprünglichen Situation.

Um auch in den Stadtteilen und in der Region Mobilitätsberatung anzubieten und mit den Menschen ins Gespräch zu kommen, ist das Unternehmen seit dem Frühjahr 2017 mit dem neuen Infomobil unterwegs. Im mobilen Kundencenter werden zwar keine Tickets verkauft, aber die Bürgerinnen und Bürger können sich beraten lassen oder Fahrpläne und andere aktuelle Infos mitnehmen, Anträge für die digitalen Tickets MIA und BOB stellen oder Anregungen und Kritikpunkte abgeben – natürlich auch zur Zukunft der Mobilität wie bei den MOBILDIALOGEN. Neben den drei Kundencentern und dem Infomobil sind derzeit über 100 Vertriebspartner (private Vorverkaufsstellen) für die BSAG tätig.

Von Mensch zu Mensch

Die BSAG möchte, dass Sie sich in den Fahrzeugen und genauso an den Haltestellen sicher fühlen. Mobile Servicemitarbeitende

Die persönliche Beratung wird auch künftig eine hohe Bedeutung für den ÖPNV haben.

in Dienstkleidung sorgen seit Mitte 2018 insbesondere am Hauptbahnhof für ein angenehmeres Klima. Der Einsatz der Servicekräfte wird durch das Beschäftigungsprogramm ›Perspektive Arbeit Saubere Stadt‹ (kurz: PASS) des Senators für Wirtschaft, Arbeit und Häfen, getragen durch ESF- und Landesmittel, ermöglicht. Der Europäische Sozialfonds (ESF) gilt als das wichtigste Instrument der Europäischen Union zur Förderung der Beschäftigung in Europa.

Die BSAG hat sich um insgesamt 44 Stellen des Programms beworben. Die ersten 20 Teilnehmenden wurden seit dem 1. Juli 2018 im Hause qualifiziert und sind seit August 2018 an den unterschiedlichen Haltestellen sicht- und ansprechbar. Die zweite Gruppe begann ihre Ausbildung am 1. Oktober 2018.

Die Mitglieder des Teams geben gerne Auskunft über Verbindungen und Anschlüsse, kümmern sich um die Beseitigung von Unrat an den Haltestellen, sensibilisieren die Anwesenden für ein achtsames Miteinander und stehen, wenn einmal Hilfe benötigt wird, über die Leitstelle der BSAG im direkten Kontakt zu Rettungskräften und zur Polizei. Aufgabe der Teams ist es zudem, Fahrgastfragen zu beantworten und mobilitätseingeschränkte Menschen bei Bedarf zu unterstützen. Nicht nur die Polizei, sondern auch soziale Träger und Initiativen wie zum Beispiel die Nachtwanderer gehören zum Kooperationsnetz des Teams.

UNSERE ARBEITSWELT IM WANDEL

Wartung eines Elektrobusses in der Servicewerkstatt der BSAG 2018. Noch fehlen geeignete Arbeitsstände.

Ein neuer Beruf für die ›Stromer‹

Elektromobilität ist der BSAG durch die Straßenbahnen bestens vertraut. Für den Fahrdienst wie auch für die Busdepots bedeuten Elektrobusse dennoch einen großen Wandel. Um die ›Stromer‹ mit ihrer Technik und insbesondere der Elektronik sicher fahren zu können, muss der Fahrdienst darauf vorbereitet werden. Für die Arbeit in den Werkstätten bildet das Unternehmen im neuen Beruf ›Kfz-Mechatronikerin oder -mechatroniker mit dem Schwerpunkt System- und Hochvolttechnik‹ aus. Dabei geht es vor allem um den Antrieb von Elektrobussen: Ein wichtiger Teil der Ausbildung beinhaltet den Umgang und die Arbeit an Hochvolt-Fahrzeugen. Dazu zählt: Gefährdungen beurteilen, Schutzmaßnahmen ableiten, die Wirksamkeit von elektrotechnischen Schutzmaßnahmen am Hochvoltsystem prüfen sowie Hochvolt-

So wurde früher gearbeitet – eine alte Pergamentrolle im Gleisbau-Archiv.

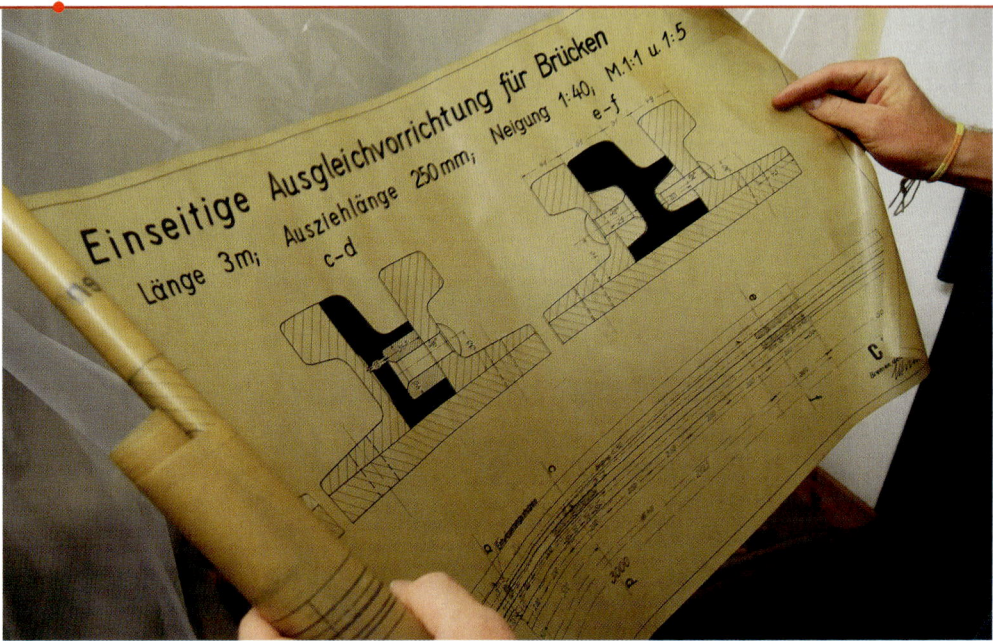

So wurde früher gearbeitet – eine alte Pergamentrolle im Gleisbau-Archiv.

Komponenten instand setzen oder ersetzen. Alle Mitarbeitenden erhalten intensive Schulungen auf die neue Technik und insbesondere die Wartung der elektrischen und elektronischen Komponenten einschließlich der Sicherheitsaspekte. Aber es wird auch weiterhin traditionelle Arbeiten geben: Der Reifenwechsel ist dafür genauso ein Beispiel wie die Druckluftversorgung. Bestandteile des bisherigen Berufsbilds bleiben also erhalten. Ein großer Vorteil für die Betroffenen ist, dass der Übergang von Diesel auf die Elektrotechnik innerhalb eines Zeitraums von voraussichtlich 15 bis 20 Jahren geschieht.

Von der Pergamentrolle zum Infrastruktur-Datenmanagement

Wie stark sich die Arbeitswelt durch die Digitalisierung verändert, zeigt beispielhaft auch der Gleisbau. Ingenieur Marc Strauß erläutert uns die Entwicklung. ›Früher wurden technische Zeichnungen an einem Reißbrett auf Transparentpapier mit Tusche erarbeitet. Bei Fehlern musste mithilfe einer Rasierklinge radiert werden. Das war sehr aufwendig. Die Pergamentrollen und -blätter wurden in speziellen Schränken aufbewahrt. Darüber hinaus hatten wir hand- und später auch maschinengeschriebene Listen in Aktenordnern. Jeder hatte seine eigene Ablage, die in Archiven an verschiedenen Standorten aufgehoben wurden. Es war oft sehr zeitraubend und schwierig, Unterlagen von Kolleginnen und Kollegen zu finden. Ging jemand in Rente, war sein Wissen oft leider verloren. Ab ungefähr 1990 wurden wir mit Rechnern ausgestattet. Genutzt wurden sie anfangs individuell für die Textverarbeitung oder

Tabellenkalkulation. Etwa Mitte der 1990er Jahre erfolgte die Vernetzung unserer Computer. Später kam bei uns das Corporate Aided Design (CAD), also computergestütztes Zeichnen, hinzu. Aber auch mit dieser Technik hatte noch jede(r) seine eigene Ablage. Das heißt, wir haben teilweise nicht nur parallel gearbeitet, sondern die Daten hatten zuweilen unterschiedliche Stände, was dann Recherchen erforderlich machte. Es war somit manchmal schwierig, schnell Antworten auf Fragen zu finden, zum Beispiel, wo ein Kanalrohr verlegt war.

Die Anlage einer einheitlichen Datenbank, die alle betreffenden Kolleginnen und Kollegen bearbeiten und nutzen können, wurde immer wichtiger. Zudem forderten rechtliche Veränderungen eine intensivere Dokumentation von Inspektionen und Wartungen der Anlagen. Wir müssen zum Beispiel den Werdegang einer Weiche von der Planung, ihrem Einbau, den Wartungen, Reparaturen bis hin zur Verschrottung genau dokumentieren, die Daten archivieren und griffbereit halten. Das war mit dem herkömmlichen System kaum machbar.

Ab Mitte 2014 wurde daher bei der BSAG eine Projektgruppe eingerichtet, die Anforderungen an ein digitales Datenbanksystem formulieren sollte. Beteiligt waren Mitarbeitende des Gleis- und Fahrleitungsbaus, der Planenden, des Betriebsleiterbüros, der kaufmännischen Bereiche und der Datenverarbeitung. Dabei ging es zum Beispiel darum festzulegen, welche Objekte in welcher Tiefe erfasst werden sollten,

wer die Daten pflegt und diese später nutzen darf. Ein Jahr später begannen die erforderlichen Ausschreibungen. Seit Dezember 2016 konnten wir mit der Eingabe der Daten loslegen. Die Abnahme des Systems erfolgte im Herbst 2018.

Grundlagen der Datenbank sind ein Straßenbahnnetz- und Stadtplan sowie ein aus unzähligen Einzelaufnahmen zusammengesetztes und detailliertes Luftbild von Bremen und den niedersächsischen Nachbargemeinden. Zudem haben wir das Gleisnetz vollständig abgefahren und dabei einen Film gedreht, von dem Sequenzen gezielt abgerufen werden können. Erfasst sind im System derzeit vor allem technische Daten, Fotografien und digitalisierte Pläne insbesondere vom Gleis- und Oberleitungsnetz, Haltestellen samt Fahrgastunterstände und Automaten, Signalanlagen, Brücken, Gleichrichterwerke zur Stromversorgung, Fernwirktechnik, Kabeltrassen, Entwässerungsanlagen, Gebäude, Pflanzen und Grünflächen, Straßenmarkierungen und Zäune. Bei vielen dieser Anlagen erfassen wir Details, etwa bei den Gleisanlagen den Schienentyp, den technischen Aufbau oder das Alter. Selbst Bäume werden nach und nach berücksichtigt, also zum Beispiel, um welche Art es sich handelt, wem er gehört, wann er gepflanzt wurde und die Ergebnisse der jährlich vorgeschriebenen Inspektion und Pflege. Die von unserem Gleismesszug erfassten technischen und sicherheitsrelevanten Daten werden in der Datenbank ebenfalls berücksichtigt.

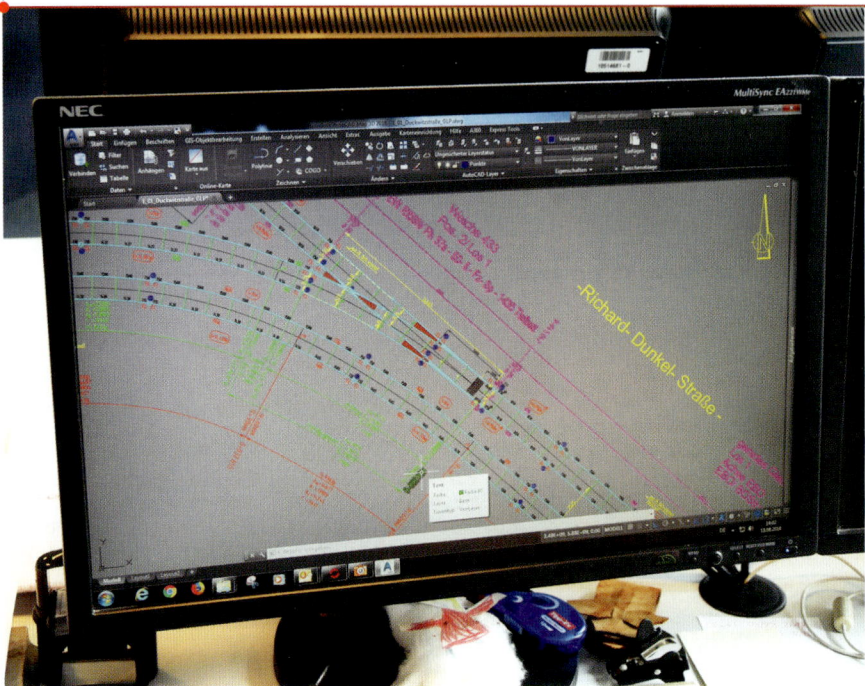

Werden bestimmte Daten zu einer Anlage gesucht, so können die Mitarbeitenden sie mithilfe der Pläne bequem am Bildschirm finden. Beispielsweise ist es mittels der Datenbank kein Problem mehr, schnell zu ermitteln, an welchen Stellen Kurven mit einem bestimmten Radius verbaut sind oder wie viel Kilometer Rasengleise wir haben. Das wäre zuvor mit einem hohen Aufwand verbunden gewesen. Zudem ist es ein Ziel, das Wissen der Kolleginnen und Kollegen zu sichern und verfügbar zu halten.

Um die Pflege der Bank zu vereinfachen, erhalten unsere Techniker Tablets, sodass sie gleich vor Ort die Daten per App eingeben können, also zum Beispiel bei der Inspektion einer Weiche. Das spart nicht nur Zeit, sondern vermeidet auch ärgerliche Abschreibfehler. Zudem können Aufgabenstellungen sofort erfasst und an den betreffenden Mitarbeitenden übermittelt werden. Die Bearbeitung wird solange vom System begleitet, bis die Aufgabe als erledigt eingegeben ist.

Bei der Detailliertheit müssen wir uns aber immer fragen, ob dafür ein Bedarf besteht und den Arbeitsaufwand rechtfertigt. Derzeit (Ende 2018) sind es 25.000 Daten – es können einmal Mengen im sechsstelligen Bereich werden. Man kann also sagen, dass unsere Datenbank so etwas wie ein großes Lexikon über technische Werte unseres Netzes ist – fast ein Lebenswerk, das künftig viele Arbeiten erleichtert oder überhaupt erst möglich macht. Es ist auch ein Beitrag für noch mehr Sicherheit im Netz.

Seit 2014

ERHALTEN,
WAS UNS BEWEGT

Straßenbahngeschichte einmal etwas anders erzählt. In den folgenden Kapiteln begeben wir uns auf eine spannende Zeitreise durch die ›mobile Revolution‹ in Bremen. Es werden Einblicke gewährt, wie die BSAG von 1876 bis heute auf neue Herausforderungen mit Innovationen reagierte.

Unsere Mobilität und somit auch die Verkehrsbranche befinden sich in einem tiefgreifenden Veränderungsprozess. Einiges über die Gegenwart und die Zukunft der Fortbewegung in Bremen haben Sie nun schon kennengelernt. Um die Entwicklungen auch noch nach Jahrzehnten nachvollziehen zu können, gibt es im Betriebshof Sebaldsbrück ein Archiv. Es enthält unter anderem

Die Ära der ersten Niederflurbahnen neigt sich allmählich ihrem Ende entgegen. Das bedeutet Arbeit für das Fotoarchiv. Die Linie 2 im Jahr 2017 in der Hastedter Heerstraße vor dem ehemaligen Pferdebahndepot von 1879 beim Zeppelintunnel.

Schriftstücke, Pläne, Fachliteratur und Fotografien aus rund 150 Jahren Bremer Verkehrsgeschichte. Eine aktuelle Aufgabe der Archivare ist, die heutige Entwicklung zu dokumentieren und für folgende Generationen aufzubewahren.

Beim Verfassen der Zukunftskapitel stellten wir uns die Frage, ob und wann es in der 150-jährigen Geschichte der BSAG vergleichbare Umwälzungen in der Mobilität wie derzeit schon einmal gab, was die Hintergründe dafür waren und wie die daraus entstehenden Aufgaben gelöst wurden. Auch wenn der Schwerpunkt des Buchs die moderne urbane Mobilität in Bremen ist, konnten wir es uns nicht nehmen lassen, im Archiv nachzuschlagen und die Ergebnisse für Sie zusammenzufassen. Begeben Sie sich in den folgenden Kapiteln mit uns auf eine spannende Zeitreise durch die ›mobile Revolution‹ in Bremen. Sie können dabei entdecken, wie sich der Verkehr durch den technischen, wirtschaftlichen, ökologischen und gesellschaftlichen Wandel über die Jahrzehnte entwickelte. Anhand von Beispielen erhalten Sie Einblicke, welche Veränderungen die Fahrzeuge, die Werkstätten, die Linien, der Vertrieb und der Service dadurch nahmen. Hier finden Sie Geschichten, die bisher noch nicht erzählt wurden, und können erfahren, auf welche Weise die Stadt Bremen und die BSAG auf Herausforderungen des Verkehrsmarkts reagierten. Erkennen Sie Parallelen zur heutigen Zeit?

Die Anfänge der Mobilität in Bremen

Telescopium Lilienthal

Die zu einem Londoner Unternehmen gehörende Große Bremer Pferdebahn befuhr unter anderem die Linie Walle-Hastedt. Die Fahrzeuge erinnerten an Postkutschen auf Schienen. Aufnahme aus dem 19. Jahrhundert.

Das muss eine hochinteressante Zeit gewesen sein: damals, als die Straßenbahnen aufkamen. In den Metropolen erlebten sie ihre Entstehung: 1832 in New York, 1855 in Paris, 1861 in London, 1862 fuhr bereits die Rösslitram in Genf. Im Jahr 1875 beantragte ein weitgereister Bremer die erste Lizenz für eine Pferdestraßenbahn zwischen Bremen und Oberneuland. Bremen hatte damals knapp über 100.000 Einwohner und eben die Grenze zur Großstadt überschritten. Damit erhielt auch die Fortbewegung in der Stadt eine neue Bedeutung. Doch der Reihe nach: Reisen und Mobilität konnten sich bis ins 19. Jahrhundert hinein nur wohlhabende Bürgerinnen und Bürger leisten, denn die Haltung von Pferden war

teuer. Die meisten Menschen bewegten sich zu Fuß fort und verließen daher kaum ihre Stadt oder ihr Dorf. Arbeitsstätten und Wohnorte lagen häufig dicht beieinander. Das änderte sich erst mit der Zunahme der Bevölkerung und der Industrialisierung. Das Wachstum der Städte erforderte leistungsfähige Verkehrsmittel und stellte den Mobilitätsunternehmen Gewinne vor allem im Berufsverkehr in Aussicht. Anders war es in der Stadt Bremen mit den nur dünn besiedelten Randgemeinden, wie etwa Schwachhausen und Horn. Sie hatten eher eine Bedeutung für den Ausflugsverkehr. Für die Hafenstadt Bremen war der Anschluss an das Eisenbahnnetz ab dem Jahr 1847 sehr wichtig. Er vermittelte ein neues Lebensgefühl, diente

1876 Gründung der Actiengesellschaft Bremer Pferdebahn und Eröffnung der ersten Verbindung nach Horn.

1876–1913

jedoch dem innerstädtischen Personenverkehr kaum, und somit fehlte ein geeignetes Nahverkehrsmittel. Gleich zwei Gesellschaften begannen ab 1876, Bremen mit Pferdebahnlinien zu versorgen: Im Jahr 1875 erwarb der Zivilingenieur Carl Westenfeld die Konzession für eine Pferdebahnlinie nach Horn. Am 28. März 1876 gründeten Bremer Unternehmer die ›Actiengesellschaft Bremer Pferdebahn‹. Darunter waren der Reitbahnbesitzer Heinrich Alfes sowie Männer, die sich im Straßenverkehr auskannten, wie die Fuhrunternehmer Wilhelm Neukirch und Lüder Kaemena. In diesen Kreisen war man selbstverständlich bestens damit vertraut, dass ein hoher Rollwiderstand und die unvermeidliche Übertragung von Fahrbahnstößen auf die Fahrgäste den Wert von Pferdefuhrwerken für die Massenbeförderung unangenehm beeinträchtigten. Zudem waren die Straßenverhältnisse schlecht. Die Lösung war die Anwendung des Rad-Schiene-Systems als Pferdebahn. Die neue Gesellschaft baute als erste Verbindung die Pferdebahnstrecke vom Herdentor bis zur Vahrster Brücke (Bürgermeister-Spitta-Allee), später Börse–Horn – die Linie 4.

In Bremen begann am 4. Juni 1876 mit 20 Pferden, vier offenen Sommerwagen, acht geschlossenen Wagen und 16 Personalen bei der Eröffnung der ersten Pferdebahn nach Horn, der späteren Linie 4, das Zeitalter des innerstädtischen Massenverkehrs. 250.000 Menschen nutzten bis zum Jahresende die neue, rund fünf Kilometer lange eingleisige und mit Ausweichen versehene

Strecke. Das sind deutlich weniger Passagiere, als die BSAG heute an einem Tag befördert. Diese Verbindung erschloss zunächst überwiegend ländlich geprägte Gebiete und ermöglichte die Entwicklung der Dörfer Schwachhausen und Horn zum Stadtteil. Die Wagen und Pferde wurden anfangs auf Garbades Hof an der Schwachhauser Chaussee, Höhe Orleansstraße, in angemieteten Räumen und Stallungen gepflegt. Eine Besonderheit: Da der heutige Hauptbahnhof erst 1889 eröffnet wurde und der Vorgängerbahnhof (Hannoverscher Bahnhof) seinen Standort etwas weiter westlich hatte, wurde die Pferdebahn auch nicht über den Bahnhofsvorplatz, sondern via Breitenweg bis zur Bahnhofstraße geführt. Somit bestanden später bis zum Umbau zunächst recht weite Wege beim Umsteigen. In den Jahren 1877 und 1883 folgten die Verlängerungen bis zur Horner Kirche (mit dem Neubau eines Depots) beziehungsweise bis zur Börse (Markt). Da nicht genügend Kapital zusammenkam, wurde aus der ursprünglich geplanten Erweiterung bis nach Oberneuland nichts. Die Gesellschaft entwickelte sich daher zunächst eher verhalten. Das zweite Bremer Pferdebahnunternehmen, die Große Bremer Pferdebahn, gehörte dem britischen Unternehmen Tramways Union Company Limited und setzte auf Verbindungen, die erfolgreicher waren: Im Jahr 1879 eröffnete sie die bedeutende Strecke zwischen Walle, Bremen und Hastedt als Vorläuferin der heutigen Linien 2 und 3 mit 24 Wagen und 82 Pferden.

KUTSCHEN AUF SCHIENEN

Bei der ab 1876 eröffneten Pferdebahn gab es neben geschlossenen Wagen auch einige offene sogenannte Sommerwagen. Die geschlossenen Fahrzeuge unterschieden sich meist nur in der Fensteraufteilung voneinander, ansonsten waren sie in etwa baugleich. In der Wagenmitte befand sich der Fahrgastraum mit den Sitzbänken. Vorn und hinten gab es überdachte, zu den Seiten hin offene und somit ungeschützte Plattformen, auf denen die Kutscher und Schaffner ihren Dienst versahen. Ein- und ausgestiegen wurde über diese Plattformen.

Einer von ihnen, der Pferdebahnwagen mit der Nummer 23 (Baujahr 1888), hat die Jahrzehnte überdauert. Im Frühjahr 2007 wurde der Bremer Pferdebahnwagen 23 durch den Verein ›Freunde der Bremer Straßenbahn‹ wiederentdeckt und konnte im Juni 2009 mithilfe des Technischen Hilfswerks geborgen werden. Seitdem steht er im Straßenbahnmuseum ›Das Depot‹ in Bremen-Sebaldsbrück und wird schrittweise restauriert. Dabei war viel Forschungsarbeit beispielsweise für die Wiederherstellung der Wagentechnik und des Fahrgastraums erforderlich. Anhand alter Wagenbleche ließ sich etwa die ursprüngliche Farbgebung ermitteln: unten Postgelb und oben Weiß. Wenn Sie mehr über die spannende Restaurierung erfahren möchten, sollten Sie das Museum an den Öffnungstagen besuchen.

Der Pferdebahnwagen Nr. 23, Baujahr 1888, hat die Jahrzehnte als Gartenlaube überstanden. Mittlerweile ist er weitgehend restauriert und trägt die ursprüngliche weiß-gelbe Farbgebung der ›Actiengesellschaft Bremer Pferdebahn‹ – ähnlich wie bei einer Postkutsche.

Mehr Infos zu den historischen
Fahrzeugen: www.fdbs.net

1876–1913

Der Pferdebahnwagen 23 ist ein Einspänner aus einer Serie von vier Fahrzeugen, die die Große Bremer Pferdebahn für die Konkurrenzgesellschaft Bremer Pferdebahn 1888 baute. Die Herstellung erfolgte in der Werkstatt Walle der Großen Bremer Pferdebahn, heute Kulturzentrum Westend. Die einfachen Lattensitzbänke sind in Längsrichtung angeordnet, sodass auf jeder Wagenseite acht Fahrgäste Platz finden. Eine Heizung gibt es nicht. Petroleumlampen, jeweils eine vorne rechts an der Perronwand, erhellen den Innenraum und den Perron. Das Fahrzeug besitzt kein Fahrgestell. Im Jahr 1890 und dann ab 1892 wurde der Wagen ohne Umbauten auch als Beiwagen hinter den ersten elektrischen Triebwagen bis zu seiner Ausmusterung 1925 benutzt und zur Gartenlaube umgebaut. (Quelle: www.fdbs.net)

Heinrich Alfes

Wer sich mit den Anfängen der Bremer Straßenbahn beschäftigt, stößt immer wieder auf einen Namen: Heinrich Alfes (1821 bis 1907). Der stadtbekannte Geschäftsmann war Fuhrunternehmer aus der Neustadt und von 1876 bis 1877 Vorstandsmitglied der ›Actiengesellschaft Bremer Pferdebahn‹. Er gilt auch als Gründer der Straßenbahn Bremerhaven und der Nürnberg–Fürther Straßenbahngesellschaft. Zudem organisierte er den Abtransport menschlicher Hinterlassenschaften, was ihm den despektierlichen Beinamen ›Schieten-Alfes‹ einbrachte. Bei seinen Vorstandskollegen

erfreute er sich offenbar keiner großen Beliebtheit. Seine eigenmächtige Bestellung von 25 Peitschen wurde zum Anlass genommen, die Angelegenheit mit entnervender Beharrlichkeit immer wieder zur Sprache zu bringen, bis der Prügelknabe das Spiel eines Tages satthatte und das Unternehmen verließ. Diese Pfennigfuchserei sollte dem Unternehmen schlecht bekommen. Das zielstrebige Vorgehen, das Heinrich Alfes nach seinem Ausscheiden an den Tag legte, und sein scharfer Verstand lassen die Vermutung zu, dass Alfes in der Pferdebahngesellschaft mit ihrem etwas zänkischen und kleinlichen Geist schon bald keine Basis mehr erblicken konnte, auf der sich die erkennbar werdenden größeren unternehmerischen Aufgaben lösen ließen. Der Streit um die Peitschen, der die Pferdebahn ebenso teuer zu stehen kam, wie sein finanzieller Aspekt lächerlich war, mag nur noch den letzten Anstoß gegeben haben. Als es darum ging, eine lukrative Pferdebahnlinie auf der Strecke Walle–Bremen–Hastedt zu eröffnen, trat Heinrich Alfes als letzter von sechs Konkurrenten auf den Plan, stellte kühl seine Forderungen und gewann. Die ermittelte Summe von 200.000 Mark für die notwendigen Straßenverbreiterungen zahlten Alfes und seine Partner und konnten damit den Stadtverkehr auf einer bedeutenden Strecke erobern, während die Bremer Pferdebahn mit unzulänglichen Gleisen eine Art Ausflugsbahn betrieb. Die neue Gesellschaft nannte sich ›Große Bremer Pferdebahn‹.

Bremens älteste Straßenbahn, die ›Molly‹ von 1900.

BREMEN ALS VORBILD FÜR EUROPA

Im Jahr 1890 fuhr anlässlich der Nordwestdeutschen Industrie- und Gewerbeausstellung die erste elektrische Straßenbahn Europas mit einer betriebstauglichen Technik in Bremen und nutzte den soeben in den USA erfundenen Rollen- oder Stangenstromabnehmer: ›Der US-amerikanische Ingenieur Frank J. Sprague setzte sie erstmals 1889 bei der Straßenbahn in Richmond (Virginia) ein. Das Unternehmen Thomson-Houston verbesserte das System und machte es auch in Europa bekannt. In Deutschland fand es erstmals bei der Nordwestdeutschen Gewerbe- und Industrieausstellung 1890 in Bremen Anwendung.‹ (Quelle: Norbert Kuschinski: Ausstellungs-Straßenbahnen. In: Verkehrsgeschichtliche Blätter. Heft 3, 1988, S. 60 – 68. Nach wikipedia.de).

Der Rollenstromabnehmer brachte den Durchbruch bei der lange Zeit nicht ganz zufriedenstellend gelösten Problematik der Stromversorgung fahrender Straßenbahnen. Er bestand aus einer Stange mit einer Rolle, die mithilfe einer Feder von unten gegen die Oberleitung gedrückt wurde. Es konnte zwar zuweilen vorkommen, dass der Stromabnehmer während der Fahrt aus der Oberleitung sprang, doch war er insgesamt brauchbar, bis die Technik in Bremen im Jahr 1937 durch den praktischeren Scherenstromabnehmer abgelöst wurde. Neben kleineren dreifenstrigen Wagen, die den Wagenkästen der damals modernsten Pferdebahnwagen entsprachen, gab es auch größere Neukonstruktionen mit vier Fenstern. Die Ausstellungslinie bewährte sich gut, und die Gesell-

Der elektrische Versuchsbetrieb im Jahr 1890 am heutigen Gustav-Deetjen-Tunnel. Der soeben erfundene Stangenstromabnehmer brachte bereits um 1900 den Durchbruch für die Elektromobilität auf der Schiene.

1889 Die Erfindung des Rollenstromabnehmers
bringt den Durchbruch bei der innerstädtischen
Elektromobilität auf der Schiene. Er wurde
ein Jahr später in Bremen erprobt.

1876–1913

schaft beschloss noch im gleichen Jahr, ihr gesamtes Netz zu elektrifizieren. Das waren die Linien nach Horn, in den Freihafen und zum Hohentor. Es dauerte jedoch, bis die Bremer Straßenbahn die Genehmigung zur Elektrifizierung erhielt und diese ab 1892 bis zum Frühjahr 1893 umgesetzt wurde. Einige Anfangsschwierigkeiten des elektrischen Betriebs galt es zu überwinden. Größere Bauserien gab es damals noch nicht. Alle Wagenkästen der ersten 32 elektrischen Triebwagen wurden in der Waggonbauanstalt in Walle hergestellt und waren mit drei bis fünf Fenstern ausgestattet. Die Große Bremer Pferdebahn erhielt hingegen keine Konzession für den elektrischen Betrieb. Daher entstand die für Bremen ungewöhnliche Situation, dass ein kleines bremisches Unternehmen einen größeren Konzern schluckte! Sofort wurde das gesamte Netz elektrifiziert und in Absprache mit dem Senat erweitert.

Mit der Fusion der beiden Gesellschaften im Jahr 1899 benötigte die Bremer Straßenbahn neue Fahrzeuge. Sie begann mit dem Bau der ersten Straßenbahn-Großserie mit den Nummern 33 bis 179. Die vierfenstrigen Wagen verfügten über 18 Sitzplätze und eine verbesserte Technik. Der Grundaufbau war jedoch ähnlich wie bei den ersten Pferdebahnwagen. Sie besaßen zwar ein Fahrgestell, jedoch waren die beiden Plattformen an den Wagenenden immer noch unverglast. Dem Zeitgeschmack entsprechend waren die Fahrzeuge mit ihren oben abgerundeten Fenstern etwas verspielt gestaltet – typisch für die Epoche des Jugendstils. Sie wurden

im Laufe der Jahrzehnte immer weiter modernisiert, bekamen zum Beispiel zwischen 1911 und 1927 geschlossene Plattformen und schrittweise auch einen zweiten Motor. Seit dieser Zeit erhielten sie die Bezeichnung ›Umbauwagen‹. Die letzten von ihnen verkehrten im Jahr 1964. Zwei Triebwagen sind noch vorhanden und betriebsfähig: Die ›Molly‹ mit der Nummer 49 ist Baujahr 1900 und befindet sich nahezu im Lieferzustand. Der Wagen 134, Baujahr 1904, besitzt die Technik und das Erscheinungsbild der Vorkriegszeit. Beide Veteranen stehen im Bremer Straßenbahn-Museum ›Das Depot‹. Während ›Molly‹ leider keine Fahrgäste befördern darf, ist die Bahn der Nummer 134 Bremens ältester Straßenbahnwagen mit einer Zulassung für die Personenbeförderung.

Technische Daten der ›Molly‹, Nr. 49

- Hersteller **Bremer Straßenbahn AG**
- Baujahr **1900**
- Ende des Linieneinsatzes **1954**
- Länge über Rammbügel **9.520 mm**
- Breite **2.050 mm**
- Gewicht **10,3 Tonnen**
- Sitzplätze **18**
- Stehplätze **7**
- Motor **2 x AEG U 140 a**
- Leistung **2 x 28 kW**
- Fahrschalter **AEG B 16 M**
- Bremse **Generatorbremse, Feststellbremse mechanisch**
- Höchstgeschwindigkeit **30 km/h**

Der restaurierte Triebwagen 134 heute.

PFERDESTATT UND WAGENREMISE

Die Pferde benötigten Ställe, und die Wagen mussten außerhalb ihrer Einsatzzeit abgestellt oder gar repariert werden. Deshalb gab es in der Nähe der Endstellen häufig winzige Depots mit nur wenigen Gleisen. Die Horner Bahn nutzte ab 1876 übergangsweise einen Bauernhof in der Nähe der Kirchbachstraße (Garbades Hof). Die Bremer Nachrichten berichteten von der Eröffnung des ersten Bremer Depots Ende 1877: ›Pferdestatt und Wagenremise, welche bislang provisorisch auf Garbades Hof in Schwachhausen untergebracht waren, zogen zum 1. Dezember 1877 in die neuen Gebäude auf einem von der Horner Kirchengemeinde erworbenen Grundstück um.‹ Mit der Elektrifizierung im Jahr 1892 nutzte die Gesellschaft die ehemaligen Stallungen der Rösser als Reparaturwerkstatt für Elektroausrüstungen. Die Große Bremer Pferdebahn errichtete im Jahr 1879 am Waller Friedhof ein Depot mit angegliederter Wagenbauanstalt. Es war

Der Triebwagen 134 wurde 1904 in Bremen-Walle gebaut. Er entstammt der ersten großen Wagenserie der BSAG. Das Fahrzeug ist im Zustand der Vorkriegszeit noch heute fahrfähig. Das Foto zeigt ihn im Einsatz auf der Linie 2 und wurde somit ab 1908 aufgenommen, als Liniennummern eingeführt wurden.

Ein Betriebshof der ersten Stunde: Mitte der 1880er Jahre entstand das Pferdebahn-depot am Bürgerpark. Es wurde später elektrifiziert und 1908 aufgegeben.

1876–1913

Schon deutlich größer: Von 1908 bis 1965 bestand das Straßenbahndepot gegenüber dem Woltmershauser Friedhof.

für 30 Wagen und 82 Pferde geplant und der Vorläufer für den heutigen Betriebshof Gröpelingen. Beispiele für weitere neu errichtete Anlagen waren die kleinen Remisen im Buntentor in der Nähe des Kirchwegs (ab 1880), am Bürgerpark (ab Mitte der 1880er Jahre) oder in Hastedt (ab 1879). Für die Elektrifizierung waren diese winzigen Anlagen oft wenig geeignet. Zudem erforderte der steigende Verkehr mit seinem vergrößerten Wagenpark leistungsfähigere Betriebshöfe und Werkstätten. Sie entstanden zum Beispiel in Huckelriede (1900), Woltmershausen (1908), in Utbremen am Haferkamp (kurz vor 1899) oder an der Hohwisch (1912). Im Jahr 1905 wurden die ›Reparatur- und Wagenbaustätten‹ an der Hansastraße, die spätere Hauptwerkstatt, fertiggestellt.

STRASSENBAHNLINIEN ENTWICKELN DIE STADT

Autos und Fahrräder gab es um 1900 kaum; die elektrisch angetriebene Straßenbahn hatte in den Städten nahezu eine Monopolstellung und deren Linien beeinflussten daher die Stadtentwicklung entscheidend. Im Jahr 1908 war das Netz stark gewachsen, und zur besseren Orientierung führte die Bremer Straßenbahn für die vorhandenen acht Verbindungen die Liniennummern 1 bis 8 ein. Die nunmehr rund sechs Kilometer lange Strecke zwischen der Börse und Horn wurde zur Linie 4. Trotzdem trugen die Wagen neben der Ziffer weiterhin das gelbe Horn als symbolische Linienkennung. Die Linie 5 bediente die Gleise durch das Buntentor zum Arsterdamm, einer Straße zwischen der Neustadt und Obervieland. Im Jahr 1914 wurde die Horner Bahn mit der 5 zusammengelegt und fuhr als Linie 4 zwischen Horn, Börse, Buntentor und dem Arsterdamm. Fortan wurde die Strecke von zwei Depots bedient: Horn und Huckelriede. Heute sind die Betriebshöfe Neustadt und Neue Vahr zuständig. Im Jahr 1913 war die 4 nach den Linien 2 und 3 mit 1,36 Millionen Wagenkilometern bereits die drittwichtigste Linie im Netz der Bremer Straßenbahn!

Die Entwicklung der Straßenbahn zum unentbehrlichen Verkehrsmittel der Bevölkerung spiegelt auch die Geschichte der nach Woltmershausen verkehrenden Linie: Eine Vorstufe für die 7 war die Eröffnung der Pferdebahn vom Marktplatz durch die Langenstraße über die Kaiserbrücke (heute Bürgermeister-Smidt-Brücke) bis zum Hohentor am 31. Juni 1889. Vier Jahre später hatten die Rösser ausgedient, und die Elektrifizierung dieser Verbindung erfolgte. Es dauerte jedoch noch bis zum 26. Mai 1901, bis die rot-grüne Linie auch Woltmershausen bediente. Die Anbindung war anfangs noch recht bescheiden, denn die Endstation war bereits kurz hinter dem Eingangstor des Stadtteils beim Tunnel an der Rose-Mühle (heute Zwischenahner Straße). Allzu große wirtschaftliche Erwartungen schien sich die Gesellschaft nicht gemacht zu haben, denn sie wurde von ihr als Linie von zweifelhafter Rentabilität bezeichnet. Im Bericht des Vorstands von 1901 ist zudem nachzulesen: ›Ehe die Regulierung der Woltmershauser Dorfstraße nicht erfolgt ist, können wir einer Fortsetzung des Bahnbaus durch Woltmershausen bis nach Rablinghausen nicht näher treten.‹ Erst am 24. Oktober 1903 war der Ausbau so weit fortgeschritten, dass eine 800 Meter lange Verlängerung bis zum Deichschart (heute Dötlinger Straße) möglich wurde. Im Jahr 1904 wurde ein Grundstück gegenüber dem Friedhof zum Bau eines Depots erworben. 1905 wurde die rot-grüne Bahn zur rot-weißen und 1908, mit der Einführung von Liniennummern, zur 7. Erst im Jahr 1909 kam der Straßenausbau

So ländlich ging es in der Schwachhauser Heerstraße im Jahr 1892 auch nach der Elektrifizierung der Pferdebahn noch zu. Aber die Straßenbahn entwickelte sich schnell zum Massenverkehrsmittel und veränderte das Leben in der Stadt nachhaltig.

1876–1913

voran, die Bahn wurde am 12. Februar 1909 bis zur Duntzestraße verlängert und der neue Betriebshof eröffnet. Am 21. Juli 1909 fuhr die 7 dann bis zur damaligen Stadtgrenze nach Rablinghausen (Stromer Straße).

Der Straßenbahnbau fand in Woltmershausen parallel mit der Zunahme der Bebauung und der Industrialisierung statt: So entstanden um 1900 die neue Gasanstalt, die Holzfirmen am Westerdeich und ab 1910 die Tabakwarenfabrik Brinkmann. Das wirkte sich auch auf die Fahrgastzahlen aus: Fuhren im Jahr 1901 lediglich rund 400.000 Fahrgäste mit der rot-grünen Linie, so waren es 1910 bereits über zwei Millionen. Das bedeutete innerhalb eines Jahrzehnts eine Verfünffa-

chung der Verkehrsleistung! Ursachen für diese Entwicklung waren aber nicht nur die Zunahme der Bebauung und Industrialisierung Woltmershausens, sondern auch die Streckenerweiterungen sowie zahlreiche Vergnügungsetablissements und Badefreuden an der Weser. Zudem konnte man die Stapelläufe bei den Werften sehr gut von ›Pusdorf‹ aus beobachten. Aufgrund des starken Berufsverkehrs galt die 7 als Hauptlinie. Im Geschäftsbericht von 1905 ist vermerkt: ›Durch Einführung eines Sechs-Minuten-Betriebs wurde die Vorstadt Woltmershausen in eine sehr günstige Verkehrsverbindung mit dem Zentrum der Stadt gebracht.‹

Der Bahnhofsplatz etwa 1892. Die Gleise lagen unmittelbar vor dem Hauptbahnhof, ein weiteres führte quer über den Platz. Der vordere Motorwagen trägt noch die Anschrift ›Bremer Pferdebahn‹.

Mobilität setzt sich durch

Bremer Stadtmusikanten

Ab 1913 wurden die sogenannten Hansawagen von der Norddeutschen Waggonfabrik geliefert. Die Motorwagen waren deutlich leistungsfähiger als die Vorgängermodelle, zogen bis zu zwei Beiwagen und setzten neue Maßstäbe. Sie waren bis 1967 im Einsatz.

Zwischen 1875 und 1904 war die Einwohnerzahl Bremens von rund 100.000 auf über 200.000 gestiegen. Im Jahr 1928 waren es bereits mehr als 300.000 und 1939 wohnten über 400.000 Menschen laut Wikipedia in der Stadt Bremen. Der Bau von Häfen und neue Industriebetriebe, wie zum Beispiel die Norddeutsche Hütte oder die AG Weser, belebten die bremische Wirtschaft. In der wachsenden Stadt bekam die Mobilität eine immer größere Bedeutung. Preiswerter öffentlicher Nahverkehr galt als die Wachstumsbranche schlechthin. Dabei hatte die elektrisch angetriebene Straßenbahn aufgrund ihrer damals schon sehr ausgereiften Technik gegenüber anderen Verkehrsmitteln die ›Nase vorn‹. Ihre Fahrgastzahlen stiegen von 10 Millionen im Jahr 1899 über 24,7 Millionen 1908 auf über 39 Millionen in 1913 bei 266.000 Einwohnern in Bremen. Im Jahr

1917 waren es über 50 Millionen und 1925 bereits mehr als 70 Millionen, 1929 rund 82 Millionen und 1942 als Rekord etwa 111 Millionen Fahrgäste! Die stark gestiegene Nachfrage machte die Entwicklung neuer, leistungsfähigerer Straßenbahnwagen erforderlich. Ab dem Jahr 1913 erschienen in Bremen die sogenannten Hansawagen. Sie konnten aufgrund stärkerer Motoren bis zu zwei Beiwagen ziehen und boten als Zug bereits mehr als 70 Sitzplätze – fast so viele, wie heute die älteren Niederflurbahnen vom Typ GT8N. Derartige Dreiwagenzüge prägten auf den wichtigen Linien 2, 3, 4, 7 und später auch 16 jahrzehntelang den Straßenbahnverkehr, bis sie ab den 1950er Jahren allmählich von fortschrittlicheren Fahrzeugen abgelöst wurden. Sie benötigten neben dem Fahrer bis zu drei Schaffnerinnen und Schaffner. Die Bremer Bevölkerung sprach übrigens nicht

von den Trieb- und Beiwagen, sondern von Vorder- und Hinterwagen oder von Motorwagen und Anhänger.

Das gesteigerte Verkehrsaufkommen erforderte auch neue leistungsfähige Werkstätten. In den frühen 1920er Jahren plante die BSAG die neuen Betriebshöfe in Gröpelingen, Sebaldsbrück und in der Neustadt (Neuenlande). Zur gleichen Zeit sorgte ein anderes Verkehrsmittel für Wettbewerbsdruck: der Omnibus mit einem Verbrennungsmotor! Um ihre Mobilitätskette zu erweitern, baute die BSAG ab 1924 einen Busbetrieb auf.

Aufgrund der wirtschaftlichen Situation nach 1920 (Inflation 1923, Weltwirtschaftskrise ab 1929, Verkehrspolitik im Dritten

Reich, Zweiter Weltkrieg ab 1939) unterblieben in Bremen weitere technische Innovationen mit einer Ausnahme im Jahr 1937. Im Zweiten Weltkrieg und in den Nachkriegsjahren war an Neuerungen schon gar nicht zu denken. Als der Krieg begann, hatten die 13 Straßenbahnlinien der BSAG (1 bis 8, 10 bis 12 sowie 15 und 16) eine Gesamtlänge von 68 Kilometern. Es gab 238 Trieb-, 280 Beiwagen, 1.796 Mitarbeitende und sieben Straßenbahndepots. Knapp drei Millionen Fahrgäste nutzten die Busse der Bremer Vorortbahnen GmbH (BVG), die mit 19 Omnibussen und sieben Personenanhängern ein Streckennetz von 47 Kilometern bediente.

Aufgrund des steigenden Fahrgastaufkommens bestanden in der Vorkriegszeit Planungen für die Umgestaltung der Gleisanlagen vor dem Hauptbahnhof mit dem Ziel, die Leistungsfähigkeit dieser zentralen Haltestelle zu verbessern. Dies ist einer von mehreren Entwürfen.

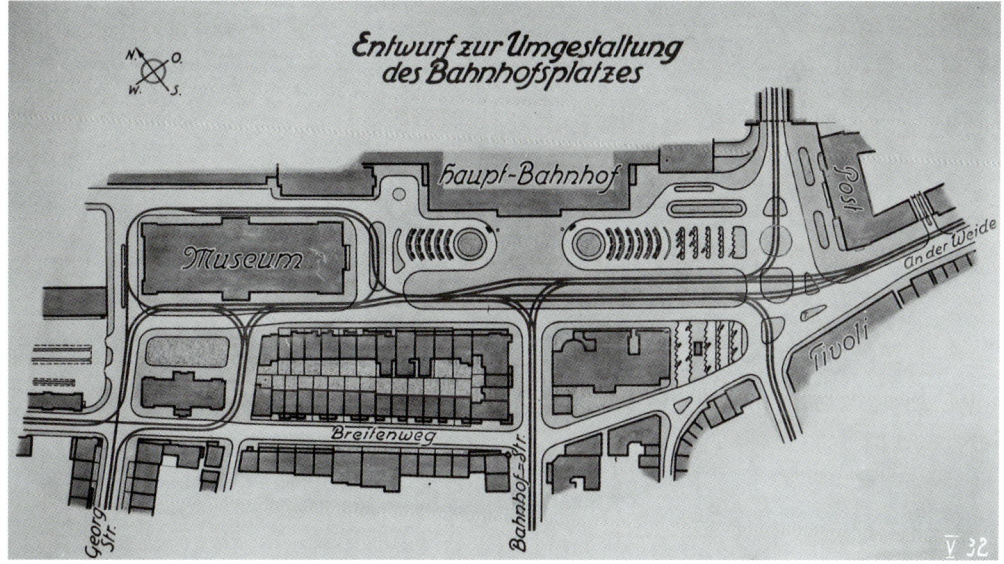

1913 Die neuen leistungsfähigen
Hansawagen hatten schon
fast so viele Sitzplätze wie ein
moderner Straßenbahnzug.

DIE STRASSENBAHN
BEWEGT MILLIONEN

Im Jahr 1913 stellte die Bremer Stra-ßenbahn ihren Fahrgästen erstmals einen Fahrzeugtyp vor, der neue Qualitätsmaßstä-be setzte und bis 1967 das Bild des Öffentli-chen Personennahverkehrs prägen sollte: den Hansawagen. Es handelte sich um einen allseits geschlossenen Zweiachser aus der Fabrikation der Norddeutschen Waggonfab-rik, der sich durch große Fensterflächen und eine gefällige Innenausstattung mit Quersit-zen auf den ersten Blick von seinen Vorgän-gern unterschied. Das etwa 10,3 Meter lange und um die zwölf Tonnen schwere Modell ist in der Folge mehrfach verbessert und bis 1927 in mehreren Serien gebaut worden. Insgesamt gab es 75 Triebwagen (Nr. 190 bis 264) und 180 Beiwagen (427 bis 606). Alles in allem blieben die Hansawagen mit ihrer etwas ins Monumentale gehenden Formge-

bung und ihrer Mahagoni- oder Kambalaaus-stattung ein Stück Erinnerung an die kurze Blütezeit der ›Elektrischen‹ vor dem Ersten Weltkrieg. Leider ist keines der typischen Fahrzeuge jener Epoche erhalten geblieben.

Größere Veränderungen und Moder-nisierungen gab es aufgrund der schwierigen wirtschaftlichen und finanziellen Verhältnis-se in den 1920er Jahren und im Dritten Reich zunächst nicht. Trotz vieler Verbesserungen boten auch die Hansawagen mit ihren beiden starren Achsen nur mäßige Fahreigenschaf-ten. Erste Versuche mit zeitgemäßeren Fahr-zeugen gab es im Jahr 1937 mit der Beschaf-fung von insgesamt fünf Wagen mit jeweils drei beweglichen Achsen, fortschrittlichen Scherenstromabnehmern und einer beque-men Innenausstattung mit Polsterbänken. Die weitere Bestellung unterblieb jedoch. Stattdessen modernisierte die BSAG vorhan-dene Wagen und bestellte einige Neubau-fahrzeuge in nochmals verbesserter zwei-achsiger Ausfertigung bei der Waggonfabrik Lindner. Die Lieferung erfolgte von 1940 bis 1942. Diese für die damalige Zeit sehr mo-dern wirkenden Lindnerwagen wurden in ver-einfachter Form ab 1947 in Zusammenarbeit mit der Schiffswerft AG Weser als Eigenkons-truktion weitergebaut und als Dockwagen bezeichnet. Ihre Ausstattung war sehr spar-tanisch – in den Nachkriegsjahren kam es darauf an, den Fahrgastansturm bei einem

Technische Daten der
Hansa-Triebwagen Nr. 190 bis 264

- Hersteller **Nordwaggon, Bremen-Hemelingen**
- Baujahre **1913 bis 1929**
- Ende des Linieneinsatzes **1967**
- Breite **2.050 – 2.200 mm**
- Sitzplätze **22 – 24**
- Stehplätze **32 – 38**
- Motor **AEG GE-58-A4 (erste Serie)**
- Gewicht **11,75 – 13,15 Tonnen**

1926 Eröffnung der modernen Depots Gröpelingen und Sebaldsbrück.

Der Triebwagen 701 auf dem Betriebshof Sebaldsbrück 2017.

stark dezimierten Fuhrpark irgendwie zu bewältigen. Für Komfort und Neuerungen fehlten die Möglichkeiten. Zudem folgten noch bis zum Jahr 1954 einige Eigenbauten. Erhalten geblieben und fahrfähig sind der Dockwagen Nr. 701, der ehemalige Wagen Nr. 722, aus dem ein Beiwagen entstehen soll, und der Eigenbau-Triebwagen Nr. 651 als Eingleis- und Gerätewagen (EGW).

Ein neuer Betriebshof für Gröpelingen

Im westlichen Teil Bremens unterhielten die damalige Große Bremer Pferdebahn und später die BSAG mehrere Betriebshöfe: Da waren neben der Werkstatt am Waller Friedhof, in der auch neue Pferdebahnen und

Technische Daten des Triebwagens 701

- Hersteller **Bremer Straßenbahn AG**
- Baujahr **1947**
- Ende des Linieneinsatzes **1970**
- Länge über Rammbügel **10.860 mm**
- Breite **2.140 mm**
- Gewicht **12,2 Tonnen**
- Sitzplätze **24**
- Motor **2 x AEG USL 333**
- Leistung **2 x 60 kW**
- Fahrschalter **2 x AEG VNFB/2.92**
- Bremse Schienenbremse **2 x 4 Tonnen, Generatorbremse, Feststellbremse mechanisch**
- Zulässige Höchstgeschwindigkeit **50 km/h**

später sogar elektrisch angetriebene Straßenbahnen gebaut wurden, die Hauptwerkstatt Hansestraße und der Betriebshof Haferkamp, beide im Ortsteil Utbremen gelegen. Ab dem 24. Mai 1900 wurde die Strecke der späteren Linie 2 elektrifiziert und am 6. Oktober 1901 bis zur Lindenhofstraße in Gröpelingen verlängert. Wer weiterfahren wollte, konnte dort ab dem 22. Juni 1903 in die Straßenbahnlinie 8 umsteigen. Die überwiegend eingleisig mit Ausweichen gebaute Strecke führte durch Oslebshausen bis zur Lesum im Stadtteil Burg.

Das enge Depot in Walle wie auch der starke Rangierbetrieb in der Lindenhofstraße waren nicht optimal gelöst. In den 1920er Jahren bot sich die Möglichkeit, am Gröpelinger Friedhof einen neuen Betriebshof mit Umsteigeanlage und fortschrittlicher Werkstatt zu errichten. Die Straßenbahn, insbesondere die damals wichtigste Linie 2, hatte sich längst zum Massenverkehrsmittel entwickelt. Da war es praktisch, dass die Züge nicht mehr im Straßenraum rangieren und kuppeln mussten, sondern in zwei gegenläufigen Schleifen wenden konnten. Am 28. März 1926, zum 50. Geburtstag des Unternehmens, wurde neben dem neuen Depot in Sebaldsbrück auch die Gröpelinger Anlage eröffnet. Der Betriebshof war modern gestaltet und bot etwa 140 zweiachsigen Wagen Platz. Auch die Mannschaftsräume setzten für die damalige Zeit Maßstäbe. Neben den Linien 2 und 8 waren auch die Linien 3 (Hohwisch–AG Weser) und 11 (AG Weser–Norddeutsche Hütte) im Betriebshof Gröpelingen beheimatet, wobei die 3 ihn nicht bediente und die 11 nur außen vorbeifuhr. Die Fahr-

Blick auf das Gröpelinger Depot mit dem überdachten Bahnsteig an der Gröpelinger Heerstraße und dem Fahrdienstgebäude um 1926. Im Hintergrund ist die Wagenhalle zu erkennen.

Luftbild vom Betriebshof Gröpelingen. Es gab zwei Wendeschleifen: die äußere für die Linie 2, die innere wurde von der Linie 8 nach Burg genutzt.

gäste konnten an der Gröpelinger Heerstraße auf einem Bahnsteig mit kurzen Wegen deutlich bequemer als wie zuvor an der Lindenhofstraße umsteigen. Eine großzügige Überdachung bot Schutz vor der Witterung. Damit nicht genug: Im davorliegenden Fahrdienstgebäude war es außerdem möglich, Fahrkarten zu kaufen oder Anträge für Monats- und Jahreskarten abzugeben. Im Zweiten Weltkrieg wurde der Betriebshof Gröpelingen durch Bombentreffer schwer beschädigt, so unter anderem beim 165. Luftangriff am 30. März 1945. Aufgrund seiner Relevanz

erfolgte die Reparatur des Depots frühzeitig. Im Jahr 1949 erfolgten größere Veränderungen: Die Straßenbahnlinie 8 nach Burg wurde auf Oberleitungsbusse umgestellt, die ebenfalls in Gröpelingen ihren Standort hatten und bis Burgdamm zum sogenannten ›Gummibahnhof‹ verkehrten. Die Linien 3 und 11 fuhren nun ebenfalls den Betriebshof an und endeten oder begannen dort. Damit konnten die Fahrgäste zwischen den Linien 2, 3 und 11 sowie dem O-Bus der Linie 8 einigermaßen bequem umsteigen.

ZWEI LINIEN, SCHWERE ZEITEN

Dem gestiegenen Verkehrsaufkommen nach 1900 trug die Erweiterung des Liniennetzes Rechnung. Noch im Jahr 1914 verstärkte beispielsweise die neue Linie 5 zwischen der Gastfeld- und der Hartwigstraße das Netz, dafür wurde die Linie 4 von der Börse bis zum Arsterdamm verlängert und erhielt damit ihre klassische Strecke. Die Straßenbahnlinie 7 bekam ab 1918 eine erweiterte Streckenführung von Rablinghausen bis zur Hartwigstraße. Ihre Leistungen stiegen von 719.000 Wagenkilometern (1915) auf 1,2 Millionen (1918). Außer auf den Linien 2 und 3 kamen die neuen Hansawagen auch auf der 4 zum Einsatz. Allerdings reichten die Mittel nicht aus, um die moderne Type auf weiteren wichtigen Linien einzuführen. Die auf der 7 eingesetzten Umbauwagen der Baujahre ab 1900 erhielten aber stärkere Motoren sowie verglaste Plattformen und fuhren werktags sogar mit bis zu zwei Beiwagen der Bauart Hansa auf ihrer Strecke. Weitere Investitionen und Verbesserungen waren durch den Ausbruch des Ersten Weltkrieges unmöglich. Bereits begonnene Neubaustrecken konnten nicht mehr fertiggestellt werden. Einige Strecken verschwanden sogar ganz, etwa die alte Verbindung durch die Langenstraße im Jahr 1916. Die Linie 7 endete 1918 vorübergehend am Woltmershauser Friedhof, und auch auf anderen Verbindungen wurde das Angebot ausgedünnt.

Die Jahre nach dem Ersten Weltkrieg, die Inflation (1923) und die Weltwirtschaftskrise in Verbindung mit einer hohen Arbeitslosigkeit (ab 1929) machten den Traum von einer Verlängerung der Straßenbahn ins Umland bis nach Brinkum, Lankenau bei Rablinghausen, Oberneuland, Borgfeld oder gar Lilienthal zunichte. Dafür richtete die BSAG über ihre Tochtergesellschaft BVG ab dem Jahr 1924 Busverbindungen ein, etwa von Horn bis nach Oberneuland und Lilienthal oder von Woltmershausen nach Hasenbüren (1939).

Vor 1930 besaßen die Straßenbahnen noch keine Wagenheizung. Erst als im Winter 1928/1929 die Fahrgäste mit Wolldecken in den Fahrzeugen saßen, wurde eine Verbesserung geplant. Die auf der Linie 7 eingesetzten Wagen erhielten eine Fahrt- und Bremsstromheizung. Sie gab Wärme erst dann ab, wenn die Züge abbremsten. Aus diesem Grund wurde der Fahrer an besonders kalten Wagen von den Fahrgästen schon mal zum Bremsen aufgefordert: ›Uns ist kalt. Nun tritt doch mal ordentlich in die Bremsen rein.‹

In den 1920er und frühen 1930er Jahren gab es bescheidene Modernisierungen: Bei der Linie 4 verbesserte die BSAG die Verhältnisse an den Endstellen. Horn verfügte bereits seit 1928 über eine Schleife. Am Arsterdamm wurde diese am 6. Februar 1936 eröffnet. Die Züge mussten nun nicht mehr

*Aufgrund der starken Nachfrage waren in der Vorkriegszeit zahlreiche neue Straßen-
bahnstrecken und -linien geplant, ohne jemals umgesetzt zu werden. Das Modell
zeigt eine geplante Schienenverbindung durch das Fedelhörn als Bestandteil einer
Straßenbahnlinie 14 Riensberg–Am Dobben–Fedelhörn–Bischofstor–Domshof zur
Verstärkung und Entlastung der Linie 4.*

1913–1950

umständlich rangieren. Ende der 1920er
Jahre fanden nicht nur Erneuerungsarbeiten
an der Strecke der Linie 7 in Woltmershausen
statt, sondern die bisher eingleisige Strecke
zwischen dem Depot und Rablinghausen
wurde zweigleisig ausgebaut. Im Jahr 1933
erfolgte dann die Verlängerung bis zum
Bakeweg in Rablinghausen. Eine wichtige
technische Neuerung gab es ab 1936: Wegen
ihrer kurvenreichen Streckenführung in
Woltmershausen sprangen während der
Fahrt die bisher benutzten Rollenstromabnehmer häufig aus den Fahrleitungen und
mussten von den Schaffnerinnen oder
Schaffnern mithilfe einer Leine wieder ein-

gesetzt werden. Um Verspätungen zu vermeiden, wurde die Linie 7 als erste Innenstadt-
strecke auf Bügelbetrieb umgerüstet. Ab
Heiligabend 1936 rollten 16 Triebwagen mit
den modernsten Scherenstromabnehmern,
und die Fahrgäste wunderten sich über den
›merkwürdigen Apparat‹ auf dem Wagendach. Am 18. Oktober 1937 erfolgte auch bei
der Linie 4 die Umstellung auf Scherenstromabnehmer. Die anfangs erwähnten fünf dreiachsigen Probebahnen wurden zunächst auf
der 7 getestet, wo sie ihre Fähigkeit auf der
kurvenreichen Strecke unter Beweis stellen
konnten, bis sie zur Linie 4 wechselten.

Im Jahr 1939 begann der Zweite Weltkrieg. In den frühen Morgenstunden des
14. Juli 1940 erfolgte zwischen 0:34 Uhr und
3:05 Uhr der 13. Luftangriff auf Bremen. Durch
einen Blindgänger im Bereich Schwachhauser Heerstraße/Scharnhorststraße war die
Linie 4 das erste Mal betroffen. Die Fahrer
schleusten die für den Betrieb erforderlichen
und auf dem Betriebshof Horn abgestellten
Fahrzeuge im Einvernehmen mit der Polizei
ohne Besetzung auf einer Länge von etwa
300 Metern an der Gefahrenstelle vorbei.
Dies erfolgte mit auf der ersten Fahrstufe
eingeschaltetem Fahrschalter. Auf der anderen Seite wurde das Fahrzeug von einem
bereitstehenden Fahrer abgefangen. Bis zur

Sprengung des Blindgängers verkehrte die 4
nur zwischen Friedhofstraße und Arsterdamm. Die ganzen Auswirkungen der kriegs-
bedingten Folgen darzustellen, ist an dieser
Stelle unmöglich. Während die Wagenhalle
und die Werkstatt des Betriebshofs Huckelriede am 30. August 1944 durch Bomben
zerstört wurden, überstand das Horner Depot den Krieg mit verhältnismäßig geringen
Verlusten. Wie der Rest der Stadt, so erlitt
auch Woltmershausen im Zweiten Weltkrieg
schwere Schäden. Beispielsweise zerstörten
oder beschädigten am 13. Dezember 1943
zwei Sprengbomben-Volltreffer auf die Wagenhalle in Woltmershausen 30 Fahrzeuge.
Am 18. September 1944 zerstörte ein

*Der 1943 und 1944 zerstörte Betriebshof Woltmershausen nach den Aufräumungsarbeiten. Die linke Halle
ist vollständig, die rechte weitgehend zerstört. In der Ruine: Triebwagen der Linien 7 und 16.*

1947 Mit der Wiedereröffnung der Großen
Weserbrücke normalisierte sich
der Verkehr in Bremen allmählich.

1913–1950

Bombentreffer die linke Wagenhalle des
Depots und beschädigte die rechte schwer.
Während der Versorgungsschwierigkeiten
mit Heizmaterial hielten viele Züge vor dem
Woltmershauser Tunnel immer dann, wenn
Kohle für die Gaserzeugung umgeschlagen
wurde. Fahrer, Schaffner und Fahrgäste stiegen den Deich zum Hafen hinauf und füllten
sich Taschen und Behälter mit Kohlegrus,
den der Greifer beim Umladen vom Schiff
auf Waggons des Gaswerks verlor. Dann erst
fuhr die 7 weiter.

Zum Ende des Zweiten Weltkriegs
brach die Stromversorgung am 22. April 1945
zusammen. Alle Weserbrücken waren zerstört. Ein Straßenbahnverkehr war zunächst
unmöglich. Fast wie ein Wunder erschien es,
dass der Betrieb bereits ab Juni 1945 allmählich wieder in Gang kam. Ab dem 4. August
1945 fuhr die Linie 4A (A für Altstadt) zwischen Horn und Sankt-Joseph-Stift, ab dem
15. September 1945 bereits bis zum Domshof. Ab 29. Juni 1945 ersetzte ein Omnibus
die Linie 7 zwischen Hohentor und Rablinghausen. Erst ab dem 11. Oktober 1945 waren
die Gleis- und Fahrleitungsanlagen soweit
instandgesetzt, dass die Linie 7N (N für Neustadt) folgende Strecke befuhr: Rablinghausen–Hohentor–Pappelstraße. Ab dem 22. Februar 1946 ging es weiter bis zum Leibnizplatz und dann zum Arsterdamm. Eine gewisse Normalisierung gab es am 29. November
1947 mit der Wiedereröffnung der reparier-
ten Großen Weserbrücke. Die Eröffnung erfolgte mit einem Zug der Linie 4.

*Am 29. November 1947 eröffnete Bürgermeister Wilhelm
Kaisen die reparierte Große Weserbrücke. Damit war
wieder ein durchgehender Straßenbahnverkehr zwischen
der Alt- und der Neustadt möglich und die Verhältnisse
normalisierten sich etwas.*

1924 Die BSAG-Tochtergesellschaft BVG
eröffnet die ersten Omnibuslinien.

NEUE
GESCHÄFTSFELDER

*Reisebus Nr. 127 der BVG
kam vom Hersteller Mercedes-Benz.*

Heute ermöglicht die fortschreitende Digitalisierung neue Angebote wie zum Beispiel ›Bus on demand‹ und führt zu Veränderungen auf dem Mobilitätsmarkt. Auch nach dem Ersten Weltkrieg erforderten technische Innovationen Antworten der BSAG. Denn in den 1920er Jahren drängte die Autoindustrie mit Produkten auf den Markt, unter denen sich auch ein Massenverkehrsmittel befand: der benzinbetriebene, schienenunabhängige Omnibus. Prompt fanden sich Unternehmer, die das neue Verkehrsmittel zu nutzen gedachten, um vom Stadtrand Linien in das Zentrum Bremens hineinfahren zu lassen. Die BSAG sah sich der Gefahr ausgesetzt, auf ihren ertragreichsten Verbindungen Fahrgäste zu verlieren. Um die damals noch dünn besiedelten Vororte zu erschließen, war die Straßenbahn wegen ihrer höheren Investitionskosten weniger geeignet. Die Gesellschaft hatte daher bereits im Jahr 1909 die Studiengesellschaft für Vorortbahnen GmbH gegründet, die ab 1914 Bremer Vorortbahnen GmbH (BVG), heute WeserBahn GmbH, hieß. Im gleichen Jahr übernahm sie von der ›Gleislose Lloydbahnen Köhlers Bahnpatente GmbH‹ den elektrischen Oberleitungsbus auf der Strecke zwischen dem Arsterdamm (Endstelle der Linie 4) und Arsten – die erste Buslinie der BSAG! Die O-Bus-Technik war jedoch noch nicht ausgereift, und die Linie musste zwei Jahre später aus wirtschaftlichen Gründen geschlossen werden. Im Jahr 1924 stellte die BVG einen Sammelantrag für mehrere Busstrecken und eröffnete als erste Verbindung die Strecke zwischen Horn und Oberneuland. Geplant waren darüber hinaus Linien nach Rockwinkel, Tenever, Lankenau, zur Munte, nach Lilienthal, Huchting und Leuchtenburg. In Bremen-Nord eröffnete die BVG im Jahr 1925 ihre Linie von Burg (Endstelle der Linie 8) über Vegesack bis nach Blumenthal. Parallel zum Linienverkehr entwickelte die BVG ein weiteres Geschäftsfeld: den Reisedienst mit Omnibussen. Die wirtschaftliche Situation beschreibt der Geschäftsbericht der BSAG von 1934: ›Der Kraftfahrbetrieb der BVG blieb, soweit der Linienverkehr in Betracht kommt, ein Verlustgeschäft. Diese Verkehre wurden jedoch durch den Sommer-Ausflugsverkehr fast ausgeglichen.‹ Und im Jahresabschluss für 1935 ist nachzulesen: ›Der Kraftfahrbetrieb der BVG brachte Überschüsse nur im Sommerausflugs- und im Nachtverkehr, nicht dagegen im Linienbetrieb.‹

Ein frühes Kundenbüro

Jahrzehntelang prägten die Schaffnerinnen und Schaffner das Bild der Straßenbahnen und Bussen und standen den Fahrgästen

um 1930 Das erste Kunden- und Reisebüro der BSAG/BVG eröffnet an der heutigen Bürgermeister-Smidt-Straße.

bei allen Fragen zur Verfügung. Dennoch gab es bereits in der Vorkriegszeit ein Kundenbüro: Denn zum Touristikdienst mit Reisebussen gehörte auch ein Reisebüro im sogenannten Straßenbahnhaus. Gemeint ist die damalige Verwaltung der BSAG mit ihrem Sitz in der Kaiserstraße Nr. 5 (heute Bürgermeister-Smidt-Straße, Krankenkasse AOK) in der Nähe der Brillkreuzung. Dort verkaufte die Bremer Straßenbahn auch Zeit-Fahrkarten, und das Fundbüro war an dieser Stelle untergebracht. Die Fahrgäste wurden mit der großen Aufschrift ›Ausflüge und Fernfahrten mit den Autobussen der Bremer Vorortbahnen GmbH. Wochenendfahrten in die Heide, ins Blaue, ins Gebirge, an die See‹ und einer für die damaligen Verhältnisse sehr großen Schaufensterfront mit touristischen Plakaten und Busmodellen in den Laden gelockt – ein Hinweis auf den hohen Stellenwert der Reiseangebote in den frühen 1930er Jahren. In den Räumlichkeiten hatte aber auch die nationalsozialistische Betriebszellenorganisation (NSBO) ihren Sitz, eine betriebsbezogene Organisationsform der NSDAP. Hierfür

war der eigentliche Haupteingang zum Reisebüro sogar zu einer kleineren Tür hin verlegt worden – ein Hinweis auf die Bedeutung, welche die nationalsozialistische Propaganda der NSBO geben wollte. Während des Kriegs im Jahr 1941 wurde das Kundenbüro durch Bombenangriffe stark beschädigt und bei weiteren Angriffen 1943 und 1944 weitestgehend zerstört. Kurz vor dem Kriegsende 1945 wurde das Straßenbahnhaus nochmals getroffen und galt als Totalverlust. Im Jahr 1950 zog das Reisebüro der BVG in die Bürgermeister-Smidt-Straße 36 ein. Bereits im Fahrplanbuch vom August 1952 wird als neue Anschrift Am Brill 5–9 angegeben. Dort befanden sich auch die zentrale Verkaufsstelle und die provisorische Verwaltung der BSAG. Der Eingang lag bei der Sparkasse in der Grützmacher Straße, also in einer etwas abseitigen Lage. Aber in den Nachkriegsjahren mit ihrer Raumnot durfte man eben nicht wählerisch sein! In Bremen-Nord gab es im Jahr 1950 ebenfalls ein Reisebüro und zwar am Busbetriebshof in Rönnebeck, Dillener Straße 5–9.

Das erste Kunden- und Reisebüro befand sich ab etwa 1930 am sog. Straßenbahnhaus in der Bürgermeister-Smidt-Straße, Ecke Am Wall.

Das Straßenbahnhaus mit dem Kundenbüro wurde durch mehrere Bombentreffer vollständig zerstört.

Mobilität im Wettbewerb

Woltmershauser Straße

Die Linie 7 in der Woltmershauser Straße, Höhe Ochtumstraße, im Jahr 1964. Sie wurde ein Jahr später auf Busbedienung umgestellt. Das Motiv war die Grundlage für das Wandgemälde.

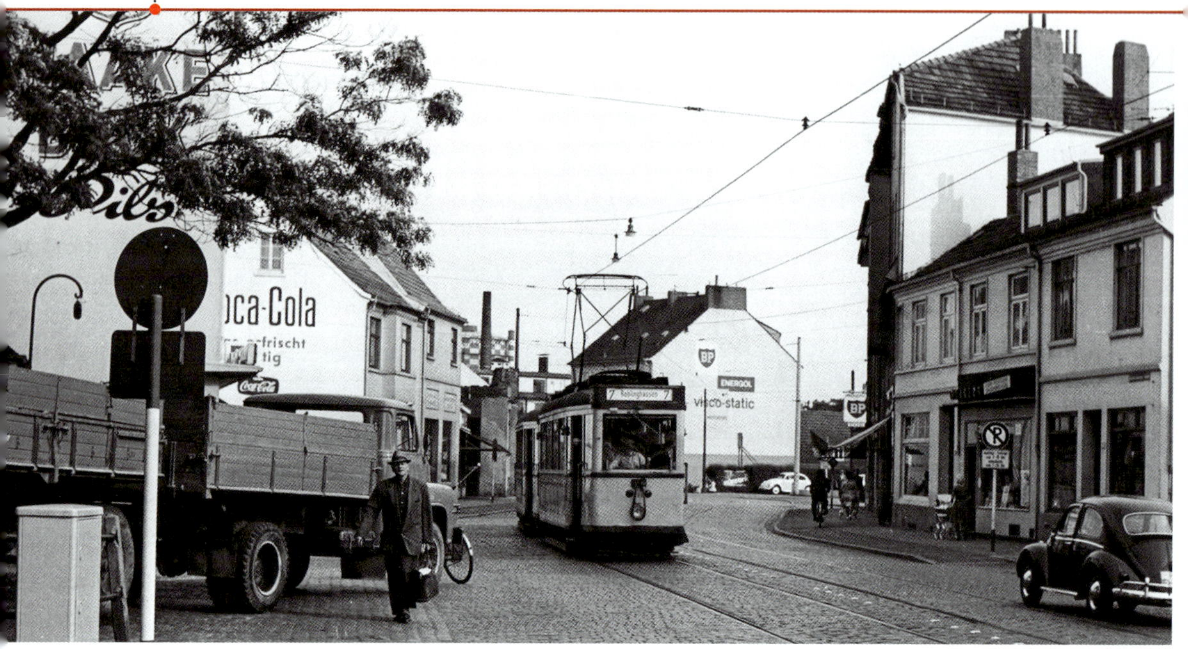

Die 1950er und 1960er Jahre gelten für den ÖPNV als spannende und zugleich schwierige Zeit des Umbruchs. Die technische Entwicklung war rasant und führte innerhalb weniger Jahre von den klassischen Zweiachsern über die Großraumzüge zu den Drehgestell-Gelenkwagen. Auch bei den Bussen kamen ab 1955 mit den Gelenkwagen größere Einheiten auf die Straße. Von 1949 bis 1961 gaben elektrisch angetriebene Oberleitungsbusse ein Gastspiel in Gröpelingen und Burg. Es war zudem eine Epoche der Veränderungen im Netz, denn große Neubaugebiete benötigten Mobilität. Die Blütezeit der öffentlichen Verkehrsmittel war aber zunächst einmal vorbei: Die Menschen träumten vom eigenen Automobil. Ende der 1940er Jahre begann im Westen Deutschlands ein dynamischer wirtschaftlicher Aufschwung, der bis zur Ölpreiskrise im Jahr 1973 anhielt. Die deutsche Fahrzeugindustrie konnte ihre Produktion laut Wikipedia.de zwischen 1950 und 1960 verfünffachen. Im Jahr 1950 gab es in der Bundesrepublik Deutschland 700.000 Autos (Quelle: www.agenda21-treffpunkt.de). Die Anzahl der Pkw stieg laut Kraftfahrt-Bundesamt von rund 4.500.000 (1960) über 13.900.000 (1970) und 23.200.000 (1980) auf 46.500.000 Stück (2018). Vor allem der elektrisch angetriebene Schienenverkehr auf der Straße galt als überholt. Da die Straßenbahnen immer häufiger im Stau feststeckten und als Verkehrshindernis angesehen wurden, diskutierten viele Städte über ihre Abschaffung und die Umstellung auf Busse. Dies war jedoch aufgrund

1953 Die BVG führt nur noch den Reisedienst durch, die Bremer Straßenbahn übernimmt den Linienverkehr.

des hohen Verkehrsaufkommens in Bremen nicht durchführbar. Zudem bestand die Frage, wie die großen Neubaugebiete, allen voran die Neue Vahr, angebunden werden sollten. Die BSAG setzte zunächst auf eine Erneuerung des Wagenparks. Darüber hinaus wurden die veralteten Betriebshöfe, die nach 1945 oft nur provisorisch instandgesetzt worden waren, ab Ende der 1950er Jahre durch zeitgemäße Anlagen ersetzt sowie das Streckennetz modernisiert und erweitert.

Einen Wandel in der Verkehrspolitik gab es im Jahr 1973: Die Ölpreiskrise demonstrierte die Abhängigkeit der Industriestaaten von fossiler Energie. In der Bundesrepublik Deutschland wurde als direkte Reaktion auf die Krise ein Gesetz erlassen, auf dessen Grundlage an vier autofreien

Sonntagen ein allgemeines Fahrverbot verhängt sowie für sechs Monate generelle Geschwindigkeitsbegrenzungen eingeführt wurden. Fast zeitgleich gab es mit der sogenannten Kleinen Verkehrskonzeption bei der BSAG umfangreiche Angebotserweiterungen, und eine große Bremer Tageszeitung berichtete anerkennend über die daraus folgenden Fahrgastzuwächse und den damit verbundenen Imagegewinn: ›Man fährt wieder Straßenbahn‹. Nach 1976 setzte allerdings eine längere Phase der Stagnation ein. Im Jahr 1983 schloss die Schiffswerft AG Weser, auf der in den 1970er Jahren 5.500 Menschen gearbeitet hatten. Die wirtschaftlichen Schwierigkeiten, aber auch eine gewisse Erschöpfung nach den ab 1967 umgesetzten Maßnahmen führten für rund zehn Jahre zum Stillstand.

Im Jahr 1967 wurde die neue Linie 1 durch die Neue Vahr-Süd bis nach Blockdiek eröffnet.

MÖGLICHST INNEN GRÖSSER ALS AUSSEN

Spätestens nach der Währungsreform im Jahr 1948 stand die BSAG vor der Aufgabe, eine schwierige Finanzsituation meistern und zugleich das Angebot wegen der starken Nachfrage vergrößern zu müssen. Im Verkehrsbereich lag es nahe, den Personalbedarf durch Einführung größerer Fahrzeugtypen zu verringern, sodass auf die Mitführung eines zweiten Beiwagens im Berufsverkehr verzichtet werden konnte. Die neu zu beschaffenden Züge waren daher als Kombination von Trieb- und maximal einem Beiwagen geplant. Die Schaffner sollten statt wie bisher rund 65 Fahrgäste fortan etwa 100 von ihnen bedienen, was einer Einsparung von zirka 25 Prozent entsprach. Dazu mussten sie durch technische und organisatorische Maßnahmen unterstützt werden. Der Kondukteur sollte künftig zur besseren Übersicht auf einem erhöhten Podest, dem sogenannten Thron, sitzen, wobei sichergestellt werden musste, dass alle Fahrgäste an ihm vorbeigingen. Deshalb hatte er seinen Platz am hinteren Wagenende, sodass nur durch die hintere Tür eingestiegen werden durfte. Mithilfe der Ausstiegsmöglichkeiten in der Mitte und im Vorderteil des Wagens war der reibungslose Fahrgastfluss gewährleistet. Um das Einsteigen zu beschleunigen und die Haltestellenaufenthalte zu verkürzen, richtete man vor dem Schaffnerplatz einen sogenannten Auffangraum ein. Auch der Fahrer konnte seine Arbeit nun in einem Cockpit sitzend verrichten.

Von ›Luftwagen‹ und wiegenden Bewegungen

Auch technisch wollte man mit den Fahrzeugen Neuland betreten. Mit dem 13,3 Meter langen vierachsigen ›Typ Bremen‹ hatte sich die Straßenbahn vom Erbe der Pferdebahn gelöst. Die Wagenkästen waren aufgrund des gewünschten höheren Fassungsvermögens größer als die herkömmlichen Fahrzeuge mit unter elf Metern Länge – daher stammt die offizielle Bezeichnung ›Großraumwagen‹. Die durchgehende selbsttragende Fahrgastzelle ruhte auf zwei beweglichen Drehgestellen, die nur über einen Drehzapfen mit dem Wagenkasten verbunden waren. Die somit weitgehend selbstständigen Schienenfahrwerke konnten dem Gleisverlauf leichter folgen, sodass Kurvenfahrten ›geschmeidiger‹ und unter wesentlich verringerter Geräuschentwicklung vonstattengingen. Die Achsen und Räder in den beiden Drehgestellen liefen in Rollenlagern. Da außerdem erstmals – von gummigefederten Radsätzen bis hin zu den Federstützen zur seitlichen Abstützung des Wagenkastens – ein ganzes System von stoßmindernden Elementen zwischen Schiene und Fahrgast geschaltet worden war, vermittelten die neuen Wagen einen noch nicht gekannten

1953 Der Bremer Bürgermeister
Wilhelm Kaisen weiht die
nagelneuen ›Luftwagen‹ ein.

1950–1986

Präsentation der neuen Großraumwagen im Jahr 1953.

Fahrkomfort. Der Fahrer regelte die Geschwindigkeit über einen ›sympathischen Hebel‹, der zum Beschleunigen nach vorn und zum Bremsen nach hinten bewegt werden musste. Erstmals wurde die Versorgung der meisten Stromverbraucher im Wageninneren mit Niederspannung (24 Volt) sichergestellt. Darüber hinaus waren die Züge mit einer halbautomatischen Kupplung vom Typ Scharfenberg und einem attraktiven Design ausgestattet.

Das alles erwies sich in einer Zeit des beginnenden Wirtschaftswunders und des Trends zu eigenen Fahrzeugen hin von großer Bedeutung: Die Straßenbahn musste sich dem verschärften Wettbewerb auf dem Mobilitätsmarkt stellen und mehr Komfort bieten.

Die kompromisslos für den Einrichtungsverkehr zugeschnittenen Wagen konnten ausschließlich auf Linien eingesetzt werden, die über Wendeschleifen verfügten. Das waren zunächst nur die Linien 2, 3 und 4. Da Türen nur noch auf einer Seite benötigt wurden, gab es einen weiteren Platzgewinn.

Bereits im Jahr 1950 wurden die technischen und kaufmännischen Voraussetzungen zur Beschaffung der innovativen vierachsigen Großraumwagen in Angriff genommen. Der erste Zug dieser neuen Bauart konnte jedoch nicht vor Dezember 1952 geliefert werden. Denn die schwierigen Finanzierungsverhandlungen hatten sich so lange hingezogen, dass es erst am 23. Juli 1951 möglich war, die Aufträge zu erteilen. Als Bürgermeister

Ein nagelneuer Triebwagen 1954 bei Hansa-Waggonbau GmbH in Hemelingen.

Wilhelm Kaisen am 24. Januar 1953 den Betrieb der ersten fünf Großraumzüge auf der Linie 2 eröffnete, war die BSAG in ein technisch neues Zeitalter getreten. Die ersten fünf Triebwagen waren zwar noch mit manchen Kinderkrankheiten behaftet, aber Tausende von Bremerinnen und Bremern säumten den Weg und stürmten die Wagen, sobald sie für den Verkehr freigegeben waren.

Anfangs gab es neben Lob auch einige Kritik an den modernen Fahrzeugen. Bemängelt wurden die sehr lauten Kompressoren, die trägen Türen und die lahme Beschleunigung ab etwa 35 Stundenkilometer. Die Fahrgäste taten sich zunächst mit dem ungewohnten Fahrgastfluss noch recht schwer. ›Das Fahren mit der Straßenbahn ist zu einer Wissenschaft geworden‹, wurde seinerzeit berichtet. Erstaunt waren einige Zeitgenossen auch über die automatischen Türen, ›die wie von Geisterhand schlossen‹.

Allmählich gewöhnten sich die Fahrgäste jedoch an diese Neuerungen. Im Betrieb zeigte sich leider, dass der vorhandene Platz auf den am stärksten genutzten Linien doch nicht ganz ausreichte, um dem Fahrgastandrang zu entsprechen. Dies führte später zur Entwicklung eines noch größeren Wagentyps, nämlich des Gelenkwagens. Im Laufe der Zeit wurden die sogenannten ›Luftwagen‹ (die Bezeichnung entstammt ihrer elektropneumatischen Schaltwerke, Türen und der mechanischen Bremse; Pneumatik meint den Einsatz von Druckluft) stärker motorisiert, was eine zügigere Fortbewegung ermöglichte.

›Zigarren‹ aus Bremen

Der Bestellung vom Juli 1951 ließ die BSAG im Mai 1953 eine weitere folgen. Die Order lautete diesmal auf 22 Trieb- und 20 Beiwagen. Während die ersten fünf Züge vollständig von der Firma Linke-Hofmann-Busch in Salzgitter gefertigt worden waren, ging der neue Auftrag mit einem Gesamtvolumen von etwa vier Millionen Mark an die Maschinenfabrik Esslingen und an eine im Jahr 1946 in Bremen-Hemelingen gegründete Firma, die Hansa-Waggonbau GmbH. Hinter der Platzierung dieses Großauftrags steckte allerdings nicht etwa Unzufriedenheit mit der ersten Lieferung. Vielmehr hatte sich die Straßenbahn verpflichtet gesehen, einen Beitrag zur Konsolidierung der nach wie vor nicht befriedigenden Arbeitsmarktsituation in Bremen zu leisten.

Während die Maschinenfabrik Esslingen AG sämtliche Drehgestelle und zehn Beiwagenkästen lieferte, fiel dem bremischen Unternehmen die Herstellung der Wagenkästen von allen Triebwagen sowie der restlichen Beiwagen zu. Nach den Erfahrungen mit den elektropneumatischen Schaltwerken der ersten Triebwagenserie schien es geraten, auf dieses Ausrüstungsdetail zu verzichten. Um den Wartungsaufwand zu mindern und die Laufeigenschaften zu verbessern, gestaltete die BSAG zudem die Drehgestelle um. Ebenso hatte sich der dritte Türflügel des hinteren Einstiegs als entbehrlich erwiesen. Die Wagen waren nun mit modernsten elektrischen Türen ausgestattet, die sehr viel

Der rohe Wagenkasten nach dem Zusammenbau.

Serienmäßige Fertigung von Großraumwagen bei der Hansa-Waggonbau GmbH in Bremen-Hemelingen.

1950–1986

Der Museumszug 811 mit dem Beiwagen 1806.

eleganter arbeiteten als die der ersten fünf Züge, deren pneumatische Türen mit Karacho schlossen. Zudem konnte das Fahrzeuggewicht gemindert werden. Die elektrischen Ausrüstungen wurden von der Firma Kiepe in Düsseldorf geliefert.

Die Neubauten wurden bis Anfang 1955 fertiggestellt und sofort auf der stark genutzten Linie 2 eingesetzt. Sie machten einen deutlich ausgereifteren Eindruck als die fünf ›Luftwagenzüge‹. Im Laufe ihres Einsatzes gab es manche Verbesserungen, so zum Beispiel neue Fahrschalter mit Kurbelbedienung, stärkere Motoren mit erheblicher Steigerung der Beschleunigung und Stromabnehmer mit doppelter Schleifleiste. Das Design der Großraumzüge mit den vielen Rundungen entsprach dem damaligen Geschmack und brachte ihnen schnell den Spitznamen ›Zigarre‹ ein. Wegen ihrer bauartbedingt während der Fahrt zuweilen auftretenden wiegenden Bewegungen und der großen Aufnahmefläche vor dem Schaffnerplatz, die an eine Tanzfläche erinnerte, wurde sie im Volksmund nach dem damals populären Modetanz auch ›Sambawagen‹ genannt.

Beim Personal waren die Züge recht beliebt, waren sie doch gut motorisiert und konnten entsprechend zügig fahren. Lediglich die Laufruhe ließ im oberen Geschwindigkeitsbereich doch etwas zu wünschen übrig. Im Laufe ihrer Einsatzdauer kamen sie neben der Linie 2 auch auf den Linien 3, 4 und 10 sowie 15 und 16 zum Einsatz. Natürlich wurden die Großraumwagen immer wieder modernisiert. Das betraf auch die Innenraumeinrichtung. So ersetzte die BSAG den ursprünglich vorhandenen Fußbodenbelag aus Lattenholz durch Kunststoff. Fahrgäste mit hochhackigen Schuhen waren nicht mehr so stark gefährdet, umzuknicken. Allerdings veränderte sich auch der Raumeindruck: Die Wagen sahen weniger geräumig und ungemütlicher aus.

In den 1960er Jahren wurden nach und nach weniger Schaffner eingesetzt, zunächst in den Trieb- und später auch den Beiwagen. Dafür wurden deren Plätze – die Throne – ausgebaut. Außerdem erfolgte unter anderem der Einbau von Einrichtungen für die Fahrgastselbstbedienung, wie etwa Sicherheitsschranken vor den Türen im Innenraum, den sogenannten Texasschranken, und Druckknöpfen an der Außenwand.

Im Jahr 1977 wurden die ältesten fünf Züge, also die ›Luftwagen‹, vom ehemaligen Bürgermeister Wilhelm Kaisen verabschiedet und anschließend ausgemustert. In den folgenden Jahren folgten schrittweise auch die Züge der Baujahre 1954/1955. Die letzten zwei Züge ihrer Bauart verabschiedeten sich erst nach 36 Einsatzjahren, das heißt am 30. März 1990, auf der Linie 10 (daher der Spitzname ›alte 10‹). Sie wanderten jedoch nicht wie viele ihrer Kolleginnen auf den Schrott, sondern wurden für die Nachwelt aufgehoben. Dazu gründeten Interessierte den Verein Freunde der Bremer Straßenbahn e. V., der sich seitdem im Auftrag der BSAG um die historischen Wagen kümmert und diese für historische Rundfahrten einsetzt. Im Straßenbahnmuseum in Sebaldsbrück

sind von den Großraumwagen der Zug 811/ 1806 (weitgehend im Lieferzustand) als fahrfähiger Zug und der Zug 827/1815 (im Zustand des letzten Einsatzes 1990) als Ausstellungsstück zu sehen.

Einmalig, urig, (un-)geliebt

Die vierachsigen Großraumzüge hatten sich insgesamt technisch bewährt. Die Finanzmittel reichten allerdings nicht dafür aus, um genügend dieser Wagen zu beschaffen. Daher kam folgende Idee auf: Konnte man vorhandene zweiachsige Wagen verlängern, somit mehr Plätze anbieten und auf einen zweiten Beiwagen mit Schaffner verzichten? Die Konstrukteure entwickelten einen Dreiachser mit einem zweiachsigen Vorderteil und einem einachsigen Nachläufer und verbanden die beiden Teile über ein Gelenk. Für die Triebwagen gab es passende dreiachsige Beiwagen. Für die Herstellung nutzten die Werkstätten ihre Lagerbestände und zum Teil auch vorhandene Wagen. Der vordere Teil entstand bei der BSAG, der Nachläufer als Neubau bei der Hansa-Waggonbau GmbH. Die Fahreigenschaften dieser ersten Gelenkzüge in Bremen waren vor allem wegen der starren Achsen nicht optimal und erinnerten an eine holperige Reise über einen Acker. Zudem mussten die Fahrer zum Bremsen heftig kurbeln. Das brachte der Bauart schnell den despektierlichen Namen ›Ackerwagen‹ ein. Wegen seiner Form wurde er von einer großen Bremer Zeitung auch als ›halbes Weißbrot‹ bezeichnet. Insgesamt plante die BSAG je 35 dieser sparsamst aus

gestatteten Trieb- und Beiwagen. Aufgrund der unbefriedigenden Fahreigenschaften verzichtete man jedoch auf sieben Züge, sodass es bei 28 Stück blieb. Infolge ihrer schwachen Motorisierung wurden sie möglichst nur auf Strecken mit einer geringen Steigung eingesetzt – das betraf insbesondere die alte Linie 4. Dennoch erwiesen sich die Züge auch dort als lahm: Da nur die beiden vorderen von insgesamt sechs Achsen motorgetrieben waren, kamen sie bei voller Besetzung meistens nicht von der Stelle. In einem solchen Fall forderte der Schaffner des Triebwagens die Fahrgäste dazu auf, ganz nach vorn durchzugehen. Sobald genügend Gewicht auf den angetriebenen Achsen verteilt war, konnte die Fahrt fortgesetzt werden. Charakteristisch für die ›Ackerwagen‹ waren

Technische Daten der ›Zigarre‹ 811

- Hersteller **Hansa-Waggonbau GmbH, Bremen**
- Baujahr **1954**
- Ende des Linieneinsatzes **1990**
- Länge über Wagenkasten **13.300 mm**
- Breite **2.200 mm**
- Gewicht **15,3 Tonnen**
- Sitzplätze **27**
- Stehplätze **75**
- Motor **4 x AEG GBM 401**
- Leistung **4 x 60 kW**
- Fahrschalter **Kiepe NF 52**
- Bremse **Schienenbremse 4 x 4 Tonnen, Generatorbremse, Federspeicherbremse**
- Zulässige Höchstgeschwindigkeit **70 km/h**

Serienmäßige Fertigung der Heckteile von ›Ackerwagen‹ bei Hansa-Waggonbau etwa 1956.

auch die beim Öffnen und Schließen laut ratternden Schiebetüren, die sich – in Abhängigkeit von den Temperaturen – mal quälend langsam bewegten, und mal mit großem Schwung.

Als ab 1959 zeitgemäße Gelenkzüge ausgeliefert wurden, verdrängten sie allmählich die noch fast neuen ›Ackerwagen‹: Nach der letzten Auslieferung im Jahr 1958 folgten die ersten Ausmusterungen bereits 1966, dabei beträgt die durchschnittliche Lebensdauer einer Straßenbahn etwa 30 Jahre. Ursprünglich wurde noch ein Einsatz auf der damaligen Linie 7 zwischen Rablinghausen und Findorff erwogen. Nach deren Einstellung 1965 waren diese Pläne jedoch hinfällig. Ab 1967 wurde dieser technisch einmalige Wagentyp mehr und mehr in den Aushilfsdienst verdrängt. Im Jahr 1977 erfolgte dann die endgültige Außerdienststellung.

Mit diesen urigen, wenn auch umstrittenen Fahrzeugen sind einige Begebenheiten verbunden. Auch mir sind die ›Ackerwagen‹ in besonderer Erinnerung geblieben. Mit ihnen ging es auf der Linie 4 zu den geliebten Großeltern. Während die modernen Wagen im Inneren, dem Zeitgeschmack entsprechend, nüchtern eingerichtet waren, wirkten die Dreiachser mit viel Holz altmodisch, aber deutlich gemütlicher. Deswegen fuhr ich besonders gern mit ihnen. Und das Geholper störte mich kaum. Einmal hatte ich als Kind ein tolles Erlebnis: Der Zug war sehr voll. Da durfte ich beim Schaffner auf seinem Thron sitzen und auf sein Geheiß hin zwei der

Türen bedienen. Viel zu schnell ging diese Fahrt zu Ende!

Die 1967 eröffnete neue Linie 1 bis nach Blockdiek und ab 1968 auch nach Osterholz wurde von Beginn an sehr gut angenommen. Der starke Andrang führte dazu, dass die ›Ackerwagen‹ auf dieser beliebten Verbindung aushelfen mussten. Aufgrund ihrer leistungsschwachen Motoren und des langsamen Türmechanismus konnten sie mit den neuen Zügen allerdings kaum mithalten. Um die Steigung in Blockdiek zu bewältigen, mussten die Wagen vor der Rampe jedes Mal stark beschleunigen. Auch die recht einfache Ausstattung, wie beispielsweise die Bremskurbel und die enge Kabine, machte es den Fahrerinnen und Fahrern nicht leicht. Es wird berichtet, dass des Öfteren ein Fahrzeugdefekt erfunden und gemeldet wurde, damit man diese Wagen nicht fahren musste. Als die nagelneuen Stadtbahnzüge Ende der 1970er Jahre jedoch wegen einiger technischer Schwierigkeiten nicht fahrtüchtig waren, entstand zwischenzeitlich die Idee, die ungeliebten ›Ackerwagen‹ zu reaktivieren und auf der Linie 1 einzusetzen. Bis zu diesem Zeitpunkt hatten die Wagen in langen Reihen stillgelegt auf den Betriebshöfen gestanden und so ein trauriges Dasein gefristet. Um ihre Tauglichkeit auf der steigungsreichen Strecke zu prüfen, wurde einer der Züge für eine nächtliche Probefahrt nach Arsten wieder flottgemacht. Das Ergebnis war ernüchternd: Der Zug schaffte es kaum die Steigung hinauf, und bei der Rückfahrt hatte der Fahrer größte Mühe, ihn abzubrem-

1955 Die ersten Gelenk-Straßenbahnwagen
rollen durch Bremen – die ›Ackerwagen‹.

sen. Das Vorhaben der Reaktivierung wurde somit wieder verworfen. ›Das war ein Desaster!‹, erinnerte sich ein Beteiligter.

So ungeliebt die ›Ackerwagen‹ beim Personal wie auch bei den Fahrgästen waren, so sind sie doch eine einmalige technische Konstruktion, die es in dieser Form nur in Bremen gab. Zum Glück befand sich in der Wagenhalle in Sebaldsbrück ein abgestellter Triebwagen, der zuletzt noch als Partywagen seinen ›Gnadenstrom‹ verdient hatte. Diese

Bahn mit der Nummer 917 kam erstmals 1957 in den Bestand und wurde auf der Linie 4 eingesetzt. Nach der Verkürzung dieser Verbindung im Jahre 1967 war sie allerdings fast ausschließlich ohne Beiwagen unterwegs, ab 1970 fuhr sie unter der neuen Nummer 846. In diesem Jahr wurde die Bahn auch für den schaffnerlosen Betrieb hergerichtet. Nach der Einstellung der Linie 4 im Mai 1972 verrichtete sie ihre letzten Fahrten als Einsetzwagen.

Ein ›Ackerwagenzug‹ auf der Linie 4 am Hauptbahnhof.

Der heutige Museumswagen 917 in Sebaldsbrück.

Bis August 2001 stand es als Arbeitsreserve für eine spätere Aufarbeitung im Depot Sebaldsbrück und wurde dann in die Servicewerkstatt in der Neustadt geschleppt. Hier erfolgte die Aufarbeitung durch Mitarbeitende und Auszubildende der BSAG aus verschiedenen Fachbereichen sowie ehemalige Mitarbeiter der BSAG und den Freunden der Bremer Straßenbahn e.V. Der Wagen musste auf den heutigen Sicherheitsstandard gebracht und die nicht mehr vollständig vorhandene Inneneinrichtung durch die Ausschlachtung eines anderen Fahrzeugs ergänzt werden. Ohne zahlreiche Spenden wäre die Herrichtung dieses weltweit einmaligen Triebwagens nicht möglich gewesen. Am 6. Dezember 2002 hatte er dann bei der Eröffnung der Verlängerung der Linie 4 nach

Technische Daten des ›Ackerwagens‹ 917

- Hersteller **Vorderteil: Eigenbau BSAG, Nachläufer: Hansa-Waggonbau GmbH, Bremen**
- Baujahr **1957**
- Ende des Linieneinsatzes **1977**
- Länge über Rammbügel **16.440 mm**
- Breite **2.200 mm**
- Gewicht **17 Tonnen**
- Sitzplätze **30**
- Stehplätze **40**
- Motor **2 x AEG US 0351**
- Leistung **2 x 76 kW**
- Fahrschalter **AEG VNFB 2.92**
- Bremse **Schienenbremse 4 x 4 Tonnen, Generatorbremse, Feststellbremse mechanisch**
- zulässige Höchstgeschwindigkeit **50 km/h**

Borgfeld seinen ersten offiziellen Auftritt. Seitdem steht der urige Wagen nur noch für den musealen Einsatz zur Verfügung, und niemand beschwert sich, wenn es während der Fahrt wie auf einem Acker holpert. Sein wohl berühmtester Fahrer war der damalige Umweltminister Jürgen Trittin, der ihn bei einer Sonderfahrt ein Stück fahren durfte.

Innovationen aus Bremen

Trotz der Beschaffung von Großraum- und Gelenkwagen in der ersten Hälfte der 1950er Jahre hatte die BSAG immer noch viele unmoderne, teils über 50 Jahre alte Fahrzeuge im Einsatz. Das Ziel war es weiterhin, den Fahrgästen komfortable Alternativen zum Umstieg auf den Pkw zu bieten und gleichzeitig Schaffner einzusparen. Mit den bisherigen Entwicklungen hatte die BSAG aber leider nicht nur Erfolge. Das Fassungsvermögen der technisch bewährten Großraumwagen erwies sich auf den damaligen Hauptlinien 2, 3 und 4 als nicht ganz ausreichend. Die dreiachsigen Gelenkzüge entsprachen nicht den Erwartungen an ein schnelles und zeitgemäßes Nahverkehrsmittel. In der zweiten Hälfte der 1950er Jahre kamen moderne Drehgestell-Gelenkwagen auf den Markt, welche die Vorteile von Großraum- und Gelenkwagen vereinten. Aus diesen sechsachsigen, sehr verbreiteten Wagen entstanden später dreiteilige Achtachser oder gar noch längere Fahrzeuge. Ihr Nachteil: Konstruktionsbedingt neigten sie in Kurven zu starken Ausschlägen des Wagenkastens und hatten somit hohen Platzbedarf.

1959 Erster moderner Gelenk-Straßenbahnzug
im Einsatz – eine Entwicklung aus Bremen.

*Der Prototypzug 401/1401 wurde 1959 geliefert. Er war noch mit
Falttüren und einem provisorischen Stromabnehmer ausgestattet.*

Für Bremen mit seinen beengten Verhältnissen eigneten sich diese Wagentypen daher leider nicht. Gemeinsam mit der in Bremen-Hemelingen ansässigen Firma Hansa-Waggonbau GmbH entwickelte die BSAG daher ab dem Jahr 1958 einen neuen innovativen Wagentyp. Er sollte hinsichtlich des Fassungsvermögens und des Fahrkomforts den damaligen U-Bahnwagen nahekommen, jedoch auch in der Lage sein, vorhandene Straßenbahnstrecken mit Rillenschienen, kleinen Krümmungsradien und Gleismitten-

abständen entgleisungssicher und unter Einhaltung der erforderlichen Sicherheitsabstände zu durchfahren. Daraus resultierend entstand eine Gelenkwagenbauart, bei der die vom Fahrzeug überstrichene Fläche bei Kurveneinfahrt und in der Kurve selbst ein Minimum erreichte, um im vorhandenen Verkehrsraum die notwendigen Sicherheitsabstände nicht nur zwischen sich begegnenden Zügen, sondern auch zwischen den übrigen Verkehrsteilnehmenden zu erreichen. Während die fortschrittlichen Gelenkstraßenbahnen unter dem Wagengelenk oft ein zusätzliches Drehgestell hatten, entfällt dies bei der Bremer Bauart und wird durch eine Lenkmechanik ersetzt. Ein zweiteiliger Bremer Gelenkwagen hat anstelle von drei Drehgestellen somit nur zwei Stück mit insgesamt vier Achsen – daher die Bezeichnung GT4. Die damals in Bremen festgesetzten Grundmaße einer Wageneinheit (Länge 16,7 Meter, Breite 2,3 Meter) haben sich hinsichtlich des zu erzielenden Fassungsvermögens von maximal 160 Personen als zutreffend erwiesen und wurde viele Jahre beibehalten. Vergleichbare Fahrzeuge wurden in den 1960er Jahren auch für die Münchener Straßenbahn (Typ P) von der dortigen Firma Josef Rathgeber gebaut sowie in großer Stückzahl von

den damaligen Tatrawerken in Prag für die ehemaligen Ostblockstaaten (Typ KT4).

Im Jahr 1959 lieferte Hansa-Waggonbau den Prototyp mit der Nummer 401/1401, bestehend aus einem Trieb- und Beiwagen. Anfangs war er noch mit den vom Großraumwagen bekannten Falttüren ausgestattet, die man später durch Innenschwenktüren ersetzte. Auch kam erstmalig ein neu entwickelter Stromabnehmer mit doppelter Schleifleiste zum Einsatz. Der Zug wurde ausgiebig erprobt und bewährte sich gut. Bei einem äußeren Vergleich mit den Straßenbahnwagen anderer Städte fällt der Bremer Gelenkwagen insbesondere dadurch auf, dass sämtliche Ein- und Ausstiegstüren in einer Vertikalebene liegen, während bei den

Gestaltung des Fahrgastraums eines Beiwagens von 1966/1967 mit Bänken aus Pressholz (Durofol). Der Schaffnerplatz ist noch vorhanden, bis er um 1970 verschwand.

Ein Hansa-Gelenkzug des Baujahrs 1967.

und die Beleuchtung mit Neonröhren bei. Bei der Bestuhlung wurden wieder Sitzbänke aus Pressholz (Durofol) verbaut.

Bereits im Jahr 1961 erfolgte die Lieferung von 18 weiteren Einheiten (Typ GT4a/Gb4a), die anfangs nur auf der Linie 2 fuhren. Sie verfügten bei Lieferung über je einen Schaffnerplatz pro Wagen für den gewohnten Fahrgastfluss. Für die etwas weniger stark genutzten Verbindungen bestellte die BSAG für das Jahr 1963 25 weitere Triebwagen (Typ GT4b), die etwas schwächer motorisiert waren und bei Bedarf mit vorhandenen älteren zweiachsigen Beiwagen behängt wurden. Diese kamen vor allem auf den damaligen Linien 10 (Waller Friedhof–Georg-Bitter-Straße) und 16 (Grolland–Riensberg) zum Einsatz. Diese Zugbildung sah aufgrund der sehr unterschiedlichen Wagentypen etwas kurios aus.

Als im Jahr 1967 die neue und hochmoderne Linie 1 eröffnet wurde, benötigte die BSAG leistungsfähige Fahrzeuge. Sie entwickelte daher die bewährte Konstruktion weiter und stattete sie mit stärkeren Motoren aus. Neuerungen waren zudem die hydraulisch betätigten Federspeicherbremsen im Zusammenhang mit der Einführung des schaffnerlosen Betriebs und hydraulisch betätigten Türen. Ab 1966 wurden nochmals 30 Trieb- und 24 Beiwagen (Typ GT4c/GB4c) in dieser verbesserten Variante geliefert. Die Triebwagen waren übrigens die ersten, die ohne Schaffnerplatz geliefert wurden. Die Beiwagen waren hingegen die ersten Jahre noch mit einem Thron ausgestattet. Um die

übrigen Straßenbahngelenkwagen der vordere und hintere Ein- beziehungsweise Ausstieg mehr oder weniger stark eingezogen ist, damit der erforderliche Sicherheitsabstand zwischen zwei sich im Gleisbogen begegnenden Zügen nicht unterschritten wird. Das ergibt breite Ein- und Ausstiegsräume am Bug und am Heck des Fahrzeugs, was einem raschen Fahrgastwechsel und einer guten Fahrgastbedienung zugutekommt. Bemerkenswert ist bei dieser Konstruktion zudem das große Sitzplatzangebot. Das Verzicht auf das Mittel-Laufgestell brachte nicht nur eine Gewichtseinsparung, sondern auch eine Erhöhung des auf die Triebachsen entfallenden Gewichtsanteils, somit eine Steigerung der Anfahrbeschleunigung und einen geringeren Wartungsaufwand insbesondere bei der Berichtigung des Radreifenprofils beziehungsweise bei der Erneuerung der Radreifen. Innen waren die Hansa-Gelenkzüge, dem Zeitgeschmack entsprechend, eher schlicht und kühl eingerichtet. Dazu trugen die graugesprenkelten Seitenwandverkleidungen

1973 Erster Stadtbahnzug der Firma
Wegmann aus Kassel im Einsatz.

Garantiezeit zu nutzen, wurden die Garnituren zunächst auf der Linie 4 eingefahren und kamen nach deren Eröffnung im Juni 1967 anschließend auf die neue Linie 1. Dort zeigten sie, was in ihnen steckte: Mit zeitgemäßen und leistungsfähigen Wagen erlebte das Verkehrsmittel Straßenbahn im Zeitalter der autogerechten Stadt eine erste Renaissance. 1968 fertigte Hansa-Waggonbau dann noch fünf baugleiche Züge für die Stadt Bremerhaven an, die nach der Stilllegung der dortigen Straßenbahn im Jahr 1982 nach Bremen kamen. Insgesamt standen somit 79 Trieb- und 48 Beiwagen zur Verfügung und galten als ›unverwüstlich‹.

Die Fahrzeuge wurden im Laufe ihrer Einsatzjahre mehrfach modernisiert. Bis etwa 1970 erfolgte der Umbau für den Ein-

Technische Daten des Triebwagens 446

- Hersteller **Hansa-Waggonbau GmbH, Bremen**
- Baujahr **1967**
- Ende des Linieneinsatzes **1994**
- Länge über Wagenkasten **16.700 mm**
- Breite **2.300 mm**
- Gewicht **18,8 Tonnen**
- Sitzplätze **41**
- Stehplätze **110**
- Motor **4 x AEG/SSW GBM 401 R**
- Leistung **4 x 60 kW**
- Fahrschalter **Kiepe NF 592**
- Bremse **Schienenbremse 4 x 4 Tonnen Knorr Magnet S75, Generatorbremse, Federspeicherbremse**
- zulässige Höchstgeschwindigkeit **70 km/h**

mannbetrieb mit Fahrgastselbstbedienung. Lichtschranken ersetzten die wenig beliebten und hinderlichen ›Texasschranken‹. In einigen Garnituren hielten gepolsterte Kunststoffschalensitze anstelle der Bänke aus Durofol ihren Einzug. Die legendären Hansa-Kurzgelenkzüge wurden ab dem Jahr 1993 durch Niederflurzüge vom Typ GT8N abgelöst und kamen danach teilweise noch in Rumänien (Timişoara) auf die Strecke. Fahrfähig ist der Zug 446/1458 erhalten geblieben und wird gern für Stadtrundfahrten eingesetzt.

Es geht doch noch etwas besser!

Wenngleich die Betriebserfahrungen mit den Hansa-Gelenkzügen insgesamt gesehen gut waren, blieben hinsichtlich der Geräuschbildung, der Laufruhe und des Wartungsaufwands bei technischen Teilbereichen doch noch einige Wünsche offen. Insbesondere entsprachen die in Bremen bis dahin noch gebräuchlichen Tatzlagergetriebe nicht mehr dem neuesten Stand der damaligen Technik. Das galt auch für die Beheizung und Belüftung. Unter diesen Voraussetzungen begannen bereits im Jahr 1970 bei der BSAG die Vorarbeiten für die Weiterentwicklung des Gelenkvierachsers Bremer Bauart, wobei von den Grundmaßen der ersten Baureihen wegen der bestehenden Gleisanlagen und Bauwerke nicht abgewichen werden sollte. Die Überlegungen führten zur Anwendung des längs liegenden Drehgestellmotors, der Luftfeder und eines hydraulischen Lenksystems. Diese neue Technik wurde durch den Umbau eines vorhandenen Gelenkwagens

Der Partywagen entstand 2004 durch den Umbau des Triebwagens 3561. Er war ab Mitte der achtziger Jahre ein Versuch für die kommenden Niederflurwagen und entstammt durch den Zusammenbau des zweiteiligen Triebwagens 561 mit dem halben Beiwagen 758.

1950 – 1986

(Nr. 442) erprobt, der sich gut bewährte. Später wurde er als Partybahn genutzt. Ab 1973 begann die BSAG mit der Beschaffung dieser sogenannten Stadtbahnwagen. Da der bisherige Bremer Lieferant Hansa-Waggonbau GmbH in Konkurs gegangen war, wurde deren Konstruktion von Wegmann in Kassel ausgeführt. Zur Vereinheitlichung verwendete man viele Komponenten aus dem Omnibusbau. So waren die Bahnen innen erstmals mit Polsterbänken ausgestattet, die sich jedoch als sehr anfällig für Vandalismus erwiesen und später durch die charakteristischen dunkelbraunen Kunststoff-Schalensitze mit Polsterauflage ersetzt wurden. Nicht mehr die BSAG, sondern die Stadt Bremen kaufte die Wagen. Dementsprechend bestand das Design aus den Bremer Landes-

farben (Rot-Weiß) statt der bis dahin üblichen Lackierung in Creme. Äußerlich wirkten die Wagen durch ihre zwei Scheinwerfer, den etwas farbenfrohen Anstrich und die breiten Außenschwenktüren wesentlich aktueller als Ihre Vorgänger.

Die erste Serie wurde 1973 als Typ GT4d, die zweite im Jahr 1974 als Typ GT4e und die dritte 1976/1977 als Typ GT4f mit insgesamt 61 Trieb- und 58 Beiwagen beschafft. Ursprünglich besaßen sie eine hydraulische Gelenkansteuerung, die sich aber nicht bewährte und deshalb Anfang der 1980er Jahre gegen eine mechanische Version mit Druckfedern ausgetauscht wurde. Die Züge bewährten sich trotz einiger Kinderkrankheiten insgesamt gut und wurden anfangs nur auf der modernsten Linie 1 (Arsten–

Osterholz) eingesetzt. Ab 1976 erfolgte mit 39 Trieb- und 36 Beiwagen eine weitere Lieferung mit einigen Verbesserungen, sodass die neuen Züge ab dann auch auf den Linien 2 (Gröpelingen–Sebaldsbrück) und 6 (Huchting–Riensberg) verkehrten. Die letzten dieser Hochflurzüge waren übrigens bis Ende 2013 im Einsatz. Seitdem gibt es im Liniendienst nur noch Niederflurfahrzeuge.

Betriebsfähig erhalten ist der museale Triebwagen 557. Er entstammt der dritten Serie aus dem Baujahr 1977 (GT4f). 1992 wurden die Wagennummern aller Bremer Straßenbahnen um die Anfangsziffer 3 ergänzt, und so hieß der Wagen nun 3557. Nach seiner Instandsetzung im annähernden Auslieferungszustand des Jahres 1977 kehrte er 2017 unter seiner ursprünglichen Nummer 557 als Museumswagen zurück. Ein

Der heutige Museumstriebwagen 557 bei der Pressevorstellung 2017.

passender Beiwagen (747) wartet derzeit noch auf seine Restaurierung.

Eine Straßenbahn, die es nicht gab

In einem Aktenschrank des Straßenbahnarchivs in Sebaldsbrück befindet sich ein ganz gewöhnlich aussehender Ordner mit der Aufschrift ›GT4g‹. Beim Blättern wird deutlich, worum es dabei geht: Die neuen Stadtbahnzüge reichten nicht aus, um die ans Ende ihrer Lebensdauer gelangten Großraumzüge zu ersetzen – deshalb begann die Entwicklung des Nachfolgemodells der Stadtbahnzüge mit der Bezeichnung GT4g. Die Baureihe sollte ab dem Jahr 1979 unter Nummern ab 562 geliefert werden und hätte sich deutlich vom Vorgängermodell unterschieden. Mit einer Länge von rund 18,5 Metern übertraf die geplante, aber nie gebaute Serie die älteren Wagen um fast zwei Meter. Das Leergewicht sollte 22,4 Tonnen betragen. 54 Sitzplätze waren vorgesehen – zehn mehr als bei den bisherigen Wagen. Die Türen am Gelenk besaßen in den Skizzen nur noch einen Flügel, der aber etwas breiter

Technische Daten des Triebwagens 557

- Hersteller **Wegmann & Co., Kassel**
- Baujahr **1977**
- Ende des Linieneinsatzes **2009**
- Länge über Rammbügel **16.700 mm**
- Breite **2.300 mm**
- Gewicht **21,2 Tonnen**
- Sitzplätze **44**
- Stehplätze **94**
- Motor **2x USC 6456 R 2**
- Leistung **163 kW**
- Fahrschalter **NF593 Kiepe**
- Bremse **Schienenbremse 4x4 Tonnen, Generatorbremse, Federspeicherbremse**
- zulässige Höchstgeschwindigkeit **70 km/h**

als bisher ausfiel. Eine elektronische Steuerung, ein statischer Umformer und ein Einholmstromabnehmer waren wesentliche Merkmale der fortschrittlicheren elektrischen Anlage. Die Motorleistung des Triebwagens sollte zweimal 163 kW betragen. Zur Erprobung der elektronischen Steuerung der geplanten Serie erhielt der zuletzt gelieferte GT4f 561 ab Werk eine elektronische Fahr- und Bremssteuerung, die leicht am Sollwertgeber zu erkennen war. Er ersetzte die bei der Direktsteuerung übliche Kurbel und bewährte sich gut. Aus Gründen der Vereinheitlichung erhielt der Erprobungsträger ein Jahr später wieder die bewährte Kurbel. Die finanziellen Schwierigkeiten der Stadt Bremen und der BSAG führten 1978 zu der Entscheidung, Ersatzfahrzeuge für die Großraumwagen erst nach 1983 zu beschaffen. Das bereits fertiggestellte Lastenheft für die Neufahrzeuge wurde damit wertlos. Im Jahr 1983 kam mit der Schließung der AG Weser die Schiffsbaukrise an die Weser, und die Lage wurde somit keinesfalls besser.

Ein Oberleitungsbus bei der Eröffnung der Linie im Jahr 1949.

Ab 1985 wurde schließlich der Bedarf an Niederflurfahrzeugen deutlich, sodass die BSAG fortan konsequent den Prototyp GT6N entwickelte.

Exkurs: Elektrobusse auf der Linie 8

Ende der 1940er Jahre wurde auf Verlangen der amerikanischen Besatzungsmacht die Straßenbahnlinie 8 nach Burg (Lesum) auf Busbetrieb umgestellt. Da Dieselbusse am Markt seinerzeit nicht zu haben waren, setzte man auf den elektrisch angetriebenen Oberleitungsbus. Er pendelte bis 1961 zwischen Gröpelingen und dem ›Gummibahnhof‹ in Burglesum. Die O-Buslinie 8 war neben Straßenbahn und Dieselbus ein dritter Geschäftszweig, der aber leider keine Zukunft hatte. Die Stilllegung erfolgte, als aufgrund des Anhängerverbots im Busbereich neue Wagen hätten beschafft werden müssen.

Ein nagelneuer Stadtbahnzug auf dem Bremer Marktplatz 1973.

VON DER ABSTELLANLAGE NEUENLANDE ZUM BSAG-ZENTRUM

Die Bremer Straßenbahn AG besaß noch bis in die 1960er Jahre hinein viele kleine Betriebshöfe, die aus der Zeit um 1900 stammten und den gestiegenen Anforderungen nicht mehr genügten. Viele von ihnen wurden im Zweiten Weltkrieg schwer beschädigt und waren nur notdürftig hergerichtet. Erweiterungen waren aufgrund der beengten Platzverhältnisse nicht möglich. Schon seit den 1920er Jahren bestanden Überlegungen, moderne leistungsfähige Depots zu bauen. In Gröpelingen und Sebaldsbrück setzten die Stadt Bremen und die BSAG diese Planungen im 50. Firmen-Jubiläumsjahr 1926 um. Für die Neustadt gab es ähnliche Pläne. Angedacht war, einen zeitgemäßen Betriebshof

auf dem Neuenlander Feld in der Nähe des Flughafens zu errichten, das seinerzeit noch ländlich geprägt war. Ein großer Standortvorteil war, dass sich das Grundstück mit nur zwei Kilometern Entfernung dicht bei der Innenstadt befand – also nahezu optimal gelegen war. Erste Grundstückskäufe fanden im Jahr 1927 statt. Der Straßenbahnanschluss des Geländes kam am 1. Juni 1932 durch eine Verlängerung der damaligen Linie 5 bis zur Neuenlander Straße zustande, die am 13. Januar 1934 sogar bis zum Flughafen fortgeführt wurde. Man beließ es jedoch in den 1930er Jahren beim Bau von einigen Abstellgleisen an der Neuenlander Straße und einer Flughafen-Verstärkungsstrecke

Das Modell zeigt, wie das Gelände des heutigen BSAG-Zentrums in den fünfziger Jahren bebaut werden sollte. Auf die Wagenhalle links wurde später verzichtet. Vorn ist der Flughafendamm und links die Neuenlander Straße.

1957 Die Bauarbeiten für das heutige BSAG-Zentrum beginnen.

über den Hyazinthenweg, die bei Großveranstaltungen genutzt wurde. Nach Beendigung des Zweiten Weltkrieges waren die Gleise über den Flughafendamm die erste Strecke in Bremen, die wieder ihren Betrieb aufnahm. An den Bau des neuen Betriebshofs war jedoch zunächst nicht zu denken. Dabei waren die alten Depots in Huckelriede und Woltmershausen stark beschädigt und konnten nur notdürftig instandgesetzt werden. Auch die Verwaltung Am Wall – das sogenannte Straßenbahnhaus – gab es nicht mehr. Die enge Hauptwerkstatt in Utbremen (Hansestraße) war für fortschrittliche Straßenbahnwagen ebenfalls nicht besonders gut geeignet. Diese verschiedenen über das ganze Stadtgebiet verstreuten und veralteten Standorte waren nicht länger wirtschaftlich zu betreiben. Da lag es in den 1950er Jahren nahe, Nägel mit Köpfen zu machen: Der Neubau einer Zentrale, die moderne Werkstätten, einen neuen Betriebshof und die Verwaltung als einen Komplex umfasste, wurde begonnen. Die Konzentration dieser vielfältigen Aufgaben an einem einzigen Standort wurde als ein wesentlicher Beitrag zur Rationalisierung des Unternehmens vorbereitet, obwohl sich die Finanzierung als außerordentlich schwierig erwies. Als die Gesellschaft am 30. Dezember 1955 den Bauantrag für die neue Hauptwerkstatt einreichte, wurde der Neubau so ausgerichtet, dass er flexibel Bahnen und Busse warten konnte. Denn zu diesem Zeitpunkt war die Zukunft der Straßenbahn noch unklar. Zur Bebauung standen rund 124.000 Quadratmeter zur Verfügung,

Bau der Hauptwerkstatt, etwa 1958.

sodass der Gedanke nahelag, im Sinne einer konsequenten Zentralisierung auch gleich einen neuen Betriebshof und ein neues Verwaltungsgebäude auf dem Gelände zu errichten. Um der Anlage ein einheitliches architektonisches Gesamtbild zu sichern, schrieb man einen Architektenwettbewerb aus.

Im Februar 1957 konnten die ersten Aufträge erteilt und die Arbeiten in Angriff genommen werden. Am 14. Mai 1958 stand die Richtkrone auf dem Rohbau der neuen Hauptwerkstatt (heute Servicewerkstatt). Bereits im November 1958 zog die Buswerkstatt Hemelingen provisorisch in den Neubau ein. Mitte Februar 1959 folgte die Werkstatt Walle. Die Räumung der alten Hauptwerkstatt Utbremen begann am 16. März 1959. Am 3. April waren alle Maschinen wieder einsatzbereit. Als der Neubau mit seinen 17.135 Quadratmetern Nutzfläche, den 1.270 Metern Gleislänge, den 63 Fahrzeugstandplätzen und allen Werkstatt- und Lagereinrichtungen am 25. Juni 1959 voll in Betrieb ging,

Die Einweihung der neuen Hauptwerkstatt am 25. Juni 1959.

konnte die BSAG damit ein Reparaturwerk vorweisen, das in der Bundesrepublik und im benachbarten Ausland kein Pendant hatte. Doch für das Unternehmen war nicht der Prestigewert von Bedeutung, sondern der Rationalisierungseffekt. Allerdings konnten nicht alle Ideen für die neue Zentrale der BSAG verwirklicht werden: War für den Betriebshof anfangs noch eine Überdachung geplant, wurde später darauf verzichtet und die Wagen im Freien abgestellt. Bis zum Jahr 1965 konnte die BSAG den Gesamtkomplex Flughafendamm nach und nach fertigstellen: 1962 die erste Baustufe des Betriebshofs, 1963 die neue Hauptverwaltung und 1965 den zweiten Bauabschnitt des Betriebshofs mit Wartungshalle, Dienst- und Wohngebäude.

Modernisierung des Gröpelinger Betriebshofs

In den 1950er Jahren machte sich allmählich bemerkbar, dass das Gröpelinger Depot (und ebenfalls der genauso alte Standort Sebaldsbrück) 30 Jahre in Betrieb war. Die fortschrittlichen Großraum- und Gelenkwagen kamen vorrangig auf der Linie 2 zum Einsatz. Daher wurde die Werkstatt von 1957 bis 1959 modernisiert und für die Unterhaltung der neuen Wagengenerationen hergerichtet. Zur gleichen Zeit wanderte die Haltestellenanlage von der Heerstraße vor die Werkstatt. Gleichzeitig verschwand die Innenschleife. Da immer mehr Dieselbusse der Linien N und N1 (heute 90) den Betriebshof anfuhren und der elektrische O-Bus

am 6. November 1961 auf Kraftstoff umgestellt wurde, installierte die BSAG im Jahr 1960 eine Dieseltankstelle.

Um die Fahrzeuge nach dem Prinzip der Durchlaufrevision warten zu können, fand 1969/1970 ein weiterer Umbau statt. Im Jahr 1970 entfiel die Straßenbahnlinie 11 zu den Klöckner-Werken. Im Zuge einer Angebotsoffensive (›Kleine Bremer Verkehrskonzeption‹) verlängerte die BSAG die Linie 10 1975 vom Waller Friedhof bis nach Gröpelingen und gestaltete dafür die Gleise an der Haltestelle um.

Die Busbeheimatung im Depot wurde 1977 aufgegeben und zum neuen Betriebshof in Blumenthal verlagert.

Der Gröpelinger Betriebshof Ende der 1950er Jahre. Im Hintergrund ist der O-Bus zu erkennen.

BUS ODER BAHN?

In den 1950er und 1960er Jahren gab es verschiedene Grundsatzüberlegungen über das künftige Verkehrskonzept einer fortschrittlichen und wachsenden Stadt. Sollte die Straßenbahn modernisiert und weiter ausgebaut werden? Benötigte man gar eine U-Bahn, oder reichten Dieselbusse nicht vollkommen aus? Diese Frage wurde zum Beispiel für die Stadtteile Woltmershausen, Findorff, Horn und die Neue Vahr ganz unterschiedlich diskutiert und beantwortet. Neben zeitgemäßen Bahnen waren auf vielen Linien noch die altmodischen und kostenintensiven Dreiwagen-Züge im Einsatz.

Mit der 7 in die Große Welt: Straßenbahngeschichten

Wenn man alteingesessenen Bremerinnen und Bremern gegenüber das Stichwort ›Straßenbahn‹ erwähnt, so rückt schnell eine Linie in den Vordergrund: die 7, die bis zum Jahr 1965 zwischen Rablinghausen und Findorff pendelte. Viele Anekdoten ranken sich um diese als volkstümlich bekannte Verbindung. In Bremen sagt man etwas despektierlich über den Stadtteil Woltmershausen, der auch ›Pusdorf‹ genannt wird: ›Hinterm Tunnel, da wohnt man nicht‹. Peter, der während seiner Kindheit und Jugend an der Woltmers-

Im Berufsverkehr fuhren die Triebwagen der Linie 7 doppelt behängt und boten rund 70 Sitzplätze.

*Fahrer und Schaffner der Linie 7
an der Endstelle Rablinghausen.*

te es uns die Warnglocke angetan, mit der wir allerlei Unfug trieben. Gern hätten wir auch an der Klingelleine gezogen, mit deren Hilfe die Schaffner sich mit dem Fahrer verständigten und ihm zum Beispiel die Abfahrbereitschaft signalisierten. Das haben wir uns aber nicht getraut und hätte auch gefährlich werden können. Die Schaffner hatten in der Perrontür eine kleine Klappe, durch die kassiert wurde. Durch diese fragten sie regelmäßig: ›Noch jemand zugestiegen?‹ Meine Mutter verlangte zum Beispiel ›Zweimal geradeaus‹ oder ›Zweimal um‹, was Billetts ohne oder mit Umsteigeberechtigung bedeutete. Während der Fahrt blieben die Türen meistens geöffnet. Wenn man es eilig hatte, sprang man bei langsamerer Fahrt einfach vom Wagen ab. Das war eigentlich verboten, denn zum einen konnte es durch den am Zug vorbeifahrenden Verkehr zu schweren Unfällen kommen und zum anderen bestand die Gefahr, dass man abrutschte und unter die Bahn geriet. Vor unserer Haustür zwischen der Delmenhorster und der Akazienstraße war das aber ohnehin nicht möglich, weil die Bahn dort recht schnell fuhr. Mit der 7 sind wir gern gefahren. Denn es ging mit ihr vom noch etwas dörflich geprägten Woltmershausen in die Stadt, ins Museum oder ins Eiscafé Chiamulera. Die Fahrt war also gewissermaßen ein kleiner Ausflug ›in die Große Welt‹. Die Straßenbahn verkörperte die Stadt und Woltmershausen das Dorf. Weil die Straßenbahn in den zahlreichen Kurven meistens quietschte, konnte man ihre Ankunft schon vorab hören. Wenn

hauser Straße wohnte, erinnert sich: ›Wir verbrachten die Fahrt gern auf den Perrons. Das waren die Räume vorn und hinten im Wagen, wo sich auch die Türen befanden. Besonders gern fuhren wir in den Anhängern, denn auf deren Perrons gab es die Feststellbremse, welche als Steuerrad gestaltet war. Wir taten dann so, als würden wir die Bahn wie ein Auto lenken. In den Motorwagen hat-

Eine Linie 7 an der Haltestelle Dötlinger Straße am 29. Mai 1965.
Hier konnte auch in die Fähre umgestiegen werden.

wir in die Neustadt fahren wollten, stiegen wir hinter dem Tunnel in die Linie 5 um, die am Neustadtsbahnhof endete und über den Hohentorsplatz durch die Pappelstraße fuhr. Als die Linie 7 eingestellt wurde, fand ich das schade, denn ein Stück Kindheit und ein prägendes Element in Woltmershausen, das auch ein Treffpunkt war, ging verloren. Und die Ziffer 7 ist für mich zudem eine ganz besondere Zahl.‹

Auch ich (Heiner Brünjes, Autor) habe die Linie 7 noch kennengelernt: Seit meinem Geburtsjahr 1959 habe ich in ›Pusdorf‹ gelebt. Gern sind wir mit der 7 durch den Stadt-

teil gereist, obwohl sie mir schon damals ziemlich altmodisch vorkam. Meistens gingen wir einen Weg zu Fuß und fuhren nach den Einkäufen mit der Straßenbahn zurück. Ich fand sie mit ihren spartanischen Bänken und den Böden aus Lattenholz oder den kleinen Tischchen an den Wänden gemütlich. Viele Straßenbahnerinnen und Straßenbahner verhielten sich freundlich zu uns Kindern. Ein Höhepunkt waren immer die Fahrten mit den Eltern zum Freimarkt. Am besten war es dann, nicht in den Vorderwagen (Triebwagen), sondern in den zweiten Hinterwagen einzusteigen, also in den letzten Beiwagen des Zuges. Denn dort gab es

1965 Die Straßenbahnlinie 7 wird
zwischen Rablinghausen und Findorff
auf Busbedienung umgestellt.

1950–1986

meistens noch etwas Platz. Wenn die Wagen voll waren und wir stehen mussten, bekam ich schon mal einige abgefahrene Fahrkarten oder leere Blöcke vom Schaffner zum Spielen geschenkt. Gern beobachtete ich den Fahrer bei seiner ›wilden Kurbelei‹. Oder ich schaute der Schaffnerin oder dem Schaffner beim Fahrkartenverkauf zu. Sie hatten in den älteren Bahnen keinen festen Platz, sondern pendelten mit ihrem Brustwechsler wie in der Eisenbahn hin und her. Die Verständigung zwischen den Schaffnern und dem Fahrer erfolgte mithilfe einer Klingelleine. Einmal Klingeln bedeutete zum Beispiel ›Ich bin abfahrbereit‹, zweimal ›An der nächsten Haltestelle anhalten‹ usw. Da für mich als Kind das Wort Straßenbahn schwer auszusprechen war und zur Fahrt das Pingeln gehörte, schuf ich ein Kinderwort und sprach von der ›Pingelpangel‹ (und musste mir dies, sehr zu meinem Leidwesen, noch lange von meinen Eltern anhören). Peter sprach übrigens von der ›Pingbahn‹. Die Haltestellen riefen die Schaffner noch selbst aus, wobei die Aussprache oft sehr individuell war, etwa ›Okotzinstroßä‹ (Akazienstraße). Nie langweilig wurde es mir auch, vom Bürgersteig aus die Straßenbahn bei ihrer Fahrt auf der kurvenreichen und engen Woltmershauser Straße anzuschauen. Leider durfte ich seinerzeit nur ausnahmsweise dorthin gehen, nämlich dann, wenn es beim Krämer um die Ecke eine kleine Besorgung zu machen galt. ›Aber passt bloß auf, dass ihr nich unnere Elektrische zu liegen kommt!‹ bekamen wir Kinder als Ermahnung mit auf den Weg.

Eines Tages rief meine Mutter vom Balkon: ›Du, die Linie 7 wird eingestellt.‹ Ihre letzte Fahrt zwischen Rablinghausen, Woltmershausen, Westerstraße, Am Markt, Hauptbahnhof, Admiralstraße und der Findorffer Hemmstraße trat sie zu Pfingsten 1965 an. Damit ging auch ein prägendes lokales Element im Stadtteil verloren. Da zeitgleich auch der Betriebshof geschlossen wurde, in dem viele Pusdorferinnen und Pusdorfer aus der Nachbarschaft Arbeit gefunden hatten, verschwand auch ein Stück Identität mit dem öffentlichen Verkehrsmittel. Unvergessen geblieben ist die urige Verbindung einigen Menschen wohl auch wegen ihrer abwechslungsreichen und schwierigen Streckenführung und aufgrund des Wandgemäldes gegenüber der Woltmershauser Kirche. Nicht zuletzt hat die Straßenbahn meine spätere Berufswahl entscheidend mitgeprägt.

In den 1950er Jahren gab es verschiedenste Überlegungen, den Straßenbahnverkehr in Woltmershausen zu verbessern. Die Inanspruchnahme der 7 war zeitweise so stark, dass der Bürgerverein zusätzlich die Verlängerung der Linie 5 forderte, die damals vor dem Neustadtsbahnhof endete. Neuerungen gab es auf verschiedenen Abschnitten, wie etwa am Hohentorsplatz (Verkehrsampel), in der Osterstraße (Verbreiterung) oder in Findorff (besonderer Bahnkörper in der Eickedorfer Straße). Der Bau einer Wendeschleife in Rablinghausen beim Roccoweg, welcher den Einsatz zeitgemäßer Bahnen ermöglicht hätte, wurde jedoch abgebrochen.

1967 Die Eröffnung der hochmodernen Linie 1 bis nach Blockdiek bringt eine Wende in der Verkehrspolitik von Bremen und einen Imagegewinn für den ÖPNV.

Große Schotterberge waren dort bereits aufgefahren. Der Neustädter Hafen war gerade im Bau, und man wollte die Endstation möglichst dicht am Hafentor für den Berufsverkehr einrichten. Der Weser-Kurier berichtete am 18. September 1963: ›Bei der Linie 7 nichts Neues‹. Im Juni 1964 wurde dann plötzlich die Wende verkündet: die Umstellung der Straßenbahn auf Busse. Sie wurde zu Pfingsten 1965 vollzogen.

Das vorläufige Ende der Linie 4

Eine etwas andere Entwicklung als die Linie 7 nahm zunächst die 4. Denn ab Dezember 1956 kamen die ersten Gelenkwagen zum Einsatz. Ein Jahr später – der Autoverkehr hatte bereits stark zugenommen – baute die BSAG für die Stationen in der Schwachhauser Heerstraße Haltestelleninseln, sodass die Fahrgäste sicherer ein- und aussteigen konnten. Eine wünschenswerte Verlängerung in die Neubaugebiete im Leher Feld unterblieb jedoch. Im Jahr 1965 wurden für die rund zehn Kilometer lange Strecke vom Arsterdamm bis nach Horn mit 23 Haltestellen etwa 36 Minuten Fahrzeit benötigt. Zwei Jahre später übernahmen im Abschnitt zwischen dem Domshof und Arsterdamm die neue Straßenbahnlinie 1 sowie zwischen Domsheide und Horn die verlängerten 30er-

Rangierbetrieb an der Endhaltestelle Rablinghausen im Jahr 1965.

Die Linie 4 an der ehemaligen Endhaltestelle Arsterdamm im Jahr 1963.

Busse weitgehend die Aufgaben der Linie 4. Noch verdienten die Straßenbahnen ihren ›Gnadenstrom‹. Nur im Berufsverkehr und ohne Anhänger pendelten die Triebwagen zwischen dem Domshof und Horn. Am 29. April 1972 um 14:38 Uhr fuhr dann die letzte 4 ab Horn. Dafür wurde der Schwachhauser Bevölkerung eine Sanierung der maroden Schwachhauser Heerstraße versprochen. Tatsächlich zog sich diese, ebenso wie die Entfernung der alten Gleise, bis zum Jahr 1996 hin, als die Schienen für die neue Linie 4 verlegt wurden. Die Fahrgäste der 30er-Busse wurden auf der Schlaglochpiste fast 25 Jahre lang tüchtig durchgerüttelt.

Die Straßenbahn bewegt die Vahr

Als nach dem Zweiten Weltkrieg rund 100.000 Wohnungen in Bremen fehlten, wurde laut Wikipedia 1954/1955 auf der Hastedter Feldmark begonnen, die Gartenstadt Vahr mit 2.200 Wohnungen aufzubauen. Von 1957 bis 1962 wurde beiderseits der Franz-Schütte-Allee die Neue Vahr mit rund 11.800 Wohnungen für rund 30.000 Einwohner errichtet. Der neue Stadtteil benötigte öffentliche Verkehrsverbindungen. Die BSAG griff zunächst auf den Omnibus zurück, da sich Buslinien schneller einrichten lassen als Schienenverbindungen. 1953 eröffnete die BSAG die damalige Buslinie 23 zwischen

Radio Bremen und dem St.-Joseph-Stift (Schwachhauser Heerstraße). Schon 1957 folgte als zweite Linie die 25 über Bismarckstraße in die Gartenstadt Vahr. 1958 bediente die 23 die Neue Vahr bis zur Carl-Goerdeler-Straße, 1959 nahm die Buslinie 24 die Strecke zur Neuen Vahr-Nord in Betrieb. Da immer mehr Menschen in die Vahr zogen, waren die Busse den Anforderungen bald nicht mehr gewachsen. Der Bau einer leis-

tungsfähigen Schienenverbindung mit der Straßenbahn wurde daher immer dringlicher. Diskutiert wurden unter anderem eine Verlängerung der Linie 10, die damals in der St.-Jürgen-Straße an der Bismarckstraße endete, in das Zentrum der Neuen Vahr oder der Neubau von zwei Straßenbahnlinien (9 und 19) in die Neue Vahr-Süd und -Nord. Schließlich wurde eine Straßenbahn geplant, die von der Kirchbachstraße aus über die

›Blockdiek über Neue Vahr-Süd‹: Der Eröffnungszug im Jahr 1967 an der Kirchbachstraße.

Kurfürstenallee und die Kurt-Schumacher-Allee in die Neue Vahr und weiter nach Blockdiek und Osterholz führen sollte. Anfangs als Linie 9 vorgesehen, erhielt die neue Verbindung dann die Nummer 1.

Am 18. Juni 1967 ging die neue Strecke zunächst bis nach Blockdiek ans Netz. Gleichzeitig übernahm der Betriebshof Neue Vahr die Straßenbahnen des alten Depots in Horn. Ein Jahr später, am 6. Oktober 1968, war auch die Verlängerung der Linie 1 bis nach Osterholz fertiggestellt, womit die Neubaugebiete nun eine schnelle Verbindung in die Innenstadt aufwiesen. Die neue Straßenbahnverbindung wurde von den Bewohnern der Großsiedlungen im Bremer Osten von Anfang an als ein Gewinn empfunden, konnten die während der Spitzenzeiten im dichten Takt verkehrenden Gelenkzüge doch mehr als doppelt so viele Fahrgäste befördern wie die Gelenkbusse der Linie 23, die bis zum letzten Tag von Berufstätigen überfüllt gewesen waren. Den neuen Verkehrsströmen entsprechend disponiert, vom Autoverkehr abgeschirmt und von leistungsfähigen Fahrzeugen in schneller Folge bedient, stellte die Linie 1 ein positives Beispiel für einen zeitgemäßen Straßenbahnbetrieb im Zeitalter des Automobils dar. Als ein neues Rückgrat des Öffentlichen Personennahverkehrs in Bremen erfüllte diese Linie alle in sie gesetzten Erwartungen und leitete somit ein Umdenken zugunsten der öffentlichen Verkehrsmittel, der Elektromobilität und insbesondere der Straßenbahn ein, das bis heute Bestand hat. Konsequenterweise sollte am anderen

Probefahrt eines nagelneuen Stadtbahnzugs 1973 in Blockdiek. Die Linie 1 war nach modernsten Gesichtspunkten gestaltet.

Ende der Linie 1 auf der linken Weserseite die neue Großsiedlung Kattenturm im Stadtteil Obervieland gleich im Entstehen einen Schienenanschluss erhalten. Die Stadtbahnstrecke von Huckelriede nach Arsten-West konnte am 7. Oktober 1973 in Betrieb genommen werden. Die Energiekrise und autofreie Sonntage hatten die Beförderungszahlen im November und Dezember 1973 um etwa fünf bis sieben Prozent in die Höhe schnellen lassen. Diese Streckenführung zwischen Arsten und Osterholz behielt die Linie 1 bis zum 24. Mai 1998 bei. Mit der Inbetriebnahme der Straßenbahnstrecke nach Horn-Lehe und der damit verbundenen Netzreform erhielt sie die neue Route zwischen Huchting, Am Brill, Hauptbahnhof und Osterholz, während die wiedereröffnete Linie 4 den Abschnitt nach Arsten übernahm.

BSAG

STÜTZPUNKTE FÜR DEN KUNDENDIENST

Hinsichtlich einer Beratung der Fahrgäste wurde bis in die 1970er Jahre hinein kein großer Bedarf gesehen. Erst allmählich setzte ein Umdenken ein. Neben dem Barverkauf durch die Fahrerinnen und Fahrer und den privaten Vorverkaufsstellen (Kiosken) reichte ein einfacher Verkaufsschalter für den Ticketverkauf vollkommen aus – die sogenannten betriebseigenen Vorverkaufsstellen. Zur Beschleunigung des Fahrkartenvertriebs bot die BSAG zudem bereits Anfang der 1960er Jahre an mehr als zehn wichtigen Haltestellen Fahrkartenautomaten an. Für deren Nutzung wurde unter anderem mit Zeitersparnis und einem Zusatznutzen geworben: Fahrgäste mit Automatenkarten erhielten eine Sammelkarte gratis, wenn die Endnummer ihres Tickets auf die Zahl 49 lautete.

Die Stadtbüros

Auch in den Wirtschaftswunderjahren hatte der Reisedienst der Bremer Vorortbahnen GmbH (BVG) eine hohe Relevanz. Nach dem Kriegsende 1945 hielt die BSAG Ausschau nach einem neuen Standort für ihr Reisebüro mit Kundendienstzentrum. Erst im Jahr 1960 konnte ein geeignetes zentrales Ladenlokal bei der Handelskammer in der Straße Hinter dem Schütting in der Nähe des Marktplatzes gefunden werden. Drei Jahre später, am 10. April 1963, eröffnete die BSAG

am Bahnhof Blumenthal (Ständer), Landrat-Christians-Straße 73, eine Filiale.

Im Jahr 1974 benötigte die Handelskammer die Räumlichkeiten in der City für den Eigenbedarf. Ersatzräume wurden in der nahen Langenstraße gefunden. Die BSAG-Betriebszeitung ›Die Haltestelle‹ berichtete unter der Überschrift ›Neue Wege im Kundendienst‹: ›Seit dem 1. Juli haben wir in der Langenstraße Nr. 12 ein neues Stadtbüro. [...] Es liegt nahe, in der Stadt einen neuen Kundendienst-Stützpunkt einzurichten, der sich als zeitgemäße Repräsentation des Unternehmens sehen lassen kann.‹ Die Räumlichkeiten fast genau gegenüber der Stadtwaage umfassten auf stolzen 360 Quadratmetern über drei Etagen den Fahrkartenverkauf, Aboservice und das Reisebüro im Erdgeschoss, im Keller das Fundbüro und im Obergeschoss interne Aufenthaltsmöglichkeiten. Als zusätzlichen Service konnten sich die Fahrgäste im neuen Stadtbüro Haltestellenfahrpläne vervielfältigen lassen und mitnehmen – ein häufig genannter Wunsch in einer Zeit, als an das Internet noch nicht zu denken war. Dafür wurde extra ein Kopiergerät angeschafft – damals eine sehr fortschrittliche Technik! Die Eröffnung des neuen Stadtbüros geschah übrigens zeitnah zur Umsetzung der ›Kleinen Verkehrskonzeption‹ ab Herbst 1974 und zu Zeiten erheblicher Nachfragesteigerungen. Das neue Kundenbüro mit seinem

Das Stadtbüro Langenstraße war ein langer Schlauch und so ungemütlich wie ein Großraumbüro eingerichtet.

1950–1986

verbesserten Service kam somit gerade rechtzeitig. Dennoch waren die Ansprüche damals noch vergleichsweise bescheiden: Die Räumlichkeit wirkte recht dunkel, war so nüchtern wie eine ungemütliches Großraumbüro eingerichtet und nur durch einen unauffälligen dunklen Seitengang zu erreichen. Der Standort Langenstraße bestand bis zur Eröffnung des Kundencenters Domsheide im Jahr 2002 und bot nach der Aufgabe des Reisedienstes Mitte 2001 nur noch den Aboservice.

Mehr als 350 Verkaufsstellen

Fahrkarten wurden aber nicht nur im Stadtbüro und in den rund 350 privaten Verkaufsstellen (Kiosken; Daten von 1983) mit sehr verschiedenen Angeboten vorverkauft, sondern auch in 14 betriebseigenen Stellen (Zahl von 1963; 1983: 13). Sie befanden sich entweder in den Gebäuden der Betriebshöfe, nämlich: Gröpelingen, Hohwisch (später Weserwehr), Horn, Buntentor (Huckelriede), Sebaldsbrück, Woltmershausen, Pappelstraße und Neue Vahr, als auch in der Wartehalle an der Haltestelle Hauptbahnhof sowie in winzigen Kabäuschen an einigen End- und Umsteige-Haltestellen: etwa in Grolland und

Das Stadtbüro Langenstraße gegenüber der Stadtwaage beherbergte einen Fahrkartenverkauf, das Fundbüro der BSAG und den BVG-Reisedienst. Der Eingang lag etwas versteckt. Das Gebäude existiert heute nicht mehr.

Nichts für Menschen mit Platzangst: Die erste Kartenverkaufsstelle Domsheide stand 1969 probeweise auf dem Bahnsteig in Richtung Hauptbahnhof.

Der erste betriebseigene Fahrkartenverkauf auf der Domsheide war dieser aus vier sogenannten Pilzen bestehende Pavillon mit integriertem Fahrgastunterstand von 1970 bis 1987.

1950 – 1986

später an der Domsheide (ab 1969). In Bremen-Nord standen die betriebseigenen Vorverkaufsstellen Rönnebeck (Betriebshof), später Blumenthal-Ständer und Blumenthal-Ermlandstraße, Landrat Christians-Straße und Vegesack (Busbahnhof) zur Verfügung. Die Kundinnen und Kunden mussten dort häufig vor dem Schalter im Freien stehen und hatten keinen direkten Kontakt zu den Mitarbeitenden. Sie waren durch eine Glasscheibe mit Sprechzelle getrennt. Der Austausch fand mithilfe eines Drehtellers statt, auf den der Fahrgast sein Fahrgeld legte. Dies war notwendig, um einen gewissen Schutz vor der bremischen Witterung zu bieten. Über den reinen Fahrkartenverkauf hinaus waren längere Gespräche und Beratungen nicht vorgesehen. So war es auch am Standort Domsheide: Auf dem in Richtung Hauptbahnhof gelegenen Straßenbahnsteig wurde Ende 1970 eine Baugruppe mit vier sogenannten ›Pilzen‹ eröffnet und bestand bis zum Umbau der Domsheide etwa 1987. In einem befand sich ein Verkaufs- und Infostand, in den drei weiteren Unterstellmöglichkeiten für wartende Fahrgäste. Die Baugruppe bestand aus viel Glas und Beton und entsprach dem damaligen Zeitgeschmack. Beim Fahrkartenkauf standen die Fahrgäste auch dort draußen. Bereits ein Jahr zuvor hatte die BSAG an der gleichen Stelle einen winzigen Verkaufsschalter erprobt, der von den Hannoverschen Verkehrsbetrieben entliehen worden war.

Mobilität mit neuem Schwung

Norderländer Straße

1986 Eine preisreduzierte Monatskarte sorgt für neuen Schwung im bremischen ÖPNV: die Bremer Karte.

Am 2. April 2013 wurde das Mobilitätsdrehkreuz am Bahnhof Mahndorf eingeweiht.

Es war eine spannende Zeit des mobilen Aufbruchs: die späten 80er Jahre. Die Folgen des beständig zunehmenden Autoverkehrs wurden für viele sichtbarer. Umweltverbände und Bürgerinitiativen forderten mit Nachdruck die Förderung von Bahnen und Bussen, des Fahrrads und des Gehens. Die Epoche großer Veränderungen startete zunächst mit einer ungewöhnlichen Monatskarte: Die übertragbare Bremer Karte und ein attraktives Marketing brachten ab dem Jahr 1986 neuen Schwung in die Verkehrspolitik. Sie verbesserten das Image der BSAG deutlich und rückten den Beitrag des ÖPNV zur Lösung der Verkehrs- und Umweltprobleme in den Vordergrund. Als Konsequenz beschloss Bremen 1990 das ÖPNV-Konzept. Es sah neben der Erneuerung des Fuhrparks unter anderem den Neubau der Linie 4 zunächst bis nach Borgfeld und die Anbindung der Universität (Linie 6) vor. Kurz darauf erschien die erste vollständig durchgehende Niederflurbahn und ab 1993 folgte die Serienlieferung der GT8N. Bereits im Jahr 1988 rollte die erste Flotte von Niederflurbussen durch

Bremens Straßen. Damit hatte Bremen im Bereich des technischen Fortschritts die Nase vorn und reagierte schon frühzeitig auf den demografischen Wandel. Für die Fahrgäste waren sie eine kleine Revolution: keine Treppen mehr beim Einsteigen, außerdem Lifte für Rollstuhlfahrende, was diesen die Nutzung öffentlicher Verkehrsmittel überhaupt erst ermöglichte. Mit der Beschaffung der Niederflurbahnen des Typs GT8N-1 ab dem Jahr 2005 neigte sich die Zeit der Hochflurwagen allmählich dem Ende zu. Mit der Hinwendung zum Kunden rückte der Service in den 1980er Jahren verstärkt in den Fokus. Bereits 1988 eröffnete die BSAG ihr erstes Kundencenter und setzte damit für den Verkauf und die Beratung neue Maßstäbe. Zur gleichen Zeit begann die Digitalisierung: Im Jahr 1998 ging die erste Homepage der BSAG online, und mit dem BOB-KONTO-TICKET setzten sich ab 2005 elektronische Fahrkarten durch. In der jüngeren Zeit waren der Schienenausbau bis zum Bahnhof Mahndorf (2013) und nach Lilienthal (2014) Meilensteine.

UNSERE STRASSENBAHN REIST DURCH EUROPA

Die vierachsigen Gelenkzüge der Firmen Hansa Waggonbau GmbH und Wegmann & Co. der Baujahre von 1959 bis 1977 prägten lange Zeit Bremens Straßenbild. Spätestens in den 1980er Jahren gab es aufgrund von demografischen Veränderungen immer mehr in ihrer Mobilität eingeschränkte Menschen, denen es schwerfiel, die hohen Wagenstufen der Straßenbahnen und Busse zu erklimmen. Für Fahrgäste mit Kinderwagen oder mit Gepäck war das Ein- und Aussteigen ebenfalls beschwerlich, und an die Mitnahme von Rollstühlen war gar nicht zu denken. Hinzu kam, dass sich viele Fahrgäste in den Anhängern unsicher fühlten, was zu ungleichen Besetzungen von Trieb- und Beiwagen führte. Insgesamt wirkten diese Faktoren als Hemmnis, um neue Kundengruppen zu gewinnen. Bei der dringend notwendigen Erneuerung des Fuhrparks war daher die Entwicklung eines Fahrzeugs sinnvoll, das als Niederflurbahn kein Treppensteigen mehr erforderte und zudem eine längere, durchgehende Einheit bildete, sodass sich die Fahrgäste besser über den Zug verteilen konnten.

Da ein derartiges Fahrzeug am Markt noch nicht zu haben war, entwickelte die BSAG in der zweiten Hälfte der 1980er Jahre gemeinsam mit der Firma MAN Gutehoffnungshütte AG (MAN GHH) und der Kiepe Elektrik GmbH einen Wagentyp mit deutlich niedrigerem Wagenboden, was eine voll-

ständige Neukonstruktion vieler Bauteile erforderte. Durch zusätzliche Wagenteile und somit längere Triebwagen sollten die einstigen Beiwagen überflüssig werden. Als Versuch für die zukünftigen längeren Niederflurtriebwagen wurden die Wegmann-Triebwagen Nr. 560 und 561 unter Verwendung des Beiwagens 758 in den Jahren 1989 beziehungsweise 1986 zum dreiteiligen Sechsachser umgebaut. Nach erfolgreichem Einsatz im Liniendienst gab die BSAG daraufhin den Niederflurtriebwagen 801 (später 3801) in Auftrag. Er trug die Typenbezeichnung GT6N. Das bedeutete sechsachsiger Gelenktriebwagen in Niederflurbauweise. Gefördert wurde das Projekt vom damaligen Bundes-

Zurück in Bremen: Die erste Niederflurbahn steht heute im Bremer Straßenbahn-Museum ›Das Depot‹.

*Die erste Niederflur-Straßenbahn
1992 auf der damaligen Linie 5 Flughafen–
Kulenkampffallee im Schüsselkorb.*

ministerium für Forschung und Technologie. Laut der Enzyklopädie Wikipedia berichtete das Straßenbahnmagazin 08/14: ›Der normalspurige Prototyp wurde 1989 von MAN/AEG für Bremen hergestellt. [...] Der bekannte Niederflurwagen vom Typ Bremen entstand in Ableitung des 1959 bei Hansa Waggonbau in Bremen entwickelten Gelenkwagens in mehreren Schritten. Ende der 1980er Jahre interessierten sich die Verkehrsbetriebe in Bremen und München für eine Weiterentwicklung des Gelenkwagens zu einem zeitgerechten Niederflurwagen. An Beiwagen hatte man kein Interesse mehr, da sie aus Sicherheitsgründen nicht beliebt sind.‹

Im Jahr 1989 fertigten MAN und Kiepe den Prototyp in Nürnberg. Folgende Innovationen werden in einer Broschüre hervorgehoben: Die Einstiegshöhe beträgt nur noch 300 mm. Breite Außenschwingtüren erleichtern mobilitätseingeschränkten Fahrgästen mit Kinderwagen oder Rollstühlen sowie älteren Passagieren den Einstieg. Das ansprechende äußere Design setzt sich im Inneren fort. Der einladende Fahrgastraum verfügt über bequeme Sitze und lässt durch große Fenster viel Licht einfallen. Das leise laufende Fahrwerk wird durch eine neu entwickelte elektrische Ausrüstung sanft beschleunigt. Für einen ruhigen Wagenlauf sorgen die Lagerung der Wagenkästen auf Vollgummifedern (Metalastik-Federn) sowie hydraulische Schwingungsdämpfer. Aufgrund des geringen Fahrzeuggewichts und der Rückspeisung der Bremsenergie in das Netz ist diese Technik energieeffizienter. Die Konstruktion ist zudem so ausgelegt, dass der GT6N als wartungsfreundlich angepriesen wird.

1990 Die BSAG hat die weltweit erste
zu 100 Prozent niederflurige
Straßenbahn mitentwickelt und
in Betrieb genommen.

1986–2014

›Weltpremiere bei der BSAG‹

Der erste Niederflur-Gelenk-Stadtbahn-wagen mit durchgehend niedrigem Wagen-boden: Am 9. Februar 1990 stellten die BSAG und die beteiligte Industrie den innovativen Wagen 801 in einer Feierstunde vor. Rund 350 geladene Gäste hatten die Gelegenheit, an der Weltpremiere teilzunehmen: Neben zahlreichen Presse-, Funk- und Fernsehteams waren Vertreter vieler europäischer Verkehrs-betriebe, Delegationen von Verbänden und Parteien anwesend, als um 12 Uhr in der Hauptwerkstatt der BSAG am Flughafen-damm die Veranstaltung mit mehreren kur-zen Redebeiträgen begann. Das ›Roll-Out‹ der 100 Prozent-Niederflurbahn erfolgte übrigens kurz nachdem die Bremische Bür-gerschaft das Konzept 89 zum Ausbau des Öffentlichen Personennahverkehrs (kurz

ÖPNV-Konzept 89) beschlossen hatte, also in einer Aufbruchsstimmung der Bremer Straßenbahn.

Die GT6N bewährte sich trotz der vie-len technischen Neuerungen sehr gut. Der Wagen erwies sich als recht robust, hatte jedoch einen Nachteil: Für die meisten Linien war das dreiteilige Fahrzeug zu klein, wes-halb es nach ersten Versuchsfahrten im März 1990 in der Regel nur auf der damaligen Linie 5 zwischen dem Flughafen und der Kulen-kampffallee zum Einsatz gelangte. Zudem bemängelten die an sich zufriedenen Fahr-gäste, dass sich viele Sitzbänke auf den als störend empfundenen Podesten befanden, die von ihnen erklommen werden mussten.

Viele Städte in Europa wurden auf den GT6N aufmerksam. Die Stadt München, in der die Trambahn ebenfalls eine Renaissance

Probefahrt der Bremer Niederflurbahn in Berlin im Jahr 1991.

erlebte, bestellte gleich drei Prototypen mit unterschiedlichen elektrischen Ausstattungen. Die Augsburger Straßenbahn nahm einen GT6M (der Buchstabe M steht für Meterspur) in Betrieb. Der Bremer GT6N war in vielen anderen Städten als Vorführwagen zu Gast und gilt als eine der am weitesten gereisten Straßenbahnen der Welt. Er wurde zwischen 1991 und 1993 zu Probefahrten in Bonn, Stockholm, Göteborg, Magdeburg, Berlin, Schwerin, Warschau, Krakau, Posen, Prag und Amsterdam eingesetzt. Die damalige Bausenatorin, Eva-Maria Lemke-Schulte, berichtete am 15. Oktober 1993: ›Der Prototyp der neuen Straßenbahn hat bundesweit für Aufsehen gesorgt. Immer dann, wenn er nicht in Bremen zu sehen war, war er irgendwo in der Bundesrepublik ausgestellt.

Technische Daten des GT6N Nr. 801

- Hersteller **MAN GHH, Nürnberg**
- Baujahr **1990**
- Ende des Linieneinsatzes **1998**
- Länge über Rammbügel **26.500 mm**
- Breite **2.300 mm**
- Gewicht **26,8 Tonnen**
- Sitzplätze **67**
- Stehplätze **103 (4 Personen/qm)**
- Motor **3 x ACEC**
- Leistung **3 x 84Kw**
- Fahr- und Bremssteuerung **Kiepe**
- Bremse **Schienenbremse 6 x 4,5 Tonnen, Generatorbremse, Federspeicherbremse**
- zulässige Höchstgeschwindigkeit **70 km/h**

Das war nicht nur für die beteiligten Firmen und die BSAG, sondern auch für Bremen eine gute Imagewerbung.‹

Während seiner Reisen kam es zu einigen besonderen Begebenheiten: In Magdeburg wollte eine ehemalige Straßenbahnfahrerin gern noch einmal in ihrem Leben mit der Elektrischen fahren. Sie kam jedoch die Stufen der dort vorhandenen Züge aus gesundheitlichen Gründen nicht mehr hinauf. Als sie von der Erprobung der Bremer Niederflurbahn hörte, wollte sie dabei sein und war sehr glücklich darüber, dass sie noch einmal in einer Straßenbahn durch ihre Stadt fahren konnte. Beim Einsatz in Warschau begleitete während des Einsatzes eigens ein Mitarbeiter die Fahrt, um die Fahrgäste darauf hinzuweisen, dass die Türen mit Lichtschranken ausgestattet waren. Bei den in Warschau eingesetzten Fahrzeugen gab es diese Technik noch nicht. Während der Vorbereitung der Verladung des GT6N von Stockholm nach Göteborg explodierte aufgrund der zu hohen Fahrspannung eine Sicherung. Da sich das Fahrzeug in einer Holzhalle befand, wurden die Rauchmelder ausgelöst, was einen Feuerwehreinsatz zur Folge hatte. Davon abgesehen ist glücklicherweise nichts passiert.

In Berlin und München kam es zu größeren Bestellungen von rund 150 beziehungsweise 70 dreiteiligen Fahrzeugen. Darüber hinaus wurden Dreiteiler für Nürnberg, Augsburg, Mainz, Zwickau, Frankfurt/Oder, Jena und Braunschweig sowie u. a. für die japanischen Städte Kumamoto und Toyama bestellt.

*Anlieferung der Münchener Niederflur-Prototypen zur
Aufarbeitung für die Stadt Norrköping in Bremen.*

1986–2014

Deutlich über 400 Stück in drei Spurbreiten (1.000 mm, 1.100 mm und 1.435 mm) wurden von dieser insgesamt erfolgreichen Baureihe gefertigt. Ein vierteiliges, weiterentwickeltes Nachfolgemodell kam mit fast 50 Exemplaren zu den Verkehrsbetrieben in München und Nürnberg, wurde jedoch von Bremen aufgrund der wirtschaftlichen Lage nicht mehr bestellt.

Münchener Trambahnen in Bremen zu Gast

Mit dem Beginn der Serienlieferung der vierteiligen GT8N ab 1993 fristete der weitgereiste Prototyp ein Schattendasein. Im Mai 1998 erhielt der Triebwagen 3801 eine Hauptuntersuchung und verkehrte Anfang Juni mit leicht modifiziertem Aussehen zu Test- und

Fahrschulzwecken noch einmal durch Bremen. Am Abend des 16. Juni 1998 verließ er die BSAG – neues Einsatzgebiet war die schwedische Stadt Norrköping. Ihm folgten die drei Münchener Prototypen, die teilweise in Bremen aufgearbeitet und erprobt wurden. So kam es, dass Herbert König, seinerzeit Leiter der Münchener Verkehrsbetriebe, am 1. September 1999 eine seiner Trambahnen im Münchener blau-weißen Design über den Bremer Marktplatz fahren durfte. Nach der Ausmusterung in Norrköping kam der Wagen 3801 am 12. Juni 2011 zurück nach Bremen und steht seither als betriebsunfähiges Ausstellungstück im Straßenbahn-Museum ›Das Depot‹. Ein wichtiges Stück Bremer Nahverkehrsgeschichte kann dort immer noch besichtigt werden.

DER AKTUELLE WAGENPARK

Der Wagenpark der BSAG besteht Mitte 2019 für die Schiene aus zwei Niederflur-Gelenktriebwagen-Typen: den 76 älteren GT8N der Baujahre 1993 bis 1996 und den 43 neueren Bombardier-Fahrzeugen des Typs GT8N-1 (Flexity Classic) der Baujahre 2005 bis 2012. Die Typen weisen große technische Unterschiede auf, so besteht der GT8N zum Beispiel aus vier Wagenteilen, hingegen hat der GT8N-1 drei Wagenteile bei ähnlicher Gesamtlänge. Die Breite der Wagenkästen beträgt 2,3 beziehungsweise 2,65 Meter. Der GT8N ist von vorne bis hinten vollständig niederflurig (100 Prozent), der GT8N-1 zu etwa 70 Prozent. Das neue ›Nordlicht‹ ist dagegen ein vierteiliges Fahrzeug und zu 100 Prozent niederflurig.

Hineingehen statt einsteigen

Ursprünglich war es vorgesehen, neben 61 vierteiligen GT8N noch 17 kürzere dreiteilige GT6N zu beschaffen. Um einen einheitlicheren Wagenpark zu erhalten, wurde die Bestellung in 78 Vierteiler geändert. ›Weitere 30 sollen folgen, wenn der Ausbau der Linien 4 nach Borgfeld und 6 zur Universität realisiert ist‹, hieß es in einer Pressemitteilung der BSAG vom 15. Oktober 1993. Diese geplante Bestellung entfiel jedoch später aus Kostengründen und es blieb bei 78 anstatt 108 Zügen. Zusammen mit 112 neuen Niederflurbussen, darunter 80 Gelenk- und 32 Zweiachser, galt die Bestellung mit einem Volumen von 396 Millionen D-Mark dennoch als das bis dahin größte Fahrzeugerneuerungsprogramm in der Geschichte der BSAG.

Bau einer GT8N in Nürnberg.

1993 Die Serienlieferung der vierteiligen Niederflur-Straßenbahnen vom Typ GT8N beginnt.

Anlieferung einer GT8N in Bremen.

Beim Roll-Out der Bahnen vom Typ GT8N am 15. Oktober 1993 wurden die gegenüber dem Prototyp durchgeführten Verbesserungen hervorgehoben. Das von der AEG und Kiepe weiterentwickelte Fahrzeug besteht aus vier Wagenteilen und bietet damit genauso viel Platz wie ein alter Hochflurzug. Der Fahrgastraum ist derart gestaltet, dass auf die als störend empfundenen Podeste ganz verzichtet wird. Nochmals verbessert wurden die Heizung und die Belüftung. Die elektrische Ausrüstung ist ebenfalls überarbeitet worden. Besonderen Wert hat die BSAG auf ein modernes Design außen wie innen gelegt. Der Wagen wirkte durch die ursprüngliche Lackierung, die auch die Farben der Bremer Speckflagge aufgriff, sehr gestreckt. Innen fallen unter anderem die bequemen Sitzbänke mit dem blauen Stoffbezug auf. Insgesamt wirken die Fahrzeuge noch heute sehr elegant und kompakt. Sie zeigen, dass sich durch ein gutes Design Vandalismusschäden vermeiden lassen. Die Presse berichtete anerkennend: ›Straßenbahn als Weltneuheit‹, ›Einstieg in Nahverkehr der Zukunft‹ und ›ICE-Komfort auf Bremer Schienen‹. Die neuen Wagen erhielten bald den Spitznamen ›Tieflader‹ und wurden seinerzeit mit: ›bequemer, größer, leiser‹ beworben. Über die zu einem späteren Zeitpunkt aufgetretenen technischen Schwierigkeiten mit diesem Wagentyp haben wir Ihnen in diesem Band bereits berichtet. Am 20. Dezember 1996 war das Fahrzeugerneuerungsprogramm mit der Lieferung des 78. GT8N zunächst abgeschlossen.

Freitag, der 16. März 2001

Vielleicht ist es Ihnen schon einmal aufgefallen: Bei den Niederflurbahnen GT8N werden trotz der Wagennummern 3001 bis 3078 nur 77 Fahrzeuge gelistet, davon einer (Nr. 3017) als Fahrschulwagen. Diese kleine Differenz ist jedoch kein Tippfehler, sondern hat eine besondere Geschichte: Sie ereignete sich am 16. März 2001, kurz vor dem Festakt zum 125. Firmenjubiläum. Unser Buch ›Bremen und seine Straßenbahn, Teil 1‹ kam an diesem Tag frisch aus der Druckerei auf meinen Schreibtisch. Zudem drehte ein Team von Radio Bremen eine Jubiläumsreportage über den Alltag bei der BSAG. Nach Feierabend traf ich die Reporter in der Linie 10 an. Mit Humor bemerkten die Journalisten, dass es an einem derart ruhigen Tag leider nicht viel zu berichten gäbe. Als ich etwas später zu Hause die Nachrichten einschaltete, wurde von einem Unfall der Linien 1 und 8 berichtet, der sich soeben – gegen 18:20 Uhr –

Die Niederflurbahn mit der Nr. 3067 ist etwa 1998 auf der Großbaustelle Hauptbahnhof unterwegs und bahnt sich ihren Weg.

Technische Daten der GT8N

- Anzahl **78 Fahrzeuge bei Lieferung, davon heute einer Fahrschulwagen (Nr. 3017)**
- Wagennummern **3001 bis 3078**
- Lieferung **1993 bis 1996**
- Länge **35.700 mm**
- Breite **2.300 mm**
- Höhe **3.300 mm**
- Kapazität **84 Sitzplätze, 129 Stehplätze**
- Leistung **4 x 84 kW**
- Hersteller **ADTRANZ und Kiepe**
- Ausstattung **Niederflurtechnik, Hublift**

auf der Brillkreuzung ereignet hatte. Diese ersten Bilder machten mich sehr betroffen, und ich habe sie bis heute nicht vergessen können. Der beteiligte GT8N Nr. 3067 wurde später als erste Niederflurbahn ausgemustert und verschrottet. Ein Wagenteil fand Verwendung in einer anderen beschädigten GT8N (Nr. 3071). Auch die betroffene ältere Hochflurbahn (Nr. 3522), die kurz zuvor als ›Timişoara‹ getauft worden war, kam anschließend nicht mehr zum Einsatz.

Geliefert wurde der ›Pechvogel‹ 3067 seinerzeit am 28. Juni 1996. Sein erster Einsatz war am 10. Juli 1996. Im März 1997 durfte der Wagen Gäste für den ersten Spatenstich zum Bau der Unibahn nach Riensberg befördern.

Ein ganz neues Fahrgefühl

›Neue Straßenbahnwagen für Bremen und umzu!‹ Nach der Jahrtausendwende mussten die aus den 1970er Jahren stammenden Wegmann-Züge ersetzt werden. Anfang Juni 2001 stimmte der Aufsichtsrat der BSAG dem Fahrzeugbeschaffungsprogramm zu. ›Insgesamt umfasst das Projekt 42 Fahrzeuge für die Ersatzbeschaffung. Wenn das Straßenbahnnetz in den kommenden Jahren erweitert wird, kann die Bestellung um weitere Fahrzeuge aufgestockt werden‹ berichtete die BSAG am 8. Juni des Jahres. Aus finanziellen Gründen wurden am 19. Dezember 2002 zunächst aber nur 20 Stück bestellt. Zudem bestand die Option auf 23 weitere, darunter 14 Stück als Ersatzbeschaffung und neun für Neubaustrecken. Die Bestellung der 14 Fahrzeuge wurde am 24. Juli 2007 verkündet, die verbleibende Option über neun Bahnen am 30. Januar 2009 eingelöst, sodass heute 43 Wagen der Baureihe vorhanden sind.

›Breit, leise, komfortabel‹ – über 7.000 Fahrgäste ließen sich am Nikolaustag, dem 6. Dezember 2005, die erste Probefahrt des Typs Flexity Classic der Firma Bombardier durch die Innenstadt nicht entgehen. Eine wichtige Neuerung der Züge mit der offiziellen Bremer Bezeichnung GT8N-1 besteht

darin, dass sie mit 2,65 Metern deutlich breiter als die bisherigen Bahnen (2,3 Meter) sind. Somit bieten sie mehr Platz und passen besser zum Mischbetrieb auf Strecken mit Eisenbahnzügen, denn deren Wagenkastenbreite beträgt über 2,8 Meter.

Der Geschäftsbericht 2005 hebt die Vorteile der damals auf dem Marktplatz vorgestellten neuen Wagen hervor: ›Die Züge der Gattung GT8N-1 bewähren sich im Alltagsbetrieb auf der Linie 6. [...] Die Neulinge ersetzen nach und nach alte Hochflurzüge, die teilweise über 30 Jahre im Einsatz sind. Bei der Beschaffung der neuen Züge hat die BSAG auf einen Fahrzeug-Grundtyp zurückgegriffen, der sich in anderen Städten seit mehreren Jahren bewährt hat. Gemeinsam mit den Firmen Bombardier Transportation als Waggonbauer und Vossloh Kiepe als Lieferant der elektrischen Ausrüstung wurden die Bahnen auf die bremischen Verhältnisse zugeschnitten. Dabei konnten zahlreiche Kundenwünsche berücksichtigt werden, die sich in Fahrgastbefragungen als besonders wichtig herausgestellt hatten. Das Ergebnis ist ein sehr geräumiges Niederflurfahrzeug mit rund 20 zusätzlichen Sitzplätzen gegenüber dem Vorgänger-Modell, viel Platz für Gepäck und mehr Beinfreiheit. Die erste der insgesamt fünf Türen verfügt über einen Hublift, wie das in Bremen üblich ist. Verbesserte Fahrwerke sorgen für einen ruhigen, komfortablen Lauf.‹ Bei der Innenraumgestaltung gingen BSAG und Hersteller schon zu einem sehr frühen Zeitpunkt auf die Kundenwünsche ein. An einem Holzmodell in

2005 | Roll-Out der zweiten Niederflur-
Straßenbahnwagengeneration.

Roll-Out der GT8N-1 im Jahr 2005.

Originalgröße wurden sowohl von einer Gruppe mobilitätseingeschränkter Fahrgäste als auch durch das Leserforum einer bremischen Zeitung viele Ausstattungsdetails ausprobiert, verworfen, verbessert, schließlich ausgewählt und in die Serie eingebaut. Einige Beispiele dafür: Die Bahnen verfügen über leistungsfähige Lüftungsanlagen, die im Sommer für angenehm kühle Temperaturen sorgen. Um Aufheizung durch Sonneneinstrahlung zu vermeiden, sind die Scheiben der Fenster getönt. Möglichst viele Sitze sind in Fahrtrichtung ausgerichtet. Nur über den Radkästen sind diese konstruktionsbedingt gegenüberliegend angeordnet. Es gibt viel Platz für Fahrgäste mit Rollstühlen, Kinderwagen, Rollatoren, Gepäckstücken und Fahrrädern. Unterhalb etlicher Sitzbänke kann

Gepäck verstaut werden. In den Einstiegsbereichen verfügen die Bahnen über komfortable Klappsitze, die je nach Bedarf zum Sitzen oder hochgeklappt als Stauraum benutzt werden können. Der Fahrgastraum der neuen Bahnen wird per Video überwacht. Es gibt genügend Festhaltemöglichkeiten. Der Fahrer kann zudem auf einen Video-Rückspiegel und eine Beobachtungskamera für den Hublift zurückgreifen. Die Fahrerstand-Rückwand ist voll verglast, so haben die Fahrgäste einen ungehinderten Ausblick auf die Strecke. Gleichzeitig ermöglicht dies dem Fahrer Blickkontakt in den Fahrgastraum.

Eine ganz wichtige Rolle bei der Beschaffung der neuen Niederflurzüge spielten die Wirtschaftlichkeit und der Umweltschutz. Das begann bereits mit der Entscheidung

1986–2014

für ein Typenfahrzeug, bei dem ein Modul-system mit bewährten und erprobten Komponenten zum Einsatz kommt. Die neuen Bahnen sind die Weiterentwicklung einer Fahrzeugfamilie, wie sie unter anderem in Kassel, Schwerin und Essen eingesetzt wird. Ersatzteile müssen nicht mehr extra angefertigt werden, wie dies zuletzt bei den alten Hochflurzügen der Fall war. Auch die Wartung wird kostengünstiger, da alle Baugruppen gut zugänglich sind. Energie spart die neue Bremstechnik: Beim Bremsen wird Strom erzeugt und ins Netz zurückgespeist. Am 6. Dezember 2012 wurde der jüngste GT8N-1 mit der Nummer 3143 präsentiert. Damit war die Flotte komplett.

Technische Daten des GT8N-1

- Anzahl **43 Fahrzeuge**
- Wagennummern **3101 bis 3143**
- Lieferung **Ende 2005 bis Ende 2012 in drei Losen**
- Länge **35.400 mm**
- Breite **2.650 mm**
- Höhe **36.500 mm**
- Kapazität **102 Sitzplätze (inkl. 3 Klappsitze), 137 Stehplätze**
- Leistung **4 x 125 kW**
- Hersteller **Bombardier Transportation und Vossloh Kiepe**
- Ausstattung **Niederflurtechnik, Hublift**

So geräumig ist die ›Neue‹.

›Die Neue und der Klaben‹

Einige Anekdoten können rund um die GT8N-1-Bahnen erzählt werden: Am 6. Dezember 2005 wurde die Premiere in der Innenstadt gefeiert. Am Dom konnten Fahrgäste zu einer Rundfahrt in den ersten beiden neuen Zügen einsteigen. Die BSAG präsentierte sich zudem mit Informationen und Überraschungen in der ›Glocke‹. Ein Höhepunkt des Festakts: Im Foyer der Konzerthalle schnitten der damalige Bürgermeister Jens Böhrnsen und BSAG-Vorstand Georg Drechsler einen Riesenklaben an, der etwa die Länge der neuen Bahn – 35,4 Meter – hatte. Er gilt als der längste Bremer Klaben (ein stollenähnliches Adventsgebäck) und war von einer Bremer Konditorei geliefert worden. Anschließend konnten die Bremerinnen und

Bremer Stücke davon erwerben und mit dem Erlös für die gemeinnützige Bremer Tafel spenden. Mittags übergab der BSAG-Vorstand Bremens Bürgermeister den symbolischen Schlüssel für die neue Straßenbahn auf dem Marktplatz.

44 Tonnen Stahl: Im Pflichtenheft der BSAG sollten interessierte Lieferanten neben vielen anderen Werten auch einen zur Windfestigkeit beziffern. Die Hersteller bescheinigten dem GT8N-1 eine Standfestigkeit bis Windstärke 12 mit Böen.

Die bisher weiteste Strecke legte im Juni 2010 der Wagen mit der Nummer 3114 zurück: Er stand für einen Tag auf dem Jungfernstieg in Hamburg. Anlass war der autofreie Sonntag in Hamburg – und ein inzwischen nicht weiter verfolgtes Projekt für die

Dieser Riesenklaben mit einem Marzipankopf hatte die Länge der neuen Niederflurbahn und wurde zu deren Vorstellung in der Bremer Glocke im Jahr 2005 verkauft.

Die buten un binnen-Bahn 2017 vor dem Start.

1986–2014

Wiedereinführung der Straßenbahn in unserer Nachbarstadt. Der bekannteste Wagen ist die Nummer 3129 und trägt eine Radio Bremen-Werbung: Das Fernsehmagazin buten un binnen zeichnet seit dem 11. April 2015 während einer Fahrt als Linie 6 in ihm Sendungen auf. Die Reihe begann mit einer ganz besonderen Folge zur Bürgerschaftswahl und trug den Titel ›Eine Straßenbahn, sechs Politiker und 29 Minuten Sendezeit‹. Dieser besonderen Sendung zur Wahl folgten bis heute viele weitere Einsätze, etwa zu den Themen Raumfahrt, Urlaub, Wandel der Arbeitswelt oder Jahresrückblick.

Im Jahr 2009 wählte ein Fasan die Linie 6 als Beförderungsmittel für die Fahrt von der Uni bis zu den Wiesen an der Endhaltestelle. Mehrere Fahrgäste berichteten davon. Als das Fernsehen davon erfuhr, legte es sich tagelang auf die Lauer. Der schwarzfahrende Hühnervogel ließ sich jedoch nicht mehr blicken. Ob er eine ältere Niederflurbahn oder die GT8N-1 bevorzugte, ist nicht überliefert.

WELTNEUHEIT IN BREMEN –
UND EINE SACKGASSE

Manche Bahnen und Busse sind ihrer Zeit weit voraus. Doch taugen die Ideen der Ingenieure auch für den Alltagsbetrieb? Diese Frage klärt die BSAG, indem sie die neuesten Fahrzeuge schon erprobt, bevor sie in Serie gehen. Bereits in unserem ersten Band berichteten wir über den Test mit einem seinerzeit innovativen Hybrid-Gelenkbus im Jahr 1997 vorrangig auf der Linie 26. Bei diesem dieselelektrisch angetriebenen und dreiachsigen Bus des Herstellers Auwärter (Neoplan) wurde die Bewegungsenergie beim Bremsen in einem Schwungradspeicher zwischengelagert und beim Anfahren dazu verwendet Dieselkraftstoff einzusparen. Die Schwungradspeicherung ist eine Methode der mechanischen Energiespeicherung, bei der ein Schwungrad (bei diesem Bus mit einem Gewicht von 80 kg) auf eine hohe Drehzahl beschleunigt (bei unserem Wagen auf 12.000 Umdrehungen pro Minute) und Energie als Rotationsenergie gespeichert wird. Sie wird zurückgewonnen, indem der Rotor induktiv an einen elektrischen Generator gekoppelt und dadurch abgebremst wird (Quelle: Wikipedia.de). Die Ziele der Technik waren: ruckfreies Fahren wie bei einer Straßenbahn, abgas- und lärmarmer Betrieb, geringerer Kraftstoffverbrauch und Wartungsarmut. Am 5. Juli 1999 folgte ein zweiachsiger Hybridbus des gleichen Herstellers mit einer neuartigen Hochleistungsbatterie als

Einer der ersten dieselelektrischen Busse im Einsatz auf der Linie 26 am Hauptbahnhof 1997.

Speicher, der vorrangig auf den Linien 52 und 55 eingesetzt wurde. Auch er verfügte über Elektromotoren direkt an den Rädern, die von einem Dieselmotor im Heck des Fahrzeugs mit Energie versorgt wurden. Beim Bremsen luden die Nickel-Metall-Hybrid-Batterien und nutzten anschließend diesen Vorrat wieder für den Antrieb. Im Laufe der Jahre erprobte die BSAG weitere dieselelektrische Busse verschiedener Hersteller mit unterschiedlichen Techniken, zuletzt im Jahr 2011. Der Dieselmotor diente zum Teil ausschließlich der Stromerzeugung und nicht dem Antrieb des Fahrzeugs.

Um es ehrlich zu sagen: Die Einsparungen standen in keinem vernünftigen Verhältnis zu den Mehrkosten der Technik. So entstand der Wunsch nach rein elektrischen Bussen.

1992 Depotpremiere in Gröpelingen –
Eröffnung der heutigen Anlage.

1986–2014

WERKSTÄTTEN
FIT FÜR NIEDERFLUR

Die neuen Niederflurbahnen erforderten Investitionen in die Werkstätten. Denn bei ihnen befindet sich ein Großteil der Technik aus Platzgründen nicht mehr unter dem Wagenboden, sondern auf dem Dach. Anstelle der alten Wagengruben wurden daher Dacharbeitsstände benötigt. ›Für die neuen Niederflurfahrzeuge müssen, bedingt durch die Größe und Bauart der Fahrzeuge, neue Instandhaltungsmöglichkeiten geschaffen werden. Diese machen einen Anbau an die Hauptwerkstatt mit vier Gleissträngen erforderlich. Bis Ende 1994 war der Rohbau fertig‹, beschrieb der Geschäftsbericht von 1994 die Situation. Im April 1995 erfolgte die Inbetriebnahme. Als erste Werkstatt wurde ab 1993 die Gröpelinger umgebaut und die Mitarbeitenden auf die neuen Fahrzeuge mit ihrer fortschrittlichen Technik geschult. Im Jahr 1994 folgte der Betriebshof Neustadt, sodass zum Winterfahrplan 1994/95 die Linien 5 und 6 damit ausgestattet werden konnten. Im gleichen Jahr nahm die BSAG auch die neue Radsatzbearbeitungsmaschine in Betrieb. Ein Jahr später folgte als Letzter der Betriebshof Neue Vahr, und die neuen GT8N kamen fortan auch auf der Linie 1 zum Einsatz. Damit war der Einsatz der neuen Fahrzeuggeneration im gesamten Straßenbahnnetz möglich.

Depotpremiere in Gröpelingen

Im Rahmen des ÖPNV-Konzepts 89 beabsichtigten die Stadt Bremen und die BSAG, die stark genutzte Linie 2 zur Modellstrecke für die Modernisierung des Bremer Straßenbahnnetzes zu machen. Dazu zählten unter anderem bessere Ampelschaltungen, eigene Fahrspuren zunächst durch Schraffierungen, später Hochlegungen, modernisierte Haltestellen und Umsteigeanlagen. Außerdem sollten die neuen Niederflurbahnen vom Typ GT8N zunächst zwischen Gröpelingen und Sebaldsbrück zum Einsatz kommen. Für diese Fahrzeuge mussten die vorhandenen Werkstätten in Gröpelingen wie auch in Sebaldsbrück umgestaltet und das Personal

Moderne Werkstätten in der Neustadt mit Dacharbeitsständen für Niederflurfahrzeuge.

auf die neue Fahrzeuggeneration und deren Technik geschult werden. Ein neues Umfahrungsgleis in Gröpelingen ermöglichte es, die Halle von den gewarteten Wagen vorwärts zu verlassen. Ein Bestandteil des Konzepts war außerdem, die Umsteigeanlage zu verbessern und ihr ein moderneres Äußeres zu verpassen. Auch der Ankunftsbahnsteig sollte nun eine Überdachung erhalten. Als weitere Maßnahme war eine neue Einfädelung der Linien 2, 3 und 10 vorgesehen, die im Zusammenhang mit dem Bau der Hafenrandstraße notwendig geworden war. Im August 1991 begann der Umbau. Im November 1992 weihte die BSAG die neue Anlage in Gröpelingen mit einer Depotpremiere ein. Ein weiteres Jahr später erhielt Gröpelingen als erster Betriebshof die neuen Niederflur-

wagen. Eine weitere Neuerung erfolgte 1997: Im Rahmen des Geschäftsstellenmodells welches den Mitarbeitenden vor Ort mehr Kompetenzen einräumte, wurde der Fahrkartenverkauf im Dienstgebäude an der Gröpelinger Heerstraße modernisiert und zu einem Kundencenter umgestaltet. Nach dessen Schließung 2011 beherbergten die Räumlichkeiten bis Anfang 2019 das Fundbüro der BSAG. Im gleichen Jahr gab es beim Busnetz größere Veränderungen: Im Frühjahr 2011 ging die neue und recht erfolgreiche Quartierbuslinie 82 an den Start. Ende 2011 erneuerte die BSAG zudem das Busnetz in Bremen-Nord. Fortan bedienten die 80er- und die neuen 90er-Linien den traditionsreichen Betriebshof in Gröpelingen. Größere Veränderungen gab es seitdem nicht mehr.

DIE NEUE LINIE 4 VERBINDET LÄNDER

In den 1960er Jahren waren für den Stadtteil Horn-Lehe große Veränderungen geplant: Auf dem Leher Feld – im Bereich der Kopernikusstraße – entstand ein großes Neubaugebiet. Im Jahr 1971 wurde die Bremer Universität gegründet und später der Technologiepark gebaut. Sie benötigten einen leistungsfähigen Nahverkehrsanschluss. Damit nicht genug: Im Hollerland sollte mit der Hollerstadt, ähnlich wie in Osterholz-Tenever, eine weitere neue Trabantenstadt entstehen. Da die Straßenbahnlinie 6 ab 1976 bis nach Huchting zum Roland-Center verlängert wurde und ein weiterer Ausbau bis zum Ortsteil Sodenmatt im Gespräch war, lag es nahe, diese Zukunftsprojekte am anderen Ende Bremens ebenfalls mit der 6 zu erschließen. Dabei dachte man an eine Verlängerung von ihrer damaligen Endstelle am Riensberger Friedhof über die Universität bis zum Lehester Deich im Stadtteil Horn-Lehe.

Zunächst einmal geschah jedoch nichts. Die Planungen für die Hollerstadt wurden fallen gelassen, die Universität hingegen florierte und wurde durch mehrere Buslinien von der Kulenkampffallee erschlossen. Zu den Neubaugebieten im Leher Feld fuhren die Buslinien 30 und 31 und sorgten in der Innenstadt für ein hohes Verkehrsaufkommen. Die Straßenbahnlinie 4 gab es seit dem Jahr 1972 nicht mehr.

Gegen Ende der 1980er Jahre kam neuer Schwung in die Bremer Verkehrspolitik. Viele gesellschaftliche Kräfte forderten aus umweltpolitischen oder sozialen Gründen den Ausbau der Bus- und Bahnangebote.

Die Domsheide bis 1998: Anstelle der Linie 4 endeten dort vier Buslinien und sorgten für viel Verkehr.

So entstand im Jahr 1989 das Konzept zum Ausbau des Öffentlichen Personennahverkehrs (ÖPNV-Konzept 89) und wurde Anfang 1990 in der Bremischen Bürgerschaft beschlossen. In den Stadtteilbeiräten wurde nicht nur weitgehend Zustimmung erzielt, sondern sie forderten oft sogar weitergehende Maßnahmen. ›Zentrales Anliegen der bremischen Verkehrspolitik ist die Entwicklung eines Gesamtverkehrssystems, bei dem die Wohnqualität und städtebauliche Substanz erhalten und verbessert, die Umwelt durch Verminderung von Abgasen, Lärm und Flächenverbrauch geschont, und die unterschiedlichen Verkehrsmittel sinnvoll und wirtschaftlich eingesetzt werden können‹, hieß es in einer Pressemitteilung der BSAG vom 17. Februar 1994 zum vorgeschlagenen Straßenbahn-Zielnetz.

Erster Schritt bis nach Horn-Lehe

Für das Konzept wurde vorab untersucht, wie die Universität, der Technologiepark, die Neubaugebiete im Leher Feld und die geplanten Siedlungen in Borgfeld am besten erschlossen werden könnten. Angedacht waren zum Beispiel Verlängerungen der Linie 5 von der Kulenkampffallee bis zur Uni und der Linie 6 ab Riensberg in Richtung Borgfeld. Es zeigte sich jedoch, dass eine Verlängerung der Linie 6 von Riensberg bis zur Universität sowie der Neubau der Linie 4 über den Heerstraßenzug bis Horn und dann weiter über die Lilienthaler Heerstraße bis nach Borgfeld die Lösung mit der besten Erschließungswirkung darstellte. Nur sie

ermöglichte es, auf die Buslinien 30, 31 und 33/34 in diesem Bereich zu verzichten und somit die Innenstadt verkehrszuberuhigen. Das sparte nicht nur Busse und Fahrpersonal, war also besonders wirtschaftlich, sondern entlastete auch die Umwelt. Denn der sehr dichte Verkehr der genannten Verbindungen vor allem im Innenstadtbereich und an der Endstelle Domsheide schuf manche Probleme. Ein bundeseinheitliches Verfahren – die sogenannte Standardisierte Bewertung – ergab für den Neubau der Linie 4 einen sehr hohen Wert von 1,81. Das bedeutet: Der volkswirtschaftliche Nutzen des Projektes war etwa doppelt so hoch wie die Kosten. Das sehr gute Ergebnis erfüllte die Voraussetzung zur Gewährung von Bundesmitteln nach dem Gemeindeverkehrsfinanzierungsgesetz (GVFG). Insgesamt rund 37.000 Menschen sollten eine Straßenbahnverbindung nach Lilienthal erhalten plus weitere in geplanten Neubaugebieten. Die drei Bauabschnitte wurden mit 3,42 (Horn-Lehe), 3,5 (Borgfeld) und 5,5 (Lilienthal) Kilometern Länge angegeben.

Nach dem Bürgerschaftsbeschluss zum ÖPNV-Konzept gab es in der Öffentlichkeit große Zustimmung, aber auch Kritik vor allem für die Wiedereinführung der Linie 4. ›Das Grauen heißt Linie 4‹, ›Sabotage an der City‹ oder ›Der große Jammer‹ lauteten die Titel von emotional gehaltenen Leserbriefen aus dem Jahr 1996. Anstatt zu verbinden, entzweite die Straßenbahn die Gemüter. Da die Linie 4 mit dem Ziel einer zügigen und pünktlichen Fahrt auf hochgelegtem Bahn-

Vorstellung der Planung für die Linie 4 im Jahr 1991.
Von links: BSAG-Vorstandsvorsitzender Wilhelm Peters, Bausenator
Konrad Kunick, Technischer Vorstand der BSAG, Dr. Herbert Felz.

1986–2014

körper gebaut werden sollte, bemängelten viele Autofahrerinnen und -fahrer die Einschränkungen für den Individualverkehr und befürchteten ein Verkehrschaos. Insbesondere die Kaufleute in Lehe sorgten sich um Umsatzeinbußen durch den Fortfall von Parkraum. Nach langen Diskussionen und politischen Machtwechseln entschloss sich die damalige Große Koalition Anfang 1996 mit dem Bau der Linie 4 zunächst bis zur Horner Mühle, also dem Ersten Bauabschnitt, zu beginnen. Von der Strecke waren der Abschnitt bis zur Horner Kirche (vier Haltestellen) ein Wiederaufbau der alten Linie 4 und von dort bis zur Horner Mühle (zwei Haltestellen) ein echter Neubau.

Am 23. September 1996 erfolgte an der Kirchbachstraße der erste Spatenstich durch den damaligen Bremer Bürgermeister Dr. Henning Scherf. Insbesondere er hatte sich in der Großen Koalition für den Bau der Linie 4 starkgemacht, während die CDU eine Verlängerung der Linie 6 bevorzugte. Der Verkehr über die Schwachhauser Heerstraße war fortan nur noch stadteinwärts möglich. Stadtauswärts wurde er weiträumig umgeleitet. Für die Abwicklung der kompletten Baumaßnahme, also der Gleis-, Straßen-, Kanal-, Leitungsarbeiten, usw. hatte die BSAG extra eine Tochtergesellschaft gegründet, die Consult Team Bremen GmbH (CTB). Damit war auch eine neue Baustellenkultur verbunden:

*Bürgermeister Dr. Henning Scherf
enthüllt 1996 das Baustellenschild.*

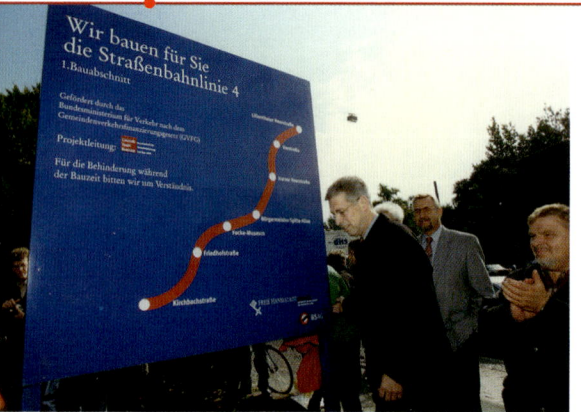

Die CTB informierte die Bevölkerung während der Bauphase intensiv mit Hauswurfsendungen, und die BSAG veröffentlichte Zeitungsbeilagen (Journale) und Pressemitteilungen. Das Internet als Informationsplattform war seinerzeit kaum bekannt und hatte für das Projekt keine Bedeutung. Die Anlaufstelle für die Bevölkerung war ein Baubüro (›Teehaus‹) an der Marcusallee. Außerdem wurde der Bauablauf mit modernsten technischen Verfahren beschleunigt. Zaungäste waren willkommen. Powerbaustellen, bei denen über ein Wochenende rund um die Uhr gearbeitet wurde, flossen ebenfalls in die Bauausführung ein und sind heute nahezu eine Selbstverständlichkeit geworden. Die sehr zügige Arbeit kam in den Medien an. Einige Zeitungsüberschriften jener Tage waren: ›Pausenloser Einsatz‹, ›Linie 4 – die schnellste Baustelle der Stadt‹, ›Große Buddelei mit Information und Brötchen‹ und ›Großbaustellen in Schwachhausen – Gleisarbeiten laufen mit Hochdruck!‹. Eine Schlagzeile in der Zeitung lautete anerkennend:

›ADAC: Keine großen Staus durch Baustelle für Linie 4‹.

Am 6. November 1996 verlegten die Kolonnen an der Bürgermeister-Spitta-Allee die ersten Schienen. Der Bau unter Verkehr und der moorige Untergrund erleichterten die Arbeit nicht. In der Schwachhauser Heerstraße, die seinerzeit einer Schlaglochpiste glich, wurden bei den Bauarbeiten die teilweise noch vorhandenen, aber technisch unbrauchbaren Schienen der alten Linie 4 gleich mit entfernt. Als spektakulärste Großaktion des Projekts kann man den Anschluss der neuen Strecke an die Gleise der Linie 1 an der Kreuzung Schwachhauser Heerstraße/Kirchbachstraße ansehen. Am Wochenende des 5./6. April 1997 wurden die Gleise der 1 auf 370 Meter Länge komplett herausgerissen, der Bereich ausgekoffert, eine Betontragplatte gegossen, neue Gleise verlegt, ausgerichtet, verschweißt und darüber hinaus die Oberleitung gespannt, sodass die Straßenbahn am Montag darauf wieder in die Vahr rollen konnte. Eingebaut wurden auch die Abzweige für die Linie 4 und die Verbindungsstrecke in der Kleinen Kirchbachstraße, sodass Fahrten vom und zum Betriebshof Neue Vahr möglich wurden. Ab dem 2. Juni 1997 wurde mit den Arbeiten am Leher Kreisel für die geplante Wendeschleife begonnen – also dort, wo nie zuvor Straßenbahnen gefahren waren. Bereits am 14. September 1997 konnte die Schwachhauser Heerstraße in beiden Richtungen fertiggestellt werden. Der Individualverkehr und die 30er-Busse verkehrten ab sofort wieder über

die normale Streckenführung. Der grunderneuerte Straßenzug machte auch optisch einen hervorragenden Eindruck. Ende September 1997 wurden in einer Wochenend-Großaktion die Fahrbahnen am Leher Kreisel fertiggestellt, und vom 28. November bis zum 1. Dezember 1997 stand das nächste Großereignis an: die 60-Stunden-Powerbaustelle an der Bürgermeister-Spitta-Allee. Hierfür wurde der Betonunterbau bereits im Werk vorgefertigt und mittels Schwerlastkran eingeschwebt.

Nachdem kurz vor Weihnachten der Planänderungsbeschluss (Baugenehmigung) für den Abschnitt in der Leher Heerstraße erlassen wurde, konnte die CTB ab dem 5. Januar 1998 auch hier die Arbeiten aufnehmen. Die Maßnahmen wurden mit einer

Werbekampagne begleitet. ›Horn ist offen‹ und ›Es bahnt sich was an‹ lauteten deren Aussagen. Mitte April 1998 fuhr erstmals ein Straßenbahnwagen aus eigener Kraft auf der Strecke. Am 23. Mai 1998 folgte dann die feierliche Eröffnung zeitgleich mit der Freigabe der neuen Flughafenbahn und am 24. Mai 1998 ging das ›Neue Netz‹ in die Praxis. Das bedeutete, dass die Linie 4 wieder ihre angestammte Strecke durch das Buntentor übernahm und zwischen Arsten und Horn-Lehe auf 13,6 Kilometern Streckenlänge pendelte. Die ursprünglich erst für Anfang 1999 geplante Eröffnung konnte also um über ein halbes Jahr vorgezogen werden – das stolze Ergebnis einer engagiert durchgeführten Baumaßnahme! Dabei wurden für 3,42 Kilometer neue Streckenlänge etwa 6.900 Meter

Die erste Gleisverlegung an der Bürgermeister-Spitta-Allee war am 6. November 1996.

1998 Eröffnung des Neuen Netzes mit den Linien 1, 4, 5, 6 und 8.

Eröffnung der neuen Linie 4 im Jahr 1998.

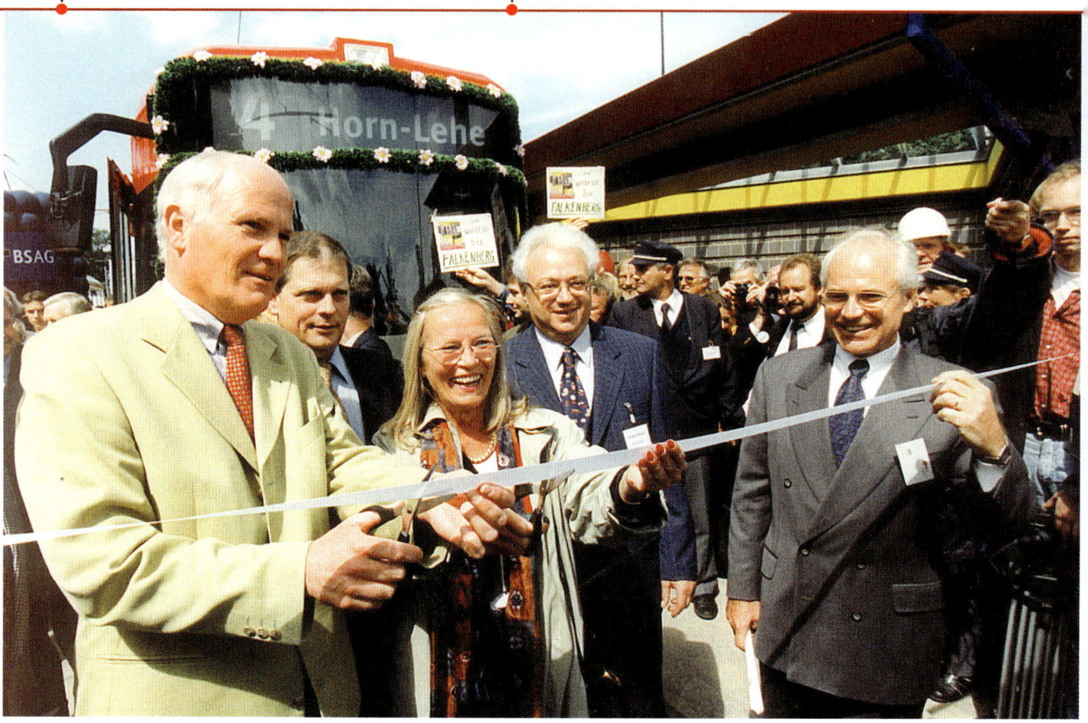

Gleise, 100.000 kg Stahl, 5.400 m³ gegossener Beton sowie etwa 19.000 m³ Gussasphalt verbaut – eine stolze Bilanz!

Am 3. März 1997 fand der erste Spatenstich für die Anbindung der Universität statt und in der Bremer Neustadt wurde an der direkten, bis vor die Eingangshalle führenden Flughafenbahn mit Erschließung der neuen Airportstadt bereits gebaut. Die Feierlichkeiten zu den Eröffnungen gab es zusammen mit der Inbetriebnahme der neuen Technologielinie 6 am 23. Mai 1998 (Flughafen) und ab dem 10. Oktober 1998 fuhr die neue 6 auch bis zur Universität. Damit verband sie zwei Zukunftsbereiche Bremens miteinander.

Weiter hinaus in Arsten

Um ein neues Wohngebiet mit geplanten 2.000 Wohnungen und die Bezirkssportanlage zu erschließen, wurde am 14. September 1998 mit den Arbeiten für die 700 Meter lange Erweiterung der Straßenbahnlinie 4 an ihrem anderen Ende begonnen – nämlich um zwei Haltestellen in Arsten-Südwest. Die Bauarbeiten kamen so gut voran, dass die ersten Gleise am 22. Oktober verlegt wurden und die kurze Neubaustrecke bereits Anfang Dezember 1998 in die Praxis ging. Als schwierig erwies sich der Anschluss der Strecke an die vorhandene Trasse. Dazu musste an einem Wochenende die alte Wendeschleife stillgelegt und abgebaut werden.

2002 Die Linie 4 wird bis nach Borgfeld verlängert.

Ausgerechnet nachdem dies geschah, setzte ein heftiges Schneetreiben bei klirrender Kälte ein. Da die Ersatzbusse am darauf folgenden Montag den Fahrgastansturm kaum hätten bewältigen können, mussten die Bauarbeiten dennoch weitergehen. Die Baumaterialien wurden mit dem Schneidbrenner aufgetaut. Darüber hinaus gab es noch viele andere Schwierigkeiten. Zu allem Überfluss entgleiste in der Nacht auf den Montag in den Schneemassen auch noch der Schneepflug. ›Die Linie 4 kommt um 4‹: Allen Widrigkeiten zum Trotz war die Strecke soweit betriebsfähig, dass die Bahn am Montagmorgen, dem 7. Dezember, um 4 Uhr behelfsmäßig rollen konnte – gerade rechtzeitig zum Berufsverkehr. Der damalige Bausenator Dr. Bernt Schulte gab die Fahrt frei. Die Bürgerinnen und Bürger erhielten ein Frühstück und wurden mit Sambamusik unterhalten.

Das grüne Band nach Borgfeld

Die Linie 4 rollte bereits seit einiger Zeit bis nach Horn-Lehe, doch um die Verlängerung bis nach Borgfeld wurde auch dieses Mal gerungen, führte doch ihre geplante Strecke über die stark befahrene Lilienthaler Heerstraße – oder wie der Volksmund sagt: über den ›Langen Jammer‹. Einige Anwohnerinnen und Anwohner forderten die sogenannte Hollerlandtrasse – eine Entlastungsstraße quer durch das Hollerland. Diskussionen gab es auch um den gewünschten Erhalt des wertvollen alten Eichenbestandes. Ferner gab es Befürchtungen, dass die Linie

4 als ›Geisterbahn‹ unterwegs sein würde, weil es nicht genug Fahrgäste gäbe, denn der Stadtteil Borgfeld war seinerzeit noch etwas dörflich geprägt. Einige Schlagzeilen aus jener Zeit lauteten: ›Scherf: Linie 4 darf kein Torso werden‹, ›Wieder Krach um die Linie 4?‹, ›Bald Kahler Jammer?‹ und ›Auf Rasengleisen geht es nach Borgfeld?‹ Die Planer bereiteten die Strecke daher sehr sorgfältig vor. Angestrebt wurde eine Lösung, bei der aufgrund hinreichend vorhandener Abbiegespuren und Ampelschaltungen der Individualverkehr weiterhin fließen konnte und der Baumbestand geschont würde. Die Planung sah Rasengleise vor mit dem Ziel, das Erscheinungsbild zu verbessern und die Anwohnenden vor Lärm zu schützen. Die Baustelle sollte wie im ersten Abschnitt wieder gut vermarktet werden. Die Stadt Bremen hatte zu diesem Zweck eigens ein Maskottchen entwickelt – Buddel, den kleinen Maulwurf aus Plüsch. Selbstverständlich gab es auch wieder ein Baubüro – dieses Mal im Infocontainer an der Kopernikusstraße.

Mit Hochdruck, aber auch Sensibilität begannen Bremen und die BSAG das Bauprojekt zur Verlängerung der Linie 4 von der Horner Mühle bis nach Borgfeld dann am 5. Juni 2001. Die ganze Strecke von über dreieinhalb Kilometern Länge wurde nicht unterteilt, sondern als eine Baustelle betrachtet und eingerichtet. Dies verkürzte die Bauzeit und damit die Beeinträchtigungen erheblich. Zunächst wurden auf der gesamten Strecke die stadteinwärtigen Verkehrsanlagen (Gleise und Straßenfahrbahnen,

Die geschmückte erste Bahn.

Nebenanlagen, Leitungen und Kanäle) gebaut. Der Verkehr rollte während dieser Zeit in beiden Richtungen auf der stadtauswärtigen Fahrspur. Die Fertigstellung dieser Bauphase erfolgte Ende 2001. Anschließend folgten die stadtauswärtigen Verkehrsanlagen. Der Verkehr rollte während dieser Zeit auf den neuen stadteinwärtigen Verkehrsflächen, wobei die künftige Straßenbahntrasse provisorisch so hergestellt wurde, dass sie während der Bauzeit vorübergehend überfahren werden konnte. Diese Maßnahmen dauerten bis Ende 2002, da zusätzlich umfassende Arbeiten an den Kanälen und Erneuerungen sowie Umverlegungen von Versorgungsleitungen, wie zum Beispiel für Gas, Wasser und Telefon, erforderlich waren. An der Endstelle in Borgfeld am Hamfhofsweg

wurde übrigens ein P+R-Platz mit rund 180 Stellplätzen für Pkw geschaffen.

Die Trasse der Linie 4 war überwiegend als begrünter besonderer Bahnkörper ausgestaltet und befand sich rechts und links neben den Bäumen. Die Oberleitung hatte man besonders niedrig aufgehangen, damit die alten Eichen geschont werden konnten. An der Kopernikusstraße schwenkt der Bahnkörper auf rund 200 Metern komplett auf die stadtauswärtige Fahrbahn über. Dem stadteinwärtigen Verkehr bleibt somit genügend Platz für Abbiegespuren in Richtung BAB-Zubringer. Die 3,5 Kilometer lange Neubaustrecke erhielt sieben neue Haltestellen, die gesamte nunmehr 17,1 Kilometer lange Strecke von Arsten bis nach Borgfeld umfasste 39 Stationen.

Die Gleisbaustelle etwa 2001 im Leher Feld.

Das grüne Band nach Borgfeld 2017.

1986–2014

Der Straßenbahnanschluss von Borgfeld wurde drei Tage lang gefeiert: Der offizielle Akt mit der Verkehrsaufnahme erfolgte am Freitag, dem 6. Dezember, mittags um 11:30 Uhr. Am darauffolgenden Sonnabend fand ein Wintermarkt mit einem Bühnenprogramm in Borgfeld statt. Die Linie 4 pendelte im Fünf-Minuten-Takt und die Fahrt wurde mit Aktionen in den Bahnen (Themenwagen) selbst zum Ereignis. Am 8. Dezember fuhren historische Bahnen zwischen der Innenstadt und Borgfeld.

Die Linie 4 entwickelte sich zum Renner: Von leeren Bahnen konnte keine Rede sein. Der P+R-Platz in Borgfeld wurde so stark genutzt, dass bereits Ende 2003 auf einer weiteren Fläche eine zweite kleine

Anlage entstand. Insbesondere der ›Lange Jammer‹ hatte durch die Baumaßnahme an Reiz gewonnen: In der Mitte war ein grüner Streifen mit einem interessanten alten Baumbestand und der Straßenbahn entstanden. Überspitzt gesagt fuhr die Linie 4 um die wertvollen Bäume herum. Für diese besonders sorgfältige Planung und Ausführung des zweiten Abschnittes erhielten die Stadt Bremen und die BSAG im Jahr 2010 den BSVI-Preis (Bundesvereinigung der Straßenbau- und Verkehrsingenieure). Man sprach vom ›Grünen Band nach Borgfeld‹. Am 10. Februar 2003 verkündete die BSAG: ›Unsere Rechnung geht auf. An Wochentagen rund 37 Prozent mehr Fahrgäste, an den Wochenenden einen Anstieg von fast 42 Prozent‹.

*Eine Straßenbahn im Design
der LiLi-Kampagne.*

Landesgrenzen überwinden

Endlose Autoschlangen, die sich durch den Ort quälten: So war die Situation in der niedersächsischen Nachbargemeinde Lilienthal spätestens seit den 1980er Jahren. Auch die Busse steckten in den Staus fest. Von Aufenthaltsqualität konnte in der Hauptstraße kaum die Rede sein. Da bot die Straßenbahnplanung Bremens eine Chance. Sie wurde zunächst allerdings heftig diskutiert. Den gesamten Prozess und die schwierige Entscheidungsfindung in Lilienthal nachzuvollziehen, würde den Rahmen dieses Kapitels sprengen. Das Osterholzer Kreisblatt vom 5. Mai 2011 brachte es unter der Überschrift ›Ja, Nein, Jein, Ja – eine Linie ohne Linie‹ auf den Punkt. ›Bevor sie auch nur einen einzigen Meter gefahren ist, hat die Straßenbahnlinie 4 in Lilienthal schon jede Menge Menschen bewegt – wenn auch nur politisch und emotional. Denn in den vergangenen drei Jahrzehnten war sie vor allem immer wieder eines: Streitobjekt. Dabei soll die Bahn doch verbinden, Orte und Menschen. Ihretwegen wurden Bürgerinitiativen gegründet, pro Bahn ebenso wie dagegen, und sie gab den Anstoß für neue politische Gruppierungen wie zuletzt ›Die Lilienthaler‹ oder ganz aktuell die Gruppe ›3:0‹. Man hat es sich in den vergangenen 30 Jahren wahrlich nicht immer leicht gemacht mit dem Jahrhundertprojekt Straßenbahn, für das am morgigen Freitag mit dem symbolischen ersten Spatenstich nach vielen Irrungen und Wirrungen doch noch das Signal auf Grün gestellt wird.‹

Im Mai 1992 brachte die Gemeinde den sogenannten Doppelbeschluss auf den Weg, der den Bau einer Entlastungsstraße und der Straßenbahn vorsah. Im April 1994 unterzeichneten Vertreter der BSAG und der Gemeinde Lilienthal in einem Niederflur-Straßenbahnwagen einen Vertrag über die Durchführung konkreter Planungen zur Weiterführung der neuen Linie 4 über Borgfeld und die bremische Landesgrenze hinaus. Es sollte jedoch noch zwanzig Jahre dauern, bis die ersten Bahnen durch Lilienthal rollen konnten: Ende der 1990er Jahre änderten sich die Meinungen in der Gemeinde, und die Straßenbahnplanungen wurden vorerst gestrichen. Dem entgegen standen die positiven Erfahrungen mit der Linie 4 in Borgfeld: Das vermutete und immer wieder beschworene Chaos auf dem ›Langen Jammer‹ war ausgeblieben und die Zufriedenheit im Stadtteil mit der Anbindung an die Innenstadt offensichtlich. Bei einer Bürgerbefragung in Lilienthal am 25. Juni 2004 stimmten rund 63 Prozent der Menschen für den Ausbau – bei einer Beteiligung von fast 57 Prozent der Bevölkerung. Die Planungen wurden danach fortgesetzt. Die schwierigen Finanzierungsverhandlungen zogen sich dann aber doch noch bis ins Jahr 2011 hin.

Eines war klar: Auch für diese wegen der beengten Platzverhältnisse schwierige Baumaßnahme sollte ein umfangreiches Baustellenmarketing umgesetzt werden. Das sehr weitreichende Konzept umfasste die Einrichtung eines Baubüros (Infopoints) in der Nähe des Ortskerns als Anlaufstelle für

alle Fragen und Schwierigkeiten sowie die Benennung des Bürgerbeauftragten Helmut Pflugradt. Redaktionell wurde als Novum eine eigene Bau-Website freigeschaltet. Der Infopoint veröffentlichte stolze 136 Hauswurfsendungen, die BSAG und die Gemeinde zehn Zeitungsbeilagen (LiLi-Journal), und das alles mit einem einheitlichen Design. Eine derart intensive Begleitung hatte es zuvor noch nicht gegeben! Die Dachmarke LiLi fiel durch ihren Schriftzug und die modernen, kräftigen Farben sofort auf. Das Leitmotto war: ›Lilienthal – immer gut erreichbar‹. Eine Straßenbahn warb ebenfalls für die Gemeinde. Für die Linie 4 in Lilienthal wurden mit niedersächsischer Unterstützung zwei Stra-

ßenbahnzüge beschafft, von denen einer (Nr. 3141) seitdem ebenfalls die farbenfrohe LiLi-Werbung trägt.

Am 6. Mai 2011 war dann der erste Spatenstich am sogenannten Spitzen Kiel im Lilienthaler Ortszentrum. Die Freie Hansestadt Bremen und die Gemeinde Lilienthal hatten die Wirtschaftsbetriebe Lilienthal GmbH beauftragt, die Verlängerung umzusetzen. Sie fungierte somit als Vorhabensträgerin der Baumaßnahme. Zu den Aufgaben des Projekts für die BSAG und ihre Tochtergesellschaft Consult Team Bremen GmbH zählten insbesondere das Management für den Gleis- und Straßenbau, die Verlegung von Kanälen und Versorgungsleitungen, die Errichtung

Die Verkehrssituation im Lilienthaler Zentrum vor dem Bau der Linie 4.

Der erste Spatenstich im Lilienthaler Zentrum 2011.

der Anlagen zur Stromversorgung und der Bau eines Gleichrichterwerks, die Herstellung der Fahr-Signalanlagen, der Einbau diverser Kabel- und Lehrrohrsysteme sowie die Herstellung von Nebenanlagen. Der Schutz der Natur in erster Linie im Bereich der Wümme und am Lilienthaler Wäldchen Mittelholz spielte bei der Baumaßnahme eine große Rolle. Unvermeidbare Eingriffe wurden ausgeglichen und beispielsweise die Ausbreitung des Fischotters gefördert.

Für die Baumaßnahme konnte der Verkehr – also auch die Busse der Linie 30 – nur in Richtung Falkenberg (stadtauswärts) über die Hauptstraße und Falkenberger Landstraße geführt werden. Stadteinwärts wurde er umgeleitet. Die gesamte detailliert ausgearbeitete Baumaßnahme war in neun Abschnitte unterteilt. Ein großes Gewerk war dabei die Herstellung der Wümme-Flutbrücke, die sich noch auf Borgfelder Gebiet und somit in

Bremen befindet. Es zeigte sich jedoch, dass unter anderem die Leitungsverlegungsarbeiten mehr Zeit als gedacht benötigten. Um die Zeit aufzuholen, musste deswegen auf vielen Abschnitten parallel gearbeitet werden. In der Nacht vom 14. auf den 15. Mai 2012 kam es zu der ersten Gleisverlegung in der Hauptstraße zwischen Trupe und der Tornéestraße. Um den Bauablauf im sensiblen Lilienthaler Zentrum zu beschleunigen, wurde dort während der Sommerferien vom 9. Juli bis zum 2. September 2012 der Straßen- und Gleisbau als eine Art Powerbaustelle durchgeführt – die sogenannte Konzentrierte Bauausführung. Auch im Jahr 2013 wurden die Arbeiten mit Nachdruck fortgeführt. Die Insolvenz der vor Ort tätigen Baufirma im Spätsommer überschattete jedoch das Vorhaben. Die sehr gute Zusammenarbeit zwischen allen beteiligten Stellen ermöglichte kurzfristig Zwischenlösungen, zu denen auch die Unterstüt-

Bau der Linie 4 im Jahr 2012 nahe dem Lilienthaler Zentrum.

2014 Verlängerung der Linie 4 bis
nach Lilienthal.

Eröffnung der Linie 4 in Falkenberg am 1. August 2014.

1986–2014

zung der Gleisbau-Kolonnen der BSAG zählte. Durch geschicktes Management und die Neuausschreibung wurde bewirkt, dass die Bauarbeiten so zügig wie möglich weitergingen. Noch Ende 2013 erreicht die Gemeinde mit der Wiedereröffnung des Lilienthaler Zentrums für den Beidrichtungsverkehr einen Meilenstein zur Normalisierung des Alltags im Ortsmittelpunkt. Trotz aller Widrigkeiten begannen Mitte 2014 die Probefahrten. 590 Fahrerinnen und Fahrer wurden von der Fahrschule der BSAG mit der neuen Strecke vertraut gemacht. Parallel informierten das Infoteam der BSAG und die Gemeinde intensiv über das neue Angebot. Am 1. August 2014 fand die feierliche Eröffnung am Falkenberger Kreuz statt und am 3. August wurde in ganz Lilienthal die neue Straßenbahn gefeiert. Das Fest betraf jedoch nicht nur die neue Gleisanlage, sondern auch die grunderneuerten Fahrbahnen, Rad- und Fußwege, Parkplätze, Bäume – kurzum das neue Lilienthal. Um noch mehr Lilienthalerinnen und Lilienthaler für ihre Straßenbahn zu gewinnen, führten die Gemeinde und die BSAG ab dem 14. September 2015 eine Werbekampagne durch. Unter dem Motto ›Wir fahren 4‹ hatten sieben Lilienthaler Fahrgäste der Straßenbahn das Wort. Sie erklärten, warum es sich lohnt, mit der Straßenbahnlinie 4 zu fahren. In einem Kundencenter im Ortszentrum, dem Infopoint, gab es etwa drei Monate lang Beratungsangebote, Service und Ticketverkauf.

KARTE

KARTE

E-BAHN

BREMER KARTE

BREMER KARTE

BREMER KARTE

Bremer Karte

eigen und
en«

im
tbewerb
3UND

MER KARTE

BREM
EMER K

ER KARTE

KULTO
KULTO

Übertragbare Monatskarte, nur gültig mit aufgeklebter Wertmarke im Gesamtnetz der BSAG. Der Geltungsbereich bei der DB sowie den Regionalbuslinien geht aus der aufgeklebten Wertmarke hervor. Keine Rückerstattung bei Nichtbenutzung oder Verlust. Es gelten die Tarifbestimmungen und die der VBN.

›HIN UND WEG‹

Die Quartierbuslinie 82 in Gröpelingen startete am 1. April 2011.

Um mehr Fahrgäste zu gewinnen, wurden ab dem Jahr 1986 viele Verbindungen verbessert. Hierfür nur einige Beispiele: Mit der Inbetriebnahme der Linie 4 und der neuen Flughafenbahn ordnete Bremen das Straßenbahnnetz am 24. Mai 1998 neu. Verändert wurden die Linien 1 (Huchting–Osterholz), 5 (Huckelriede–Kulenkampffallee) und 8 (Huchting–Kulenkampffallee). Die neue Strecke durch die Westerstraße ermöglichte ab dem 24. März 2001 neue Direktverbindungen mit den Linien 5 und 8 zu Zielen in der Innenstadt (Linie 5 von Huckelriede zum Brill und Linie 8 von Huchting zur Domsheide). Aber auch im Busnetz gab es erhebliche Veränderungen. Beispielhaft seien die Inbetriebnahme der neuen Querverbindungen Linien 29/52 zwischen der Neuen Vahr Nord, Kattenturm-Mitte und Huchting etwa 1990, die mehrfachen Veränderungen im Güterverkehrszentrum (Linien 62 bis 64) und die Anbindung des Neubaugebiets Weidedamm III im Stadtteil Findorff durch Stichfahrten der Linie 26 ab dem 24. Mai 1998 (ab 6. November 1999: neue Linie 27) genannt. Ab dem 6. November 1999 gestaltete die BSAG das Busliniennetz im Südosten Bremens (Linien 25, 38 und 40/41, Entfall der Linien 36 und 39) neu und band somit das Einkaufszentrum Weserpark besser an. Im Neubaugebiet Borgfeld-Ost startete Ende 2001 das neue Anruf-Linientaxi (später Linie 32). Wenig Erfolg beschieden waren den im Jahr 2003

eröffneten Taxibus- und Kleinbuslinien 45 (Sebaldsbrück), 39 (Büropark Oberneuland), 82 (Industriepark Bremen) und 54 (Roland-Klinik). Sie wurden mangels Nachfrage nach kurzer Zeit eingestellt. Ab dem 11. Oktober 2003 bediente erstmals eine Busverbindung die neue Überseestadt: Die Linie 26 wurde mit einem Teil ihrer Fahrten von der Emder Straße in Walle in das junge und aufstrebende Quartier verlängert und bediente vor allem den Bereich rund um den Speicher XI mit der Hochschule. ›Gut vernetzt – neue Verbindungen‹ hieß es am 11. Dezember 2011: Das neue Busnetz Bremen-Nord ging in die Praxis. Die neuen 90er-Linien sorgten für bessere Direktverbindungen. Anlass war die Inbetriebnahme der Regio-S-Bahn. ›Frühlingsfrisch & neu vernetzt‹ lautete die Werbekampagne für die Neuordnung des Busnetzes im Niedervieland mit den Linien 61 bis 66 zum 20. März 2010. Zudem wurde die Überseestadt besser erschlossen: Die Linie 26 bediente mit jeweils einem Ast den nördlichen Bereich (Silbermannstraße) und etwas später den mittleren Bereich (bis zum Speicher I) der allmählich boomenden Überseestadt. Sie wurde ab dem 8. Oktober 2012 von der neuen Linie 20 abgelöst. Im Ortsteil Blockdiek (Bultenweg-Quartier) startete am 19. Oktober 2013 probeweise das Anruf-Linientaxi 35 als Zubringer, bewährte sich jedoch leider nicht.

1986 Einführung
der Bremer Karte
bei der BSAG.

1986–2014

MODERNE TICKETS, BESSERE BERATUNG

Bremer Karten.

Die BSAG als Mitglied im VBN möchte, dass die Fahrgäste in Bremen und umzu einfach und komfortabel unterwegs sind. Sie können heute, in Abhängigkeit vom gewünschten Ticket, zwischen unterschiedlichen Möglichkeiten des Bezahlens mit Bargeld oder in digitaler Form wählen. Einige Fahrkarten gibt es in der klassischen Papierform, andere als elektronisches Ticket. Eine weitere Variante ist die Ticketbuchung per Handy. Die digitalen Angebote waren Mitte der 1980er Jahre jedoch noch unbekannt. Lediglich der Preis für das Jahresabonnement wurde bargeldlos vom Konto abgebucht. Die schrittweise Einführung der digitalen Funktionen war nicht sofort von Erfolgen gekrönt, sondern erwies sich anfangs als Sackgasse. Es kam zu einer schwer überschaubaren Entwicklung von immer neuen Ticketangeboten, bis mit dem BOB-KONTO-TICKET im Jahr 2005 der Durchbruch gelang.

Die Bremer Karte als Symbol der Verkehrswende

Eine hohe Arbeitslosigkeit und sinkende Schülerzahlen führten bei der BSAG dazu, dass die Fahrgastzahlen im tariflichen Bereich von 1980 bis 1984 um etwa 17 Prozent zurückgingen. In der Folge drohte eine Abwärtsspirale mit Angebotseinschränkungen. Bremen wagte ein Experiment: die Bremer Karte. Dieses am 1. Oktober 1986 eingeführ-

te, sehr beliebte Angebot war noch eine klassische Monatskarte mit Klebemarken, die im Vorverkauf erworben und bar bezahlt werden musste. Lediglich beim Jahresabonnement wurde der Preis monatlich vom Konto abgebucht. Die Bremer Karte war dennoch sehr innovativ: Es handelte sich um eine Plastikkarte im praktischen Scheckkartenformat, die damals noch Seltenheitswert hatte und eine hohe Wertigkeit ausstrahlte. Der Fahrgast konnte zwischen verschiedenen Kartenmotiven wählen – das erhöhte nicht nur die Kundenbindung, sondern ermöglichte das Sammeln sowie die Bewerbung immer neuer Motive. Die Übertragbarkeit machte den Nachweis der Identität über ein Foto überflüssig. Die Preissenkung von 63 bis 74 D-Mark auf damals 40 D-Mark im Monat (im Jahresabo monatlich sogar nur 35 D-Mark) führte neben dem modernen Marketing dazu, dass das pfiffige Monatsticket sehr gut

BSAG

1989 Erstes Ticket mit digitalem
Zusatznutzen kommt in den Handel.

angenommen wurde. Die Verkaufszahlen übertrafen von Anfang an alle Erwartungen und betrugen im Jahr 1987 monatlich etwa 70.700 Stück. Die Zahl der beförderten Personen stieg gegenüber 1986 um 12,6 Prozent an. Im Erwachsenentarif war es sogar ein Plus von 21,3 Prozent! Studien ergaben 17.000 neue Fahrgäste. Die Beförderungseinnahmen stiegen um 3,1 Prozent. Bei dem am 27. Juni 1987 eingeführten Bremer Kärtchen (bis zu zwei Tage gültig, Preis 6 D-Mark) verdoppelten sich sogar die Verkaufszahlen. Der BSAG-Geschäftsbericht 1987 bringt es auf den Punkt: ›Das mit der Einführung der Bremer Karte […] angestrebte Ziel, die rückläufigen Fahrgastzahlen zu stoppen und durch ein preisgünstiges Angebot wieder zu steigern, wobei Einnahmeausfälle aufgrund des niedrigeren Tarifs durch den zu erwartenden Mehrverkehr neutralisiert werden sollen, ist nicht nur erreicht, sondern sogar übertroffen worden‹. Darüber hinaus sorgte das Ticket für neuen Schwung in der Verkehrspolitik: Neue Niederflurfahrzeuge auf Straßen und Schienen, das Konzept zum Ausbau des ÖPNV und das erste Kundencenter beruhten ebenfalls auf der Beliebtheit der Bremer Karte. Sie führte aber nicht ›nur‹ zu positiven Weichenstellungen für die BSAG, sondern galt als die ›wohl schönste Fahrkarte Deutschlands‹. Bis zum Jahr 2001 gab es rund 160 verschiedene Ausgaben, die unter vielen Sammlern heiß begehrt waren und zum Teil teuer gehandelt wurden. Die Auflagen reichten von 2.530 (Hologrammkarte) bis 342.800 Stück (Speckflagge). Das letzte

Motiv kam übrigens zur Verabschiedung des ›Vaters‹ der Bremer Karte, dem damaligen Marketingleiter und Pressesprecher Wolfgang Pietsch, am 31. Mai 2002 heraus. Das neue Vertriebssystem, mit dessen Hilfe Tickets vor Ort gedruckt werden konnten, machte die Plastikkarte zu Beginn des neuen Jahrtausends entbehrlich. Fortan gab es MonatsTickets nur als Papierausdruck.

Unsere Tickets werden digital

Erste Ansätze der Digitalisierung im Vertrieb der BSAG erfolgten zunächst, indem Bremer Karten mit einem Zusatznutzen ausgestattet wurden. Im September 1989 gab es zum Beispiel eine Edition, die einen kleinen Taschenrechner beinhaltete. Im Dezember 1994 folgte die Januarkarte. Sie war mit einem Chip versehen, der eine sogenannte Telefonkarten-Funktion aufwies. Das bedeutete: Diese Ausgabe konnte zum Telefonieren in einer Fernsprechzelle alternativ zum Bargeld genutzt werden. Denn der seinerzeit erforderliche Nachwurf von Münzen während des Gesprächs war doch recht umständlich. Bedenken Sie bitte: In den 1990er Jahren war das Mobiltelefon noch weitgehend unbekannt! Am 23. September 1996 kam in Kooperation mit der Sparkasse Bremen die sogenannte Chipkarte als Bremer Karte mit zusätzlicher GeldKartenfunktion – also als elektronische Geldbörse zum Einkaufen – auf den Markt. Sie wurde als ›Geburtstagsüberraschung‹ zum 10. Jubiläum der Bremer Karte, das gebührend im Rathaus gefeiert wurde, angekündigt. Dabei hieß es: ›Mit

Die ersten Bremer Karten mit digitalen Zusatzfunktionen.

1986–2014

ein Statussymbol. Die Verfügbarkeit über Verkehrsmittel wird dagegen immer wichtiger. Es geht darum, die Dinge zu nutzen, ohne sie zu besitzen.‹ Während des ersten Halbjahres wurden ab Juni 1998 bereits 350 AutoCards verkauft. Im Geschäftsbericht 1998 wird ein Fazit gezogen: ›Gute Ideen zahlen sich aus. Beim Wettbewerb ›Königliche Verhältnisse in Bus und Bahn‹ des Verkehrsclubs Deutschland (VCD) gewann die Karte in der Kategorie Verkehrsmittelverknüpfung den ersten Preis. Vom Klimabündnis Alianza del Clima wurde die Karte zum Projekt des Monats September 1998 gekürt.‹ Und am 4. Oktober 2000 zeichnete die Organisation für wirtschaftliche Zusammenarbeit und Entwicklung (OECD) in Wien die Werbemaßnahmen für die Bremer Karte plus AutoCard als bestes Beispiel für umweltfreundlichen, nachhaltigen Verkehr aus.

diesem Einstieg zeigt die BSAG, dass sie sich sehr intensiv und frühzeitig auf die Zukunft einstellt. Schon in den nächsten Jahren soll, soweit wie möglich, das bargeldlose Bezahlen bei Bus und Bahn für eine noch problemlosere und einfachere ÖPNV-Nutzung vorangetrieben werden.‹ Mitte 1998 kündigte die BSAG die Bremer Karte plus AutoCard an. Sie war neben einer normalen Monatskarte mit Klebemarken und ihrem Chip zugleich der Schlüssel zu einem Auto an vielen Stationen des Car-Sharing-Unternehmens StadtAuto GmbH (heute cambio) sowie von Opel Beckmann und somit bereits ein erster Schritt hin zu einer umfassenderen Mobilitätskarte. Erhältlich war sie als MonatsTicket, im Jahresabonnement oder für Inhaber von Firmen- und SemesterTickets. In der Pressemitteilung vom 28. Mai 1998 hieß es: ›Der Kunde wünscht sich eine intelligente Kombination zwischen Auto und Bahn. Denn der Besitz eines Autos wird zukünftig immer weniger

Das Chippen kommt nicht so gut an

›BSAG Tickets jetzt auch bargeld- und papierlos‹: Um Fahrgästen den bargeldlosen Zahlungsverkehr zu ermöglichen, führte die BSAG am 21. Juni 1999 als innovatives Pilotprojekt das Bezahlen mit einer elektronischen Geldbörse, der GeldKarte der deutschen Kreditwirtschaft, zunächst versuchsweise auf den Linien 6 und 26 und ab dem 26. November 2001 schrittweise auf allen weiteren Linien ein. ›Komfortabler wird es für die Fahrgäste der BSAG, wenn sie mit einer speziellen Chipkarte – der GeldKarte – bezahlen, auf der auch gleich das Ticket elektronisch gespeichert wird‹ (Pressemitteilung

Im Jahr 2002 erschien die letzte ›echte‹ Bremer Karte zur Verabschiedung ihres Erfinders, Wolfgang Pietsch.

vom 14. Juni 1999). Am 17. Dezember 2001 hieß es dann: ›Auf allen Straßenbahnen und Bussen der BSAG kann […] bargeldlos mit der GeldKarte bezahlt werden.‹ Partner waren die Sparkasse Bremen sowie der Zentrale Kreditausschuss der Spitzenverbände der Kreditwirtschaft. Die BSAG bewarb diesen Service mit dem einprägsamen Begriff des Chippens und einer auffallenden, farbenfrohen Gestaltung. Eine der Farben ähnelte jedoch der geschützten Farbmarke eines großen Unternehmens. Aufgrund seiner Einwände musste die BSAG daraufhin die Kampagne verändern. Um mehr Kundinnen und Kunden für den bargeldlosen Geldverkehr zu gewinnen, führte die BSAG zum 1. Oktober 2002 Preisnachlässe ein. Als großer Nachteil erwies es sich jedoch, dass die GeldKarte vor der Nutzung zunächst an Terminals mit Geldbeträgen aufgeladen werden musste. Die Ladestationen waren jedoch nicht allzu weitläufig verbreitet. Trotz der intensiven Vermarktung und Werbeaktionen wurde das Chippen daher leider wenig genutzt. Eine kuriose Angelegenheit ergab sich im Jahr 1999: Am 22. Oktober fälschten unbekannte Täter eine Pressemitteilung der BSAG, nach der das elektronische Ticket ausgesetzt werden sollte. Das Unternehmen dementierte diese nachdrücklich: ›Es gibt keinerlei Gründe, das elektronische Ticket zu stoppen!‹

›Automaten rechnen per Funk ab‹: Sämtliche Beträge, welche die Automaten (Terminals) in den Bahnen und Bussen von den Geld-Karten abbuchten, wurden beim Einrücken der Fahrzeuge in den Betriebshöfen automatisch per Funk an den Zentralrechner übermittelt. Die festen Terminals übertrugen die Daten zu einem festgelegten Zeitpunkt ebenfalls an diesen Rechner.

Am 4. Dezember 2002 wurde nochmals eine neue elektronische Karte eingeführt – die Bremer Karte PLUS. Sie war ein erneuter Schritt hin zu einer Mobilitätskarte, galt auch für das Car-Sharing und war der erste Versuch, die bekannte Marke ›Bremer Karte‹ für das elektronische Ticketing zu nutzen. Die Senatspressestelle berichtete: ›Seit Jahren wird in der Branche über Karten nachgedacht, die fast alles können sollen. Jetzt gibt es die erste voll elektronische Karte für Bus, Straßenbahn, Auto und Einkauf: die Bremer Karte PLUS. Unter dem Motto ›Chippen – Shoppen – Car-Sharing‹ wurde eine multifunktionale Karte von BSAG, cambio und Sparkasse Bremen entwickelt, die vieles kann. Sie hat also fast schon den Charakter der sprichwörtlichen ›eierlegenden Wollmilchsau‹. Sie war der ›elektronische Autoschlüssel‹ für bundesweit 300 cambio-Fahrzeuge (Stichwort: Car-Sharing).‹ Weiterhin enthielt sie einen GeldKarten-Chip, mit dem man – nach entsprechender Aufladung – in

2005 Mit dem ›BOB-KONTO-TICKET‹ erscheint die erste
erfolgreiche elektronische Fahrkarte im VBN.

Ein BOB-Terminal der ersten Generation.

1986–2014

Unsere Anschlussgarantie

**Aussteigen.
Umsteigen.
Weiterfahren.**

Alle Infos in den Vertriebsstellen der BSAG, unter
www.bsag.de und der VBN-Serviceauskunft
01805 826 826 (0,12€/Min).

Bitte
Bildschirm
berühren oder
GeldKarte
stecken

Fragen zum
Chippen?
55 96-100

Hier 10% Rabatt
auf EinzelTickets
für Erwachsene
und Kurzstrecke.

init

BOB

vielen Geschäften beim ›Shoppen‹ bezahlen konnte. Doch das war noch nicht alles. Fahrgäste von Bahnen und Bussen hatten die Möglichkeit, mit der Bremer Karte PLUS das ÖPNV-Ticket bargeldlos zu bezahlen und auf der Geld-Karte elektronisch zu speichern (Chippen). Der Kauf der Bremer Karte PLUS war mit dem Abschluss eines Car-Sharing-Vertrags mit cambio Bremen verbunden.

Ab dem 28. Januar 2003 gab es letztmalig einen Versuch, der GeldKarte zum Durchbruch zu verhelfen – und wieder recht erfolglos! Zur besseren Vermarktung musste erneut die Bremer Karte herhalten: Das Angebot kam als Neue Bremer Karte auf den Markt. Sie bot einen multifunktionalen Chip mit der bekannten Geld-Kartenfunktion. Neu daran war, dass auch Tickets aller Art – und nicht nur Monatskarten – darauf gespeichert werden konnten. Die bisher letzte Bremer Karte war also Zahlungsmittel und Ticket in einem.

BOB bringt den Durchbruch

Ein Meilenstein beim elektronischen Ticketing wurde am 24. Mai 2005 mit der Einführung des BOB-KONTO-TICKETs gesetzt. Es ist ein Angebot für Spontan- und Gelegenheitsfahrer, mit dem Fahrgäste bargeldlos Bus und Bahn fahren können. BOB steht für

›**B**equem **o**hne **B**argeld‹. Die Nutzung ist recht einfach: Am BOB-Automaten Ziel und Personenzahl wählen, Karte vor das Gerät halten, fertig! Das System speichert die Fahrt auf der BOB-Karte und bucht den entsprechenden Betrag später vom Konto der Kartenbesitzenden ab. Per monatlicher – mindestens aber vierteljährlicher Rechnung – gibt es eine Fahrtenübersicht. Das System berechnet nachträglich den günstigsten Preis pro Tag. Er ist abhängig von der Anzahl an Fahrten und der befahrenen Tarifzonen pro Tag. Eine Optimierung im Sinne eines 7-Tage-Tickets oder MonatsTickets erfolgt aber nicht.

BOB wurde und wird sehr gut angenommen und brachte den Durchbruch für das elektronische Ticketing. Das Aufladen mit Geldbeträgen vor der Fahrt ist nicht erforderlich. Die Abbuchung vom Konto – ähnlich wie zuvor bei den AboTickets – waren die meisten Fahrgäste gewohnt und wird von ihnen akzeptiert. Ende des Jahres 2016 gab es verbundweit etwa 101.240 aktive Verträge, davon 86.500 bei der BSAG. Seit der Einführung beteiligen sich immer mehr VBN-Unternehmen an der kleinen grünen Chipkarte, so zum Beispiel ab 2013 die NordWest-Bahn (unter anderem Regio-S-Bahn) und ab 2017 der metronom.

›Komm, fahr mit MIA!‹

Am 1. Mai 2013 stellten VBN und BSAG ein neues Digitalticket für die Jahresabonnenten vor. Die gelbe Plastikkarte heißt MIA. Das steht für ›**M**obil **i**m **A**bo‹ und ist für Fahrgäste gedacht, die sehr häufig und regelmäßig Bahnen und Busse nutzen. Wie bei den früheren Abos wird der Preis monatlich bargeldlos und bequem vom Konto abgebucht. Für MIA werden keine Klebemarken mehr benötigt, stattdessen wird das Ticket digital auf einem Chip gespeichert. Dass ein Abonnent versehentlich das Aufkleben seiner Marken vergisst oder diese verloren gehen, kann daher nicht mehr vorkommen. Die Werbeaussagen bringen es auf den Punkt: ›MIA steht für Mobil im Abo und ist das moderne, elektronische Abo-Ticket für Bus und Bahn. Mit MIA sind Sie zwölf Monate lang unterwegs. Sie sind rundum sorglos mobil und können dabei noch sparen. Einfach MIA mitführen, einsteigen, losfahren. Der elektronische Chip hat Ihr Abo gespeichert. Sie müssen sich weder um Monatsmarken kümmern, noch am Automaten einchecken. Ein MIA-Abo hat zwölf Monate Laufzeit und wird monatlich von Ihrem Konto per Lastschrift abgebucht. [...] MIA-plus kostet im Vergleich zu MIA pro Monat etwas mehr, bietet aber zahlreiche Zusatznutzen, wie zum Beispiel Mitnahmemöglichkeiten, Nutzung von Nachtlinien oder Wochenendausflüge im gesamten VBN-Land.‹ Für MIA und MIAplus lagen bei der BSAG Ende des Jahres 2016 insgesamt etwa 51.400 Verträge vor.

VBN-Geschäftsführer Rainer Counen, BSAG-Marketingleiterin Katrin Weingarten und der Kaufmännische Vorstand der BSAG, Hans Joachim Müller, präsentieren das neue Abo-Ticket MIA.

1986–2014

Die BSAG geht online

Ab Mitte Juni 1998 nutzte die BSAG das noch recht junge Medium Internet und schaltete die erste Homepage frei. Ein Schwerpunkt dieser frühen Online-Plattform war die Unternehmensdarstellung. Fahrgastinformationen wie zum Beispiel Fahrplanauskünfte kamen erst allmählich hinzu. In der kurzen Pressemitteilung vom 24. August 1998 heißt es schlicht: ›Die BSAG ist jetzt auch im Internet vertreten! Egal ob man Fragen zu Tarifen oder zu den neuen Linien hat: All dies findet man im Internet. [...] Das Angebot soll in Zukunft weiter ergänzt werden.‹ Wer im BSAG-Geschäftsbericht des Jahres 1998 Informationen über das neue Serviceangebot sucht, wird gar nicht fündig. All das zeigt die geringe Bedeutung, die das Internet seinerzeit noch besaß. Etwas ausführlicher berichtete die Mitarbeiterzeitung auftour vom August 1998 in ihrer Ausgabe Nr. 23: ›Es besteht ein breites Informationsangebot inklusive elektronischer Fahrplanauskunft. [...] Über einen Link zum VBN sind auch dessen Internetseiten einsehbar. Die BesucherInnen unserer Internetseite können sich in ein Gästebuch eintragen. Sie können sich aber auch über ein integriertes E-Mail-System mit ihrer Kritik sowie ihren Anregungen und Verbesserungsvorschlägen direkt an uns wenden.‹ Für das neue Angebot gab es anfangs durchaus einige Kritik. Sie motivierte das Unternehmen, ihre Homepage laufend zu verbessern und zu erweitern. Mit der Zeit wurde die Internetadresse www.bsag.de zur Anlaufstelle für alle Themen rund um Bremens Bahnen und Busse.

BSAG

Als Ergänzung der Online-Fahrplanauskunft gab die BSAG zum Sommerfahrplan
1999 eine CD-ROM mit den aktuellen Fahrplänen für 3,50 D-Mark heraus. Sie bot auch
die Möglichkeit, das für die Online-Auskunft
notwendige Programm auf dem PC zu installieren und über Modems/ISDN die aktuelle Fahrplanauskunft des VBN zu nutzen.
Das Angebot setzte sich jedoch nicht durch,
da immer mehr Menschen die Websites von
BSAG und VBN nutzten.

Zur Straßenbahnhaltestelle surfen

Eine wichtige und von vielen Fahrgästen gewünschte Erweiterung des Online-
Kundendiensts erfolgte zum 26. August 2000.
Auf der Homepage bot die BSAG neben persönlichen Fahrplanauskünften nunmehr auch
Aushangfahrpläne wie an den Haltestellen
an. Ein Ziel war es, damit die Kundencenter
zu entlasten. Nutzende mussten lediglich die
gewünschte Linie und dann die Haltestelle in
der richtigen Richtung anwählen – fertig!

Ab Juli 2000 erprobten BSAG und VBN
die Fahrplanauskunft per Handy. Denn das
Mobiltelefon verbreitete sich nach dem Jahr-
tausendwechsel stark. Versuchsweise wurde

Die erste Homepage der BSAG.

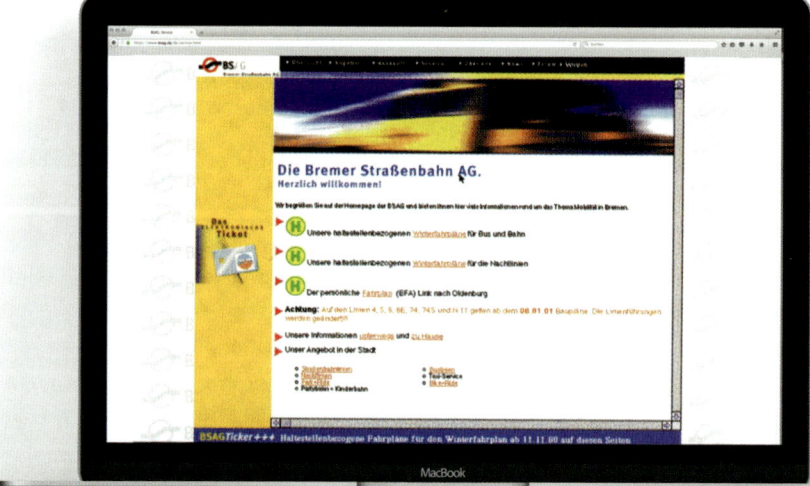

es ermöglicht, exemplarisch die Fahrpläne der Linie 6 mit WAP-fähigen (Wireless Application Protocol) internettauglichen Handys abzurufen. Die Abfahrtszeiten waren auf den damals noch kleinen Displays gut darstellbar.

Das Internet setzt sich durch

Einen großen Sprung nach vorn machte das Unternehmen am 12. März 2003 mit der Veröffentlichung der zweiten, modernisierten und sehr erfolgreichen Homepage. Im Vordergrund stand nun ein Magazincharakter. Die Bürgerinnen und Bürger sollten schnell mit aktuellen Informationen rund um das Unternehmen der BSAG versorgt werden. Fahrplan-

und Ticketinformationen hatten ebenfalls eine hohe Bedeutung. Die Kundenzeitung der BSAG berichtete in seiner Ausgabe vom März 2003: ›Wer stets gut und aktuell rund um das Bremer Nahverkehrsgeschehen informiert sein möchte, dem ist die Homepage der BSAG sicher ein Begriff. Jetzt stehen den Nutzerinnen und Nutzern des Internetauftritts ein neues, modernes Design, das den Magazincharakter unterstreicht, mehr Aktualität, eine übersichtlichere Struktur in Verbindung mit einer einfacheren Benutzerführung, zusätzliche Themen und viele Serviceangebote zur Verfügung‹. Hervorgehoben wurde, dass schon auf der Startseite die wichtigsten

Ein Blick auf die zweite Website der BSAG ab 2003.

Neuigkeiten und Meldungen zu finden waren. Fahrplanauskünfte konnte man ebenfalls direkt über die Startseite erreichen. Eine der vielen Neuerungen waren der Stellenmarkt, das kostenlose Newsletter-Abonnement und die Geschichte der BSAG. Diese umfassende Informationsplattform wurde insgesamt gut genutzt, erschwerte aber auch den Überblick. Immer mehr Menschen griffen auf die zweite Website der BSAG zu. Spitzenmonate mit über 500.000 Zugriffen waren im Jahr 2010 keine Seltenheit. Über fünf Millionen Internet-User riefen im gleichen Jahr die Homepage der BSAG auf. Damit war der Durchbruch in der digitalen Fahrgastinformation und der Öffentlichkeitsarbeit erreicht!

Mitte April 2010 wurden kleine Verbesserungen vorgenommen: So wurde unter anderem ein Online-Fahrplanbuch angeboten und das Layout der Fahrplanauskunft modernisiert. Eingaben von Start und Ziel sind nun auch über einen Plan möglich. Am 5. November 2012 gab es eine weitere wichtige Neuerung: Als neues Medium für die Fahrgastinformation bot die BSAG online einen interaktiven Liniennetzplan an. Der Plan verband Informationsmittel wie Karten, Fahrplanauskunft und Fahrzeiten auf der Grundlage einer interaktiven Bedienerführung. Durch die Direktanwahl einer Haltestelle im Netzplan ließen sich gleich mehrere Optionen öffnen: die Übernahme als Start- oder Zielpunkt, der Haltestellenfahrplan, der Umgebungsplan, der Linienverlauf und der Linienfahrplan sowie in einer künftigen Ausbaustufe die ›Ist-Abfahrtszeiten‹, also alle Verkehrsmittel, die vom jetzigen Zeitpunkt aus gesehen die Haltestelle als nächstes verlassen. Darüber hinaus wurden Informationen zum cambio-Car-Sharing angezeigt.

Weltweite Ideensuche

Nach über zehn Jahren Nutzungszeit zeigte die erfolgreiche und beliebte Homepage allmählich Alterserscheinungen. Neue Endgeräte waren längst auf dem Markt, wie zum Beispiel Smartphones. Für diese Formate war die Homepage jedoch nicht programmiert. Auch in Hinblick auf Barrierefreiheit ließ sie Wünsche offen. Das Design wirkte nicht mehr zeitgemäß. Am 19. März 2014 ging dann die dritte Version der Website online. Die BSAG berichtete in einer Pressemitteilung: ›Nach weltweiter Ideensuche mit völlig neuer Website im Netz […] Immer mehr Anfragen kommen über das Internet, sei es als Mail oder – in noch viel größerer Zahl – als Suchanfrage auf der Website des Verkehrsunternehmens. Allein im Jahr 2012 verzeichnete die BSAG-Website rund 5,8 Millionen Besuche.‹ Unter der Leitung von BSAG-Vorstand Hans Joachim Müller wurde von einer Arbeitsgruppe ein völlig neuer und zeitgemäßer Ansatz entwickelt. Müller bringt das Ziel auf den Punkt: ›Die monatlich rund 500.000 Nutzerinnen und Nutzer der BSAG-Internetpage sollen sich einfach zur gewünschten Information und durch interessante Inhalte rund um das Unternehmen navigieren können. Unterwegs auf unserer Seite gibt es einen Blick hinter die Kulissen unseres Haus [sic] und dabei vieles zu entdecken.‹ Um diesem Anspruch gerecht werden zu können, begann die Arbeit mit einer weltweiten Recherche nach interessanten und zukunftsweisenden Internetseiten. Die Onlineauftritte insbesondere von Verkehrsunternehmen zum Beispiel in den USA, in Schweden und vielen anderen Ländern wurden analysiert, die besten Ideen gefiltert und schließlich mit den Wünschen und Ansprüchen der Bremer Kundinnen und Kunden kombiniert. Herausgekommen ist eine leicht zu navigierende, barrierearme und schnelle Seite mit einer ganzen Reihe von Mehrwerten. Gleichermaßen gut über Computer, Tablet und Smartphone zu erreichen, stehen die Fahrpläne der Busse und Bahnen im Mittel-

punkt. Mittels einer neu entwickelten Farbnavigation wird die Suche nach den gewünschten Informationen jetzt noch einfacher und schneller. Und natürlich werden die wichtigsten Infos auch in englischer Sprache angeboten.

Die Kundencenter der ersten Generation

Mit den zunehmenden Verkehrsproblemen in den 1980er Jahren und dem gestiegenen Umweltbewusstsein war es ein wichtiges Anliegen der Stadt Bremen wie auch der BSAG, möglichst viele Pkw-Besitzerinnen und -Besitzer dauerhaft für die öffentlichen Verkehrsmittel zu gewinnen und den Stellen-

So sah die Website der BSAG von 2014 bis 2019 aus.

BSAG

Außenansicht des ersten Kundencenters der BSAG an der Domsheide 2002 kurz vor der Schließung. Es befand sich im Gebäude der Volksbank und war dezent gestaltet.

wert des ÖPNV zu erhöhen. Ein Bestandteil des zeitgemäßen Marketings sind Mobilitäts-Beratungsangebote in einladend gestalteten Läden, wie sie in vielen Branchen selbstverständlich sind. Die betriebseigenen Vorverkaufsstellen – gemeint sind traditionelle Fahrkarten-Verkaufsschalter und Kundenbüros – mussten sich also zu repräsentativen Empfangsräumen für alle Dienstleistungen rund um die Bahnen und Busse wandeln. Da kam die Möglichkeit, an der zentralen Haltestelle Domsheide ein Kundencenter zu eröffnen, Ende der 1980er Jahre gerade rechtzeitig. Dort war nach dem Umbau der Anlage 1987 eigentlich ein neuer Kiosk auf dem Bahnsteig geplant. Es gelang jedoch noch vor dessen Baubeginn, im Gebäude der Volksbank frei gewordene Räumlichkeiten anzumieten, in denen zuvor ein Blumenladen sein Geschäft hatte. Geplant wurde für das

sogenannte BSAG-Center ein moderner Verkaufsraum mit zwei Verkaufs-, einem Reserve- und einem Sonderschalter ohne trennende Tresenaufsätze, so dass die persönliche Bedienung und Beratung möglich wurde. Die Gestaltung nach außen sollte den zurückhaltenden Charakter des Bankhauses unterstreichen, aber dennoch durch wirkungsvolle Außenwerbung auffallen. Die Kundinnen und Kunden betraten den modern und hell eingerichteten, rund 60 Quadratmeter großen Verkaufsraum durch einen Windfang. Von steriler Fahrkartenschalter-Atmosphäre war dort nichts zu spüren. Zur Eröffnung am 26. Mai 1988 durch Innensenator Bernd Meier wurde eigens eine neue Bremer Karte veröffentlicht und vom Künstler handsigniert. Der zentrale Standort bot den Kunden die Möglichkeit, Tickets zu kaufen, Fahrpläne mitzunehmen, sich über das Angebot der

1988 Das erste Kundencenter der
BSAG eröffnet an der Domsheide
im Gebäude der Volksbank.

BSAG zu informieren und beraten zu lassen.
Reiselustige erhielten Auskünfte über Tages-
fahrten bis hin zu Urlaubsangeboten der
BVG-Reisen und konnten diese gleich vor
Ort buchen.

Um die Präsenz und den Service in den
Stadtteilen zu verbessern, setzte die BSAG
in den 1990er Jahren das Geschäftsstellen-
modell um. Leitgedanke dabei war, dass die
Mitarbeitenden vor Ort und an der ›Kunden-
front‹ mit den Wünschen der Bürgerinnen
und Bürger am besten vertraut sind. ›Einige
Fahrerinnen und Fahrer sind zum Beispiel
in Blumenthal im Kassendienst tätig. Das ist
weit mehr, als nur Tickets zu verkaufen. Zu
den Aufgaben zählen unter anderem die Ab-
rechnung von Bäder- und Sonderwagen,
in Blumenthal-Ständer auch der Verkauf von

BVG-Reisen, das Ausstellen der Schulaus-
weise und Kundenkarten und natürlich die
Beratung von Kunden‹, berichtete die BSAG
im Jahr 1999. In diesem Rahmen baute das
Unternehmen weitere Verkaufsstellen zu
kleinen, aber attraktiven Fahrgastzentren
um: Das erste entstand Ende 1994 auf dem
Bahnsteig in Huchting vor dem Roland-Center. Im Jahr 1996 wurde die Vorverkaufsstelle
Blumenthal-Ständer durch einen Umbau
mit optimalen Räumlichkeiten ausgestattet.
Es folgte zum Juni 1997 Gröpelingen (Depot).
›Von der Wartehalle zum modernen Kunden-
zentrum‹ berichtete dazu die BSAG in einer
Pressemitteilung vom 6. Juni des Jahres.
Mit dem Fahrkartenverkauf in engen, dunklen Räumen mit Wartehallencharakter war
nun auch in den Stadtteilen Schluss. An die

Das ehemalige Kundencenter an der Domsheide in der Volksbank 1997.

Das erste Kundencenter der BSAG an der Domsheide in der Volksbank war modern eingerichtet, aber etwas beengt. Das Foto zeigt den Raum nach dem Umbau im Jahr 1997.

Stelle des ursprünglichen Fahrkartenverkaufs durch die Scheibe waren offene, großzügige Schalter in hellen Räumlichkeiten getreten. Angeboten wurden nunmehr auch kleine Verkaufsartikel, Infos, Bestellungen von Sonderfahrten. Zum Jahreswechsel 1997/1998 wurde noch der kleine Fahrkartenverkauf in Sebaldsbrück (Depot) zum regionalen Kundencenter aufgewertet. ›Seit kurzem können die Fahrgäste ihre Fahrkarten in den neugestalteten Verkaufsräumen erwerben und sich dort auch beraten lassen‹, heißt es in der Pressemitteilung zum Tag der offenen Tür am 12. September 1999. Vom 5. August bis zum 16. August 1997 brachte

die BSAG das Center an der Domsheide auf den neuesten Stand. Die Arbeitsplätze erhielten einen PC für die Kassenabrechnung. Auch die Inneneinrichtung und die Schalter wurden modernisiert. Die Fahrgäste sollten in allen Kundencentern die gleichen Einrichtungen und ein einheitliches Design vorfinden. Im Stadtbüro Langenstraße erfolgte diese Modernisierung jedoch nicht, zumal der Standort Domsheide nicht weit davon entfernt lag. Am Hauptbahnhof stand leider kein geeigneter Raum zur Verfügung.

Im Jahr 1996 sollte auch der Service in den seinerzeit über 300 privaten Verkaufsstellen neben den 13 betriebseigenen verbes-

1997 erhielt das Depot Gröpelingen ein modernes Kundencenter.

sert werden. ›Sie sollen nicht nur Fahrkarten anbieten, sondern zukünftig noch intensiver und besser auch vielfältige Informationen rund um Bahnen und Busse‹, hieß es in einer Pressemitteilung der BSAG vom 21. August des Jahres. Dazu sollten Schulungen, aber auch ansprechende einheitliche Gestaltungselemente im Außen- und Innenbereich beitragen.

Erst offen richtig gut

Das BSAG-Center in der Volksbank war zwar modern und schick eingerichtet, aber doch etwas beengt. Da sich zwar der Computer immer stärker in der Bevölkerung ausbreitete, das Internet für viele aber noch Neuland war, hatte die Ausgabe von Fahrplänen beim Kundendienst nach wie vor einen hohen Stellenwert. Vor den Fahrplanwechseln engten große Tische mit vorgedruckten Fahrplänen den knappen Raum weiter ein. Wer den Aboservice benötigte, musste das Stadtbüro in der Langenstraße aufsuchen – der Laden lag unauffällig hinter dem BSAG-Turm und einem Fahrgastunterstand. Im Jahr 2002 gelang es, nach einem Umbau größere Räumlichkeiten im gegenüberliegenden Parkhaus der Baumwollbörse anzumieten. Die Eröffnung am 2. November 2002 erfolgte bei gleichzeitiger Aufgabe des BSAG-Centers in der Volksbank. Sie stand unter dem Motto ›Erst offen richtig gut‹ und wurde in der Öffentlichkeit deutlich wahrgenommen. Die Räumlichkeiten boten mit über 200 Quadratmetern Fläche mehr als dreimal so viel Platz wie der vorherige Standort. Vier Verkaufs-

schalter, ein Sonderschalter und ein Beratungsplatz ermöglichten eine umfassende Betreuung. Der Eingang war von den Haltestellen gut einsehbar. Anstelle einer Inneneinrichtung aus Kunststoff verbaute man dieses Mal mehr Holz. Die moderne Verkaufsstelle öffnete sich zu einer Zeit, als aufgrund zahlreicher Streckenerweiterungen (Borgfeld, Westerstraße, Universität usw.) der öffentliche Verkehr sehr im Fokus der Menschen stand und die BSAG wieder mehr Fahrgäste verzeichnete. Da der Reisedienst der BVG bereits zur Mitte des Jahres 2001 ausgelaufen war, wurden Busreisen auch nicht mehr angeboten und der Standort in der Langenstraße geschlossen.

Die Kundencenter Domsheide, Sebaldsbrück, Huchting, Gröpelingen und Blumenthal (Foto) waren einheitlich gestaltet.

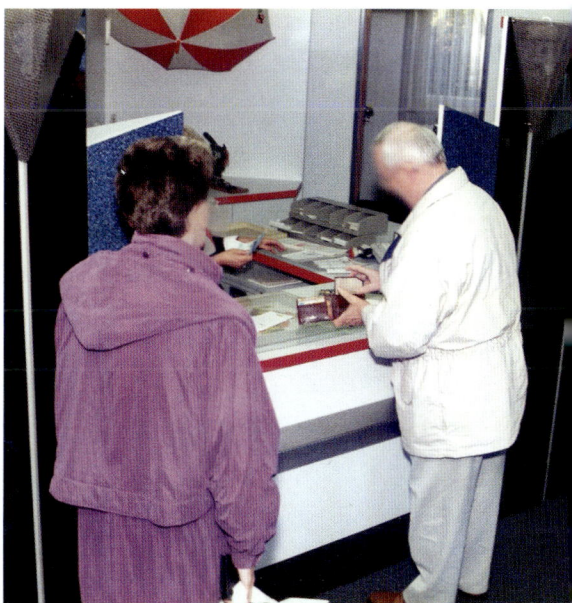

›Erst offen richtig gut‹:
Im November 2002 eröffnete
die BSAG das neue Kundencenter
an der Domsheide im
Gebäude der Baumwollbörse.

2002 Eröffnung des heutigen
Kundencenters Domsheide

1986–2014

Am Hauptbahnhof entstand im Zuge der Umgestaltung des Bahnhofsplatzes auf dem Bahnsteig der Regionalbuslinien in der ›Silbernen Ellipse‹ ein Verkaufsraum, der dem Standard der übrigen Kundencenter auch in den Stadtteilen nicht entsprach und für Beratungen kaum geeignet war. Er ersetzte ab dem 22. März 1999 den bisherigen zugigen Kiosk auf dem Bahnhofsvorplatz am damaligen Zentralen Omnibusbahnhof (ZOB). Die Räumlichkeit war mit vier Verkaufsschaltern zwar ein gewisser Fortschritt, aber doch ein Zugeständnis an die beengten Platzverhältnisse.

Ab dem Jahr 2007 setzte eine Konzentration der Kundencenter auf drei Standorte ein. Die Fahrgäste nutzten zunehmend die elektronischen Ticketangebote. Zudem boten die privaten Kioske durch elektronische Fahrausweisdrucker ein umfangreicheres Ticketsortiment als zuvor und waren durch den Verkauf von Zeitungen, Speisen und Getränken beliebt, so dass die kleinen Verkaufsstellen der BSAG entbehrlich wurden. Im Oktober 2010 hieß es: Ticketverkauf, Tarifauskünfte, Antragsbearbeitungen und weitere Serviceangebote werden zukünftig über die Kundencenter Domsheide, Hauptbahnhof und Vegesack sowie über private Vorverkaufsstellen angeboten. Die Optimierung des Kassendienstes durch die Schließung von Kundencentern in verschiedenen

Deutlich geräumiger und eine angenehme Atmosphäre – das Kundencenter Domsheide bestand in dieser Form von 2002 bis 2018 im Gebäude der Baumwollbörse.

2014 Bremen-Nord als Vorreiter – Eröffnung des ersten Kundencenters der neuen Generation am Vegesacker Bahnhof.

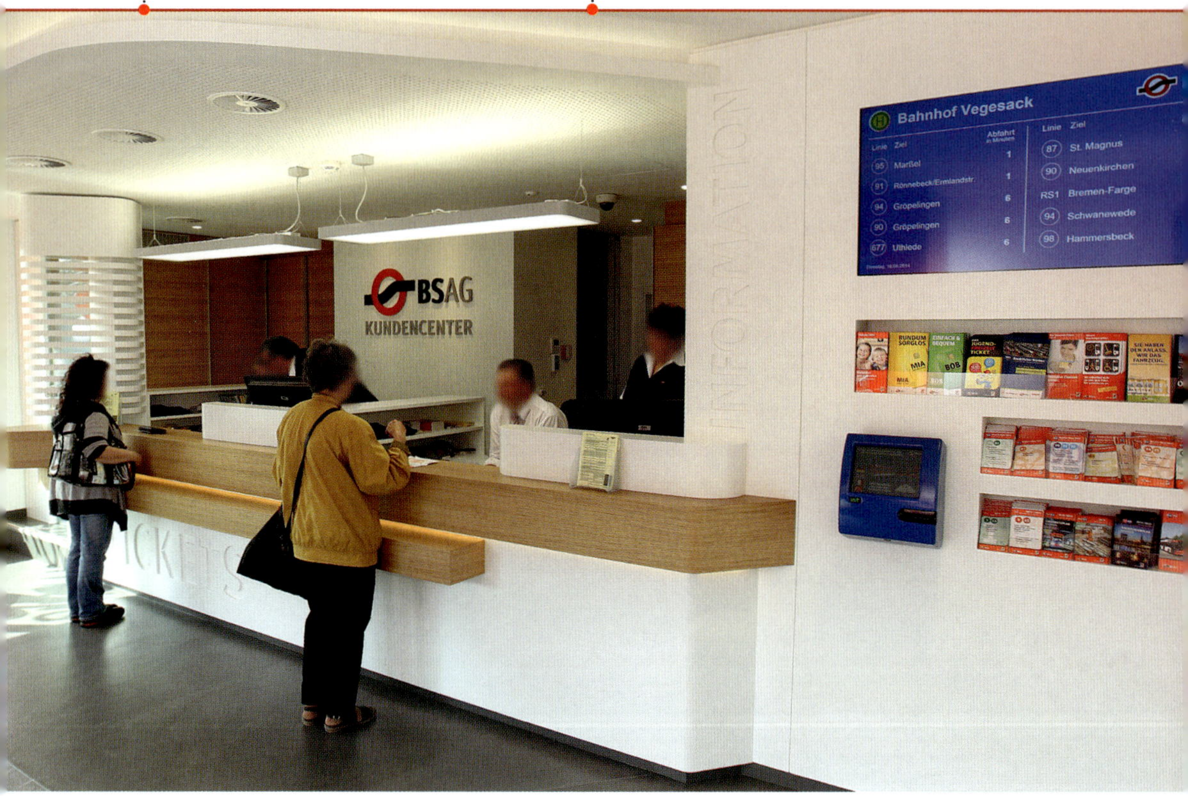

Das erste Kundencenter der neuen Generation am Bahnhof Vegesack.

Stadtteilen dient der Zielerreichung des abgeschlossenen Kontrakts zwischen der BSAG und der Stadt Bremen. Die Standorte Domsheide, Hauptbahnhof und Vegesack werden im Gegenzug von Schließungen ab dem 1. Januar 2011 durch neue, kundenfreundlichere Öffnungszeiten gestärkt und nach und nach auf den modernsten Stand gebracht. Zudem ist die BSAG häufig mit ihrem Infomobil oder den Infoständen vor Ort. Zum 24. März 2007 schloss das Kundencenter Blumenthal-Ständer. ›Wir wollen so oft wie möglich für Sie da sein und mit Rat und Tat, Information und Tickets für Sie bereit stehen. Aber von uns wird auch erwartet, dass wir wirtschaftlich arbeiten. Dafür müssen wir die wenig genutzten Verkaufsstellen Kurt-Huber-Straße in der Vahr und Blumenthal-Ständer leider schließen‹, informierte ein Newsletter vom 4. April 2007. Im Jahr 2010 folgten die Kundencenter Sebaldsbrück (15. Oktober) und Huchting (15. November). In Gröpelingen verblieb nach dem 16. April 2011 nur das Fundbüro bis zu dessen Umzug zur Domsheide zum Frühjahr 2019.

Bremen-Nord als Vorreiter

Bremen-Nord wurde drei Jahre später zum Vorreiter für den neuesten und modernsten Kundencentertyp der zweiten Generation: Am 16. September 2014 eröffnete BSAG-Finanzvorstand Hans Joachim Müller den Neubau auf dem Vegesacker Bahnhofsplatz, der den bisherigen veralteten Kiosk ersetzte. Zudem informiert die BSAG häufiger vor Ort: Im Jahr 2014 wurde die Linie 4 bis nach Lilienthal verlängert. Um die Menschen zu beraten und für das neue Mobilitätsangebot zu begeistern, bietet die BSAG in Zusammenarbeit mit der Gemeinde seitdem nicht nur zahlreiche Infoveranstaltungen an, sondern richtete am 5. September 2015 für den Zeitraum von rund drei Monaten im Lilienthaler Ortszentrum in der Alten Apotheke ein zeitlich befristetes Kundencenter (Infopoint) ein, das die Menschen sehr gut annahmen.

Frühe Zukunftsbilder

›ÖPNV hat in Bremen auch etwas mit Spaß und Freude sowie Identifikation mit der Straßenbahn, dem Bus und dem Unternehmen, das sie betreibt, zu tun. […] In diesem Sinne sorgt die BSAG als moderner Dienstleister auch zukünftig für zeitgemäße Mobilität mit einem hohen Anspruch an Service, Sicherheit und Technik‹, hieß es bei der Feier anlässlich des zehnjährigen Jubiläums der Bremer Karte im Jahr 1996. Am 24. November 1999 äußert sich die BSAG gegenüber der Presse: ›Intelligente Mobilität wird im kommenden Jahrtausend eine zentrale Rolle spielen. An dieser Herausforderung zu arbeiten und mit guten servicebetonten Lösungen am Markt zu sein, ist die große Aufgabe und Chance für das Mobilitätsunternehmen BSAG, für das es sich einzusetzen lohnt. Passend zu den ökologischen wie ökonomischen Zielsetzungen des neuen Jahrtausends gilt es, mehr Menschen zum freiwilligen Umsteigen auf den ÖPNV zu bewegen, damit wir auch in Zukunft mobil bleiben‹.

Das Kundencenter Vegesack.

Mobile Perspektiven

Bremens erster Elektrobus

BSAG

Sonderfahrt

4028

BSAG VBN

HB · ZO 28

Domshof

Die BSAG bietet bereits heute nicht ›nur‹ Mobilität mit Bahnen und Bussen an, sondern macht auch P+R- und B+R-Angebote. Sie kooperiert zudem mit Car-Sharing- und Fahrradverleih-Unternehmen.

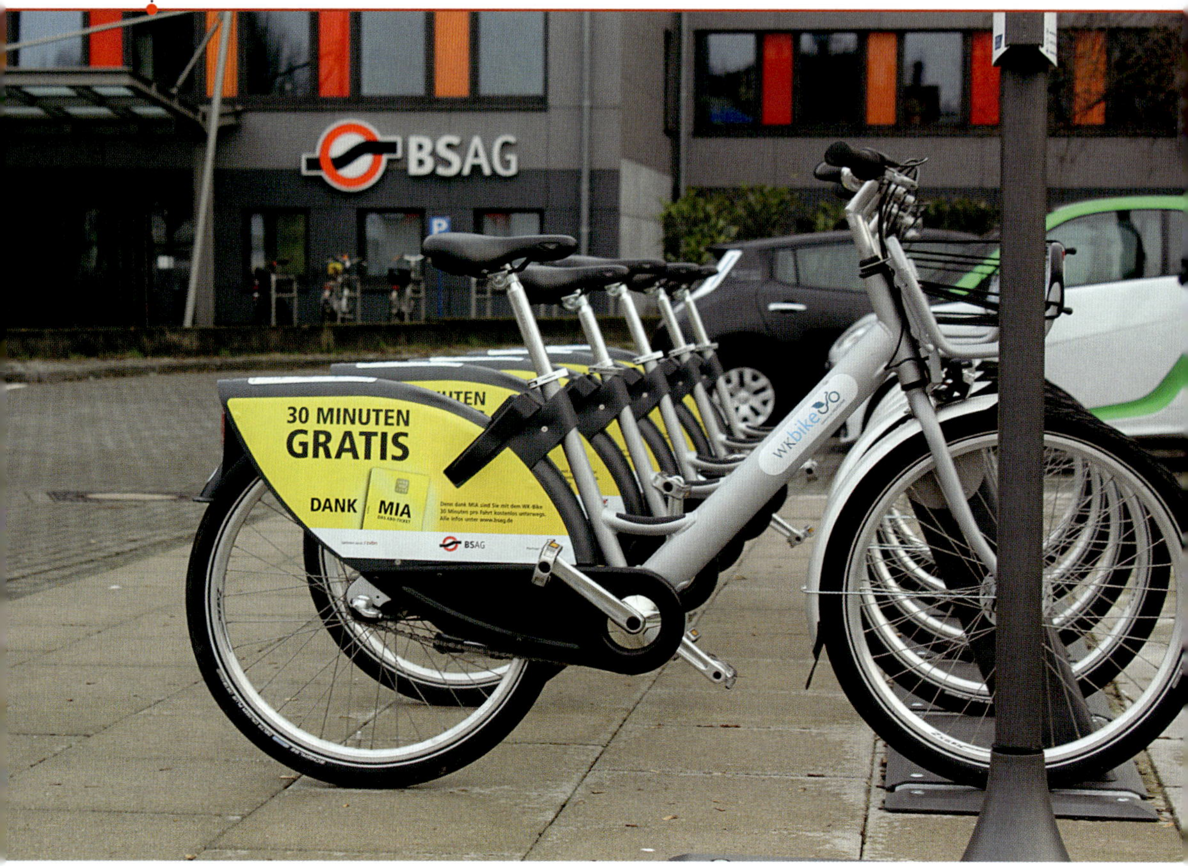

Kaum ein Wirtschaftszweig verändert sich zurzeit so stark wie die Mobilitätsbranche. Auch die BSAG macht sich viele Gedanken über den Verkehr der Zukunft und ist somit für Bremen in Bewegung. Das Kernziel ist eine lebenswerte Stadt, in der alle Menschen zu jeder Zeit umweltschonend und komfortabel mobil sein können.

Wie werden sich die Menschen und die Güter wohl im Jahr 2030 oder gar 2040 durch Bremen bewegen? Einen verbindlichen Blick in die Zukunft werfen kann die Bremer Straßenbahn AG leider nicht. Die Wünsche und Anforderungen haben sich geändert und ändern sich weiter. Der Präsident des Deutschen Städtetags, Oberbürgermeister Markus Lewe aus Münster, erklärte in einer Pressemitteilung am 22. Juni 2018: ›Mobilität in den Städten nachhaltig zu gestalten, ist eine der zentralen Zukunftsaufgaben. Die Ansprüche der Menschen und der Wirtschaft an die Mobilität steigen und Verkehrsaufkommen und Pendlerzahlen nehmen zu. Gleichzeitig wünschen sich viele Bürgerinnen und Bürger

Drehkreuz Bahnhof Mahndorf.

attraktive Aufenthaltsmöglichkeiten im öffentlichen Raum. Radfahrer und Fußgänger fordern mehr Anteile an vorhandenen Verkehrsflächen. Und die Städte wollen und müssen Umweltschutzvorgaben und Klimaschutzziele beachten. Das alles gilt es, mit klugen zukunftsgerechten Konzepten zusammenzubringen. [...] Um eine nachhaltige Mobilität für alle zu erreichen, brauchen wir einen breiten Konsens aller politischen Ebenen. Die Städte wollen weiterhin ihren Beitrag leisten, die Lebens- und Umweltqualität zu erhöhen. Nötig ist dafür aber auch eine konsistente Politik des Bunds und der Länder. Unabhängig vom Dieselskandal und dem Sofortprogramm ›Saubere Luft‹ müssen langfristige Perspektiven für eine nachhaltige Mobilität entwickelt werden, deutlich über eine Legislaturperiode hinaus.‹

Auch der Hauptgeschäftsführer des Städtetags, Helmut Dedy, brachte es in einem Statement gegenüber der Deutschen Presse-Agentur am 2. Januar 2019 deutlich auf den Punkt, in dem er vor einem Verkehrskollaps warnte und zusätzliche Milliarden des Bunds forderte: ›2019 muss ein Jahr der Verkehrswende werden, in dem die Verkehrspolitik viel stärker auf zukunftsgerechte und nachhaltige Mobilität ausgerichtet wird. Unsere Verkehrspolitik ist nicht mehr zeit-

gemäß. Es muss vor allem mehr attraktive Angebote geben, vom Auto auf die Bahn, auf ÖPNV und Fahrrad umzusteigen. Ohne eine Verkehrswende werden wir bald in Teilen unseres Lands einen Verkehrskollaps erleben‹. Bund und Länder müssten im neuen Jahr ein Gesamtkonzept für nachhaltige Mobilität vorlegen. ›Wir leiten bereits die Verkehrswende in den Städten ein und wollen unseren Sachverstand in das Gesamtkonzept einbringen‹, sagte Dedy. ›Allerdings erwarten wir auch, dass Bund und Länder dafür über bisherige Programme hinaus Mittel in Milliardenhöhe einsetzen, zum Beispiel für Investitionen in den ÖPNV und die Verkehrsinfrastruktur insgesamt.‹ Außerdem müssten die Anstrengungen für saubere Luft in den Städten fortgesetzt werden. Es müsse gelingen, die Gesundheit der Menschen zu schützen und die Städte mobil zu halten. Fahrverbote dürften auch 2019 nur das letzte Mittel bleiben, wenn nicht auf anderem Wege die Grenzwerte in den Städten eingehalten werden könnten.

SCHAU MIT UNS IN DIE ZUKUNFT

Die BSAG übernimmt Verantwortung bei den wichtigen Zukunftsthemen. Wir unterstützen den weiteren Ausbau der Infrastruktur und treiben die Entwicklung neuer Antriebstechniken voran. Neue Mobilitätsformen, der Aufbau von Mobilitätsketten und neue Vertriebswege gehören ebenso dazu. Und: Die Mobilität muss nachhaltig noch sauberer und leiser werden. Daran arbeitet die BSAG – für Bremen und umzu.

Die Grenzen zwischen individuellem und öffentlichem Verkehr werden zunehmend fließender. Neben Bahnen, Bussen und Taxis drängen fortschrittliche Mobilitätsangebote wie etwa diverse Modelle des Car- und Bike-Sharings sowie des Ride-Sharings, das heißt die gemeinsame Nutzung eines Fahrzeugs durch mehrere Personen, mit Macht auf den Markt. Die Zeiten, in denen sich Großstädter nur zwischen Bahn und Bus, eigenem Auto und Fahrrad entscheiden mussten, sind vorbei.

Für die Zukunft unserer Mobilität hat die fortschreitende Digitalisierung eine große Bedeutung. Auch bei den Verkehrsbetrieben führt sie in vielen Bereichen zu Veränderungen wie beispielsweise bei der Fahrzeugtechnik, dem fahrerlosen (autonomen) Fahren, Mobility-on-Demand-Konzepten, dem elektronischen Ticketverkauf oder in der Arbeitswelt. Ein wichtiges Thema beim Service ist die Optimierung von Anwendungen (Apps) für mobile Endgeräte wie etwa Smartphones. So könnte der VBN-FahrPlaner, den viele Handynutzerinnen und -nutzer auf ihrem Gerät installiert haben, zu einer Mobilitäts-App weiterentwickelt werden. Denkbar ist es, damit zusätzlich zur Fahrplanauskunft und zum Ticketkauf in bestimmten Testgebieten Rufbusse zu bestellen oder Car-Sharing, Leihfahrräder und On-Demand-Bussysteme zu nutzen.

Unterwegs in der Stadt: ›MOBILDIALOG – Die BSAG-Tour‹

Die Möglichkeiten der Fortbewegung werden flexibler und aus dem immer größeren Angebot können sich die Nutzerinnen und Nutzer ihr ganz persönliches Mobilitätspäckchen schnüren. Der charmante Nebeneffekt: Wo mehr Leute auf ein eigenes Fahrzeug verzichten und den ÖPNV, das Fahrrad oder Sharing-Angebote nutzen oder gehen, könnten Straßen und Parkplätze wieder zum Lebensraum werden. Wie reizvoll finden Bremerinnen und Bremer diesen Gedanken überhaupt? Und welche Erwartungen haben sie an die Bahnen und Busse?

Da sich die BSAG als Gestalterin von moderner urbaner Mobilität in Bremen sieht, war und ist es ihr erklärtes Ziel, die Bedürfnisse und Erwartungen der Menschen ganz genau kennenzulernen. Im normalen Alltagsgeschäft des Unternehmens kommt aber eines manchmal etwas zu kurz: das Gespräch zwischen Fahrgästen und Mitarbeitenden. Die Kolleginnen und Kollegen im Fahrdienst müssen sich auf den Straßenverkehr konzentrieren, während Kundinnen und Kunden es meistens eilig haben. Unter dem Titel ›MOBILDIALOG – Die BSAG-Tour‹ nahm sich die BSAG daher im September 2018 die Zeit, um mit Fahrgästen ins Gespräch zu kommen, ohne dass ein einzuhaltender Fahrplan zur Eile drängte. Auch Stadtpolitikerinnen

Der MOBILDIALOG gastiert in Woltmershausen.

Die Künstlerin Johanna Benz beim Anfertigen eines ihrer Stadtteilbilder.

Zukunft

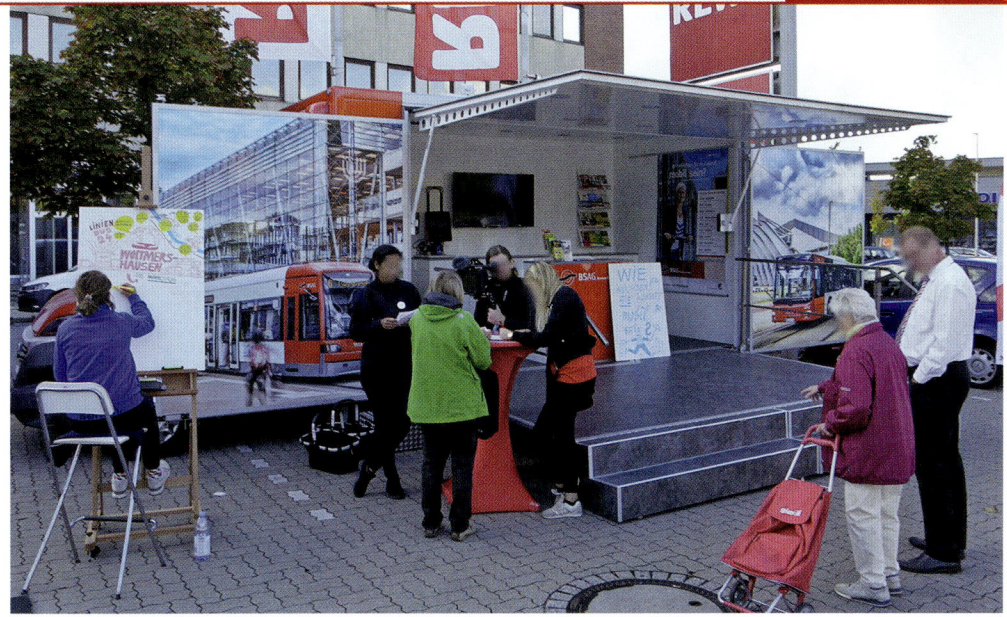

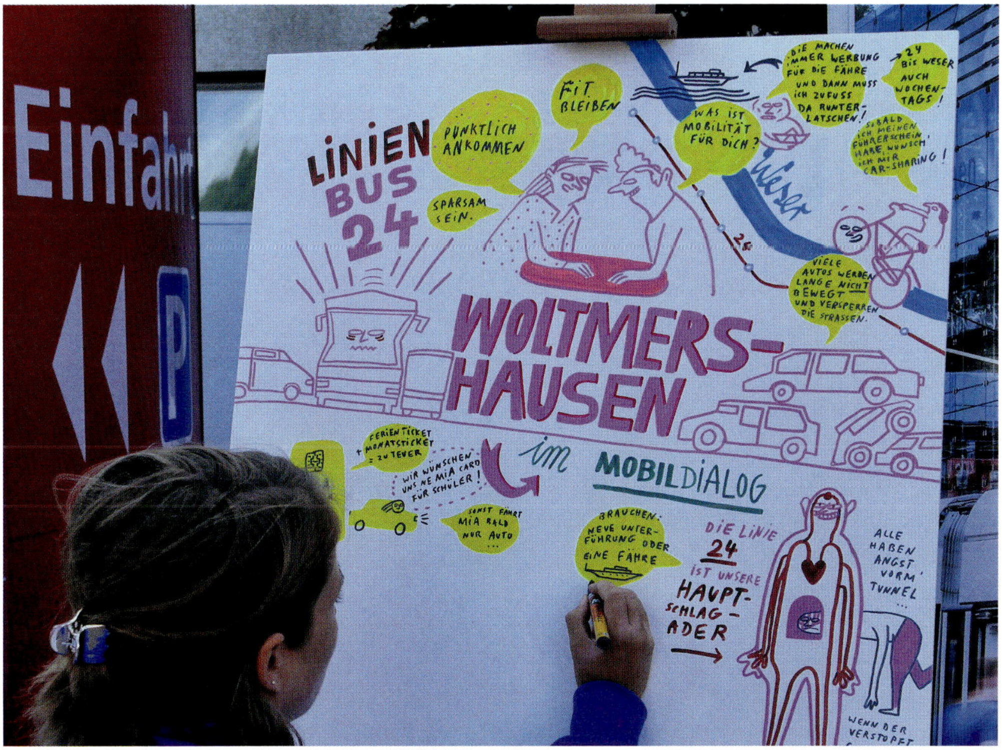

Infos zum VEP und zum
Masterplan Green City:
www.bauumwelt.bremen.de

und -politiker waren zu dem Austausch ein-
geladen.

Der MOBILDIALOG gastierte unter
anderem auf dem Kinderfest im Bürgerpark,
der Seniorenmesse ›InVita‹ und dem Lilienthaler Herbstfest. Das Team besuchte zudem
rund zehn Bremer Stadtteile von Blumenthal
über Gröpelingen und Woltmershausen bis
Osterholz sowie die Universität Bremen.
Unterstützung erhielt es dabei von der Gra-
phic-Recording-Künstlerin Johanna Benz. Sie
hörte bei jedem Tour-Stopp genau zu und
hielt die Anregungen der Menschen in den
Stadtteilen in kleinen Zeichnungen fest. So
entstand an jedem Tag ein neues, ganz in-
dividuelles Stadtteilbild. Über die aktuellen
Themen in den jeweiligen Vierteln und die
Wünsche der Bewohnerinnen und Bewohner
für ihre persönliche Mobilität in der Zukunft
berichtete das Unternehmen begleitend auf
dem BSAG-Blog und ergänzte die Veröffentlichungen mit den entstandenen Stadtteil-
bildern und Videointerviews der Gäste, in
denen diese sich zum Thema äußerten.

An den meisten Standorten bewegte
die Mobilität die Gemüter, und die Wortbei-
träge wurden von vielen Menschen engagiert
und zuweilen kontrovers aus ihrer ganz persönlichen Sicht vorgetragen. Häufig genann-
te Wünsche an den VBN und die BSAG waren
zum Beispiel günstigere Tarife und neue
Ticketangebote. Auch über die Zukunft und
den Nutzen der Elektromobilität wurde –
überwiegend positiv – diskutiert. Sehr unterschiedliche Meinungen herrschten etwa
in Bezug auf die Erreichbarkeit der City, die

Umgestaltung der Domsheide oder das Ver-
kehrsangebot in den Quartieren. Während
einige Bürgerinnen und Bürger den Ausbau
des Straßenbahnnetzes begrüßten und
Ideen für weitere Trassen vortrugen, äußerten andere ihre Skepsis oder lehnten diese
ab. Verschiedene Ansichten gab es auch
bezüglich geplanter Modifizierungen einiger
Busstrecken. Ebenso kontrovers wurde das
Zukunftsthema des autonomen, also des
fahrerlosen Fahrens besprochen. Weitere
Inhalte der Diskussionen waren beispielsweise die künftige Anbindung der neuen Wohn-
und Gewerbegebiete, P+R und Car-Sharing.
Die Ergebnisse der Tour, die Stadtteilbilder
und auch die Videos zu den einzelnen Stationen sind auf dem Blog der BSAG unter
www.mobil-dialog.de zu finden.

Dass viele Themen der Mobilität und
der Zukunft des Verkehrs unterschiedlich
oder gar gegensätzlich gesehen werden, ist
selbstverständlich nicht erst seit der BSAG-
Tour bekannt, sondern begleitet die Gesellschaft seit ihrer Gründung. Zusammen mit
Partnern möchte das Verkehrsunternehmen
die Menschen zum Nachdenken anregen und
zum Verständnis für die eigenen, aber auch
für die anderen Standpunkte beitragen.
Denn es existiert für die zukünftige Fortbewegung in der Stadt nicht nur eine einzige
Vision. Die BSAG beteiligt sich daher an der
Ausstellung ›Der mobile Mensch – Deine
Wege. Deine Entscheidung. Deine Zukunft‹
im Veranstaltungszentrum Universum Bremen. Noch bis Mitte 2020 haben Besuchen-
de dort die Möglichkeit, Ihre eigenen Mobi-

›Eine lebenswerte Stadt, in der alle Menschen zu jeder Zeit umweltschonend und komfortabel mobil sein können, das ist das vorrangige Ziel des ›Masterplan Green City Bremen‹. Und das ist auch der Kern der Zukunftsstrategie der BSAG. Wir nennen es moderne urbane Mobilität.‹

HAJO MÜLLER

Zukunft

für die Stadtgemeinde zu erarbeiten. Er ist ein zentraler Baustein für die Mobilität der nächsten zehn bis 15 Jahre. Die Bürgerinnen und Bürger waren in einem umfangreichen Beteiligungsverfahren in die Erarbeitung eingebunden, ebenso Vertreterinnen und Vertreter der Bürgerschaftsfraktionen sowie der Wirtschafts- und Umweltverbände, die BSAG und weitere Organisationen. Für Bremens Bahnen und Busse sehen die Verkehrsfachleute gute Perspektiven: ›Die Chancen- und Mängelanalyse weist für den ÖPNV einen Modal Split [Anteil] von 14 Prozent an allen Fahrten und Wegen der Bremerinnen und Bremer im Vergleich zum MIV [motorisierter Individualverkehr] (40 Prozent) aus und zeigt damit, dass der ÖPNV noch erhebliche Entwicklungsspielräume hat‹ (VEP, S. 149).

Der VEP listet zahlreiche Verbesserungsmaßnahmen auf, von denen auch die Fahrgäste der Gesellschaft profitieren. Dazu zählen etwa Optimierungen der Knotenpunkte Domsheide und Am Brill, verbesserte Tarifangebote, Bevorrechtigungen an Ampeln, Abbau von Behinderungen durch Falschparker, optimierte Barrierefreiheit beim Ein- und Aussteigen sowie eine verbesserte Fahrplanabstimmung. Zur Unterstützung der Nutzung mehrerer Verkehrsmittel für einen Weg – Fachleute sprechen von multimodaler Mobilität – ist der Ausbau von Schnittstellen (zum Beispiel Park & Ride oder Bike & Ride) vorgesehen. Neu sind etwa Überlegungen, an ausgewählten Plätzen Angebote zu schaffen, den Pkw abzustellen und von dort mit

litätsbedürfnisse zu erforschen und sie dabei zugleich auch zu hinterfragen. Zudem sind zahlreiche Veranstaltungen geplant. Mehr dazu können Sie im Anhang dieses Buchs oder auf dem BSAG-Blog nachlesen.

Der ›Verkehrsentwicklungsplan Bremen 2025‹

Einige Gedanken der Bremerinnen und Bremer zum Verkehr der Zukunft haben wir nun schon kennengelernt. Doch was raten die Fachleute? Welche Projekte sollen verwirklicht werden? Und welche Prioritäten sind dabei zu setzen? Der Senator für Umwelt, Bau und Verkehr der Freien Hansestadt Bremen wurde am 12. Januar 2012 beauftragt, einen Verkehrsentwicklungsplan (VEP)

Leihfahrrädern weiterfahren zu können (Park & Bike). Von Bedeutung ist auch der Ausbau des Liniennetzes. Nicht zuletzt hat das Marketing einen hohen Stellenwert für die nachhaltige Mobilität.

Mit dem Beschluss des ›Verkehrsentwicklungsplan Bremen 2025‹ durch die Bremische Bürgerschaft am 23. September 2014 ist der Weg bereitet, um die enthaltenen Maßnahmen umzusetzen, sofern die dafür nötigen Finanzmittel zur Verfügung stehen.

Innovationen statt Fahrverbote

Ganze 202 Seiten umfasst der ›Masterplan Green City Bremen‹. Er dient nicht nur der Stadt Bremen, sondern auch hiesigen Institutionen wie der BSAG oder dem VBN als Grundlage für künftige Bewerbungen um Fördergelder des Bunds, wenn es darum geht, Projekte umzusetzen, die zur Luftreinhaltung in Bremen beitragen. Denn als Ergebnis des Dieselgipfels der Bundesregierung stehen bis zu einer Milliarde Euro für das Sofortprogramm ›Saubere Luft 2017–2020‹ zur Verfügung. Es soll den Kommunen helfen, Maßnahmen für eine bessere Luftqualität umzusetzen und Fahrverbote zu vermeiden. Die Bundesregierung und die deutsche Automobilindustrie verabredeten am 3. August 2017 ein Bündel von Programmen, darunter die Green City Masterpläne. Der finanzielle Rahmen wurde bei einem weiteren Dieselgipfel Ende 2018 deutlich aufgestockt. Um Fördermittel konnten sich Städte und Regionen, die den gesetzlichen Grenzwert für Stickstoffdioxid (NO_2) im Jah-

resmittel nicht einhalten, kurzfristig bewerben. Dies trifft für das relevante Bezugsjahr 2016 auch auf die Stadt Bremen zu. Das Ziel des ›Masterplan Green City Bremen‹ besteht vor allem darin, Maßnahmen aufzuzeigen, die möglichst kurzfristig zu einer Senkung der zu hohen Stickoxidbelastungen führen.

Die Unterlage wurde unter der Federführung des Senators für Umwelt, Bau und Verkehr gemeinsam unter anderem mit der BSAG und dem VBN sowie weiteren Akteuren erarbeitet. Expertinnen und Experten der Stadt, aus externen Beratungsfirmen, Unternehmen sowie Institutionen der Verkehrsbranche in Bremen haben aufbauend auf dem Verkehrsentwicklungsplan Mitte 2018 verschiedene Ideen entwickelt und bewertet, die dazu beitragen können, die Luft in Bremen zu verbessern und insbesondere die Stickstoffdioxidbelastung zu senken. Die Projektsteuerung erfolgte durch die Consult Team Bremen – Gesellschaft für Verkehrsplanung und Bau mbH (CTB), einer Tochtergesellschaft der BSAG. Etwa 80 mögliche Maßnahmen haben es schließlich in den Masterplan geschafft. Er baut auf dem Handlungskonzept des ›Verkehrsentwicklungsplans Bremen 2025‹ auf und ergänzt ihn. Der Masterplan bildet daher keinen umfassenden Verkehrsentwicklungsplan ab, sondern konzentriert sich auf das vom Bundesministerium für Verkehr und digitale Infrastruktur vorgegebene Spektrum möglicher Maßnahmen, bei denen die Chancen für eine Bundesförderung in den kommenden Jahren hoch sind.

›STROMER‹
STATT DIESEL

Elektromobilität kommt an: Bei einer Umfrage eines Bremer Marktforschungsinstituts im Jahr 2018 wünschten sich 83 Prozent der befragten Fahrgäste mehr Elektrobusse auf Bremens Straßen, darunter mehr jüngere als ältere. Auch im Januar 2019 bejahten 74 Prozent der insgesamt rund 950 befragten Leserinnen und Leser des Weser-Kuriers die Frage: ›Soll Bremen mehr E-Busse anschaffen?‹.

Durch umfangreiche Tests verfügt die BSAG über viele Erfahrungen mit elektrisch angetriebenen Bussen, die aus Batterien gespeist werden. ›Stromer‹, die zertifizierten Ökostrom nutzen, werden künftig deutlich häufiger im Stadtbild zu sehen sein. Das bedeutet aber auch, dass das Unternehmen eine Ladeinfrastruktur schaffen muss und für die Realisierung Finanzierungspartner braucht. Der Strombedarf würde sich stark erhöhen. Dafür reichen die gegenwärtigen Netze noch nicht aus, sodass das Lademanagement von großer Bedeutung ist.

Zusammen mit vielen weiteren Verkehrsbetrieben wird derzeit eine Beschaffungsoffensive vorbereitet. Dazu zählt die Erarbeitung eines standardisierten Lastenhefts, das heißt eines Anforderungskatalogs sowohl für die Fahrzeuge, die Ladeinfrastruktur als auch für die erforderliche Software.

Für die Umstellung der aus rund 230 Fahrzeugen bestehenden Busflotte auf Elektroantrieb liegen bereits konkrete Pläne vor.

Die Strategie sieht in den kommenden Jahren eine fortlaufende Bestellung von Elektrobussen vor. Ein Etappenziel wäre im Jahr 2025 zu erreichen – dann sollen 50 bis 55 Wagen der Busflotte ›Stromer‹ sein. Eine weitere Vision sieht vor, dass der gesamte Bremer Busfuhrpark bis zum Jahr 2035 oder 2040 ausschließlich elektrisch fährt. Der genaue Umsetzungszeitplan hängt stark von der Verfügbarkeit der benötigten E-Busse sowie

Aufladen eines Elektrobusses
auf dem Betriebshof Neustadt der BSAG.

E-Bus im nächtlichen Einsatz auf der Linie 63 am Hauptbahnhof, Ende 2017.

der entsprechenden Förderung ab. Aktuell steigen die Preise der E-Busse, da nur eingeschränkt massentaugliche Fahrzeuge auf dem Markt sind und zugleich viele Städte und Verkehrsunternehmen in Zukunft auf ›Stromer‹ setzen.

In drei Schritten zur E-Busflotte

Einen erfolgreichen und flächendeckenden Elektrobusbetrieb könnten Bremen und die BSAG in drei Schritten umsetzen. Sie sollen durch fachliche Studien und Gutachten genauer geplant und mit der Politik abgestimmt werden.

1. *Ab sofort – Vorbereitungs- und Anlaufphase:* In naher Zukunft möchte das Unternehmen ausschließlich E-Busse beschaffen. Vor der Ankunft einer größeren Anzahl an Fahrzeugen muss mindestens ein Betriebshof mit entsprechender Ladeinfrastruktur und einer geeigneten Werkstatt ausgerüstet sein. Zur Sicherstellung eines zuverlässigen Einsatzes sind die Einführung eines intelligenten Lade- und Depot-

managements (Softwarelösung) und die Fortbildung der Mitarbeitenden notwendig.

2. *Horizont 2025 – Übergangsphase (Mischbetrieb mit Diesel- und Elektrobussen):* In dieser Phase sollen weitere ›Stromer‹ beschafft werden. Die Einführung einer intelligenten Lösung zur wirtschaftlichen Nutzung von Strompreisschwankungen (etwa nachts oder am Wochenende) ist zu prüfen.

3. *Horizont 2035 bis 2040 – Reiner E-Busbetrieb:* Für den ausschließlichen Busbetrieb mit ›Stromern‹ ist die Umgestaltung des letzten Betriebshofs erforderlich. Geplant ist die Einführung einer Software für Monitoring- und Betriebsoptimierung bis 2035. Die Ziele dieser Phase sind die weitere Optimierung des Betriebs und die Erhöhung der Wirtschaftlichkeit, Zuverlässigkeit und Qualität.

Busdepots fit für die Zukunft

Eine zentrale Frage der geplanten Umstellung lautet: Wie müssen die Werkstätten

und Betriebshöfe ausgestattet sein, damit Elektrobusse dort gewartet und repariert werden können? Nach den Veränderungen aufgrund der neuen Straßenbahngeneration sorgen die ›Stromer‹ dort für einen weiteren Wandel. Die Hochvolttechnik der E-Busse setzt umfangreiche Fach- und Sicherheitskenntnisse voraus. Bei den Elektrobussen befindet sich die Technik nicht mehr im Heck des Fahrzeugs, sondern überwiegend auf dem Wagendach, das betrifft etwa die Batterien und die Klimaanlage. Für deren Wartung und Reparatur sind Dacharbeitsstände erforderlich, wie sie bereits seit den 1990er Jahren in den Straßenbahnwerkstätten vorhanden sind. Zudem müssen genügend Stromanschlüsse zur Verfügung stehen. Auf den Betriebshöfen werden Ladesäulen benötigt, die zu installieren und mit dem Stromnetz zu verbinden sind. Da die Busse wie die Straßenbahnen eine Spannung von 600 Volt Gleichstrom benötigen, diese im öffentlichen Netz aber nicht verfügbar ist, muss die BSAG die Umformerleistungen ihrer Straßenbahn-Gleichrichterwerke mit den Transformatoren und Gleichrichtern verstärken oder Stationen neu bauen.

Bisher war es kein Problem, die verbleibende Kraftstoffmenge bei Dieselbussen nach ihrem Einsatz festzustellen und sie zu betanken. Bei ›Stromern‹ wird eine Software nach dem Anschließen des Elektrobusses an eine Ladesäule prüfen, wie viel elektrische Ladung die ›Stromer‹ bei der Ankunft auf dem Betriebshof noch haben, und danach die Aufladung regeln. Dabei spielt ein intelligentes Lademanagement eine tragende Rolle, denn die Stromversorgung für die schnellstmögliche Aufladung einer ganzen Busflotte würde andernfalls zu technischen und wirtschaftlichen Problemen führen. Die Idee ist, einige Busse langsam, andere auch nur teilweise aufzuladen. Die Wagen würden dann von der Software in Abhängigkeit vom Ladezustand gezielt für Fahrten (Kurse) mit längeren oder kürzeren Laufleistungen eingeteilt. Viele Verkehrsbetriebe testen derzeit diese neuen Techniken, doch noch sind keine fertigen Systeme auf dem Markt zu erwerben.

Verschiedene Dieselbustypen auf dem Betriebshof Neustadt.

Infos über viele Bauprojekte der Stadt Bremen finden Sie auf der Website www.bremen.de/leben-in-bremen/bremen-wird-neu

BREMEN WIRD NEU

Bremen ist eine attraktive Stadt – und soll in den kommenden Jahren deutlich wachsen. An vielen Stellen auch in den niedersächsischen Nachbargemeinden wird gebaut und neue Quartiere entstehen. Wie stark Orte teilweise ihr Gesicht verändern, erleben wir derzeit beispielsweise in der Überseestadt, an der Universität und im niedersächsischen Lilienthal. Die Neubremerinnen und -bremer möchten mobil sein und benötigen nachhaltige Verkehrsanbindungen. So kann es zu Maßnahmen kommen, die im ›Verkehrsentwicklungsplan Bremen 2025‹ noch gar nicht enthalten sind.

City-Ballett der Kräne

Von den Veränderungen ist auch Bremens City betroffen, die sich in den kommenden Jahren neu erfindet. Private Akteure investieren große Summen in verschiedene Bauvorhaben im Herzen der Stadt. Um für eine höhere Attraktivität und Aufenthaltsqualität zu sorgen und die Innenstadt für die Zukunft zu beleben, unternimmt Bremen mit Schlüsselprojekten wie dem neuen Fernbusterminal erhebliche Anstrengungen. Für die bessere Erreichbarkeit der Innenstadt sowie weiterer großer Wohn- und Gewerbegebiete sind die Querverbindung Ost und Erweiterungen der Straßenbahnlinie 1 vom Roland-Center bis nach Mittelshuchting und der 8 bis nach Weyhe-Leeste politisch beschlossen. Darüber hinaus werden die Citylinien 26 und 27 bis nach Obervieland verlängert. Aber auch Verbesserungen der wichtigen Umsteigestelle Am Brill sind im Gespräch. Dabei geht es um eine mögliche Verlegung der Steige in Richtung Neustadt und Hauptbahnhof in die

›Ballett der Kräne‹: Die Überseestadt mit dem Wendebecken und einem Bus der damaligen Linie 20. Hier fahren heute die Buslinien 26 und 28.

Bremen wird neu: Nächtlicher Blick auf die Baustelle des ›City-Gates‹ Ende 2017.

Bürgermeister-Smidt-Straße, sodass sie von der Fußgängerzone komfortabler und schneller zu erreichen sind. Der dafür notwendige Platz müsste allerdings erst noch geschaffen werden.

Eine Visitenkarte für Bremen

Ein besonderes Thema ist die Umgestaltung der zentralen Haltestelle Domsheide. Das Tor zum Marktplatz ist heute ein Durcheinander von Haltestellen, Bahnen und Bussen, Passanten und Radfahrern – und damit alles andere als einladend gestaltet. Aktuell halten bis zu 80 Bahnen und 32 Busse pro Stunde sowohl vor dem Postamt als auch in der Balgebrückstraße. Am zweitstärksten Stopp der BSAG steigen täglich Tausende aus, ein oder um. Die Steige sind für die vielen Fahrgäste teils zu eng oder

führen zu Behinderungen mit Fußgängerinnen, Fußgängern und Radfahrenden. Voraussichtliche künftige Standards der Barrierefreiheit können mit der derzeitigen Gleislage nicht erfüllt werden.

Um die Situation im Rahmen der in den kommenden Jahren ohnehin anstehenden Erneuerung der Gleise zu verbessern, stehen verschiedene Maßnahmen zur Diskussion. So soll unter anderem geprüft werden, ob man beispielsweise die Haltestellen auf Höhe der ›Glocke‹ mit vier Steigen ähnlich wie am Leibnizplatz in der Bremer Neustadt konzentrieren kann. Bei einem anderen Modell bleiben zwar beide bisherigen Standorte (Domsheide und Balgebrückstraße) bestehen, werden aber leicht versetzt: Die Steige in der Balgebrückstraße würden ein Stück in Richtung Weser rücken und die Haltestellen

BSAG

Die Domsheide heute – ein unübersichtliches Durcheinander von Bahnen, Bussen, Fahrrädern und Passanten.

vor dem Postamt gleichsam nachziehen, damit der Abstand nicht zu groß wird. Ihr neuer Standort wäre dann vor dem Gebäude der Bremischen Volksbank. Durch die Verlegung der Stopps in der Balgebrückstraße soll mehr Platz für die Querung zwischen der Dechanat- und der Marktstraße geschaffen werden.

Die Ziele der Umgestaltung sind unter anderem kürzere Umsteigewege und somit die Steigerung der Attraktivität des ÖPNV, mehr Platz für Menschen sowie gute Verbindungen für den Radverkehr. Die historischen Bauwerke sollen einen würdigen Auftritt im Stadtraum erhalten und die Aufenthaltsqualität insgesamt steigern. Bis 2022 soll die vollständige Barrierefreiheit an den Haltestellen hergestellt sein: Der Ein- und Ausstieg muss möglichst eben und nur mit

einem kleinen Spalt versehen sein. Diese sehr verschiedenen und gleichermaßen berechtigten Anforderungen, die bei der Umgestaltung des Verkehrsknotens so gut wie möglich miteinander in Einklang zu bringen sind, stellen die Planung vor große Herausforderungen. Eile ist zudem geboten, denn die Weichen und Kreuzungen sind inzwischen merklich verschlissen und daher dringend erneuerungsbedürftig.

In öffentlichen Beteiligungsworkshops diskutierten Planerinnen und Planer Anfang 2019 mit Interessierten über Varianten der Gleisführung. Da alle ihre Vor- und Nachteile haben, wurde der Prozess der Bürgerbeteiligung gestartet. Kontrovers geführte Diskussionen drehten sich etwa um den künftigen Standort der zentralen Innenstadthaltestelle oder um den Verbleib des roten Verkehrs-

Zukunft

turms bei der Volksbank, der seinerzeit vom Künstler Kirkeby entworfen wurde. Denn dieser muss bei den beiden zuletzt diskutierten Varianten etwas verschoben werden. Ein Abriss kommt nicht in Betracht. Zurzeit läuft die Unterschutzstellung (Denkmalschutz). Die Stadt Bremen wird die Ergebnisse zusammenfassen und veröffentlichen. Dabei ist beabsichtigt, die Gegenläufigkeit der verschiedenen Ziele aufzuzeigen und zu verdeutlichen, wie die verschiedenen Interessen in solch einem komplexen Planungsprozess abgewogen werden müssen. Das gemeinsame Anliegen: Der markante Platz im Herzen der Stadt soll zur Visitenkarte mit mehr Aufenthaltsqualität werden.

Die Buslinie 26 in der Überseestadt
an der Silbermannstraße.

Eine Zukunft mit Anschluss

›Eine Zukunft ohne Anschluss? Nicht mit uns‹ – so lautete die Werbeaussage im Herbst 2018. Die BSAG arbeitet für die gute Anbindung neuer Stadtteile mit Bus und Straßenbahn. Einige der Quartiere verfügen bereits heute über attraktive ÖPNV-Angebote, für manche gibt es konkrete Überlegungen, während für andere die Erschließung erst noch entwickelt werden muss. Gut angebunden ist das neue Horner Mühlenviertel an der Leher Heerstraße. Die im dichten Takt fahrenden Straßenbahnlinien 4 und 4S sowie die Buslinien 33/34 (Oberneuland) bieten ansprechende Verbindungen. Für den Wohnpark Oberneuland gibt es seit Mitte 2018 auf der Linie 31 eine neue Haltestelle. Auf der frei werdenden Fläche des Klinikums

Das ehemalige Brinkmann-Gelände soll in Zukunft
neue Wohn- und Arbeitsorte bieten.

Bremen-Mitte entsteht ein zugleich urbanes
und grünes Quartier: das Hulsberg-Viertel.
Die künftigen Bewohnerinnen und Bewohner
können die Straßenbahnlinien 2 und 10
(Am Schwarzen Meer) und die Innenstadt-
Buslinie 25 (Bismarckstraße) nutzen. Neue
Car- und Bike-Sharing-Optionen sollen das
Angebot abrunden.

Mit Blick auf Wasser, Deich und Weserstadion bietet die neue Gartenstadt Werdersee in Habenhausen schon bald neuen Wohn-
raum. Wenn voraussichtlich ab dem Frühjahr
2020 statt der lokalen Busverbindung 51
die Citylinie 26 oder 27 bis in den Stadtteil
Obervieland hinein verlängert und eine neue
Haltestelle eingerichtet wird, erhält das
Viertel eine umsteigefreie Verbindung mit
dem Zentrum.

Frischer Wind für Pusdorf – und mehr Verkehr

Der Stadtteil Woltmershausen, den
manche auch als ›Pusdorf‹ kennen, gilt als
eher ruhigere Wohngegend und stand bisher
mit seiner Insellage nicht unbedingt im Ram-

Die Linie 24 im vorderen Woltmershausen heute. Der Pusdorfer Tunnel gilt als Verkehrsengpass.

Eng und verkehrsreich: Die Woltmershauser Straße heute.

Zukunft

penlicht. Nach der Überseestadt könnte aber genau auf der gegenüberliegenden Seite der Weser, im innenstadtnahen Bereich des Stadtviertels, eines der größten Baugebiete der Stadt entstehen: Auf dem ehemaligen Gelände der Tabakwarenfabrik Brinkmann sind Gebäude mit vielfältiger Wohnnutzung in Verbindung mit den vorhandenen Büro- und Gewerbeeinheiten geplant – das neue ›Tabakquartier‹. Auch für das angrenzende Grundstück des ehemaligen Gaswerks, den Standort der wesernetz Bremen GmbH, gibt es erste Überlegungen. Gemeinsam mit den Eigentümern möchte man die Fläche zu einem bunt durchmischten Gebiet entwickeln. Seit Mitte 2018 arbeitet die Stadt Bremen an

dem Masterplan für das vordere Woltmershausen. Das Projekt umfasst zusätzlich den Neustädter Güterbahnhof und das Hohentorsviertel. Die Bereiche rund um den Neustadtsbahnhof und der Hohentorspark sind schon aufgewertet. Von entscheidender Bedeutung ist das Lösen der Verkehrsprobleme, denn seit Langem gibt es erhebliche Engpässe unter anderem am Woltmershauser Tunnel und in der Neustädter Hohentorstraße. Konkrete Konzepte auch für den ÖPNV werden im Rahmen des Verfahrens durch ein Ingenieurbüro entwickelt und diskutiert.

DIE ZUKUNFT VERBINDET

Welche Überlegungen bestehen seitens der Stadt Bremen für den Anschluss der neuen Wohn- und Gewerbegebiete? Wie könnte das Buslinien- und Straßenbahnnetz der Zukunft aussehen? Und in welcher Art und Weise könnten die neuen digitalen Techniken und insbesondere das autonome Fahren das künftige Angebot verändern? Hierauf möchten wir Ihnen in diesem Abschnitt Antworten geben.

›Mobility on Demand‹

Zuweilen ist es gut, keinen festen Plan zu haben: Vielen Menschen sind Fahrpläne, Haltestellen und Linien bestens vertraut. Manche wünschen sich jedoch eine öffentliche Mobilität, die noch besser auf die persönlichen Bedürfnisse zugeschnitten ist und ein hohes Maß an Flexibilität sowie Verbindungen abseits der Routen von Bus- und Bahnlinien bietet. In den Blickpunkt rücken daher Angebote, bei denen die Fahrgäste auf Anforderung nahezu von Tür zu Tür gefahren werden und somit geringere Warte- und Wegezeiten haben. Der Fachbegriff dafür lautet ›Mobility on Demand‹ oder ›Ride Pooling‹. Vor allem in Gebieten, in denen heute ein geringes ÖPNV-Angebot vorhanden ist, möchten Bremen und die BSAG dieses Konzept erproben. Das bedeutet: Wer fahren möchte, gibt über eine spezielle App seinen Fahrtwunsch an und bucht dort, falls passend, gegebenenfalls seine Tour. Für Barriere- und Diskriminierungsfreiheit sollen ergänzende Bestellmöglichkeiten an Haltestellen per Knopfdruck, Telefon und PC (Website) geprüft werden. Die Abfahrt findet dann an einem Startpunkt statt, den die App vorschlägt. Dies kann eine virtuelle oder tatsächlich vorhandene Haltestelle sein. Sinnvoll ist die Anbindung an den Schienenverkehr, etwa einen Bahnhof der Regio-S-Bahn oder an eine Straßenbahnlinie mittels der On-Demand-Angebote. Mehrere Fahrgäste, deren Start- und Zielposition in ähnlicher Richtung liegen, teilen sich dabei ein Fahrzeug und fahren einen Teil der Strecke gemeinsam. Welche Rolle die Tickets BOB und MIA dabei spielen, wird gegenwärtig geklärt. Ebenfalls noch offen ist die Preisgestaltung der Tickets für das künftige On-Demand-Angebot. Zum Einsatz gelangen neuartige, vorzugsweise elektrisch angetriebene Kleinbusse, die bis zu sechs Sitzplätze bieten und ein dichtes Netz virtueller Haltestellen ohne Fahrpläne bedienen.

Technische Entwicklungen, insbesondere Apps, die eine Anforderung mit Start und Ziel, Abfahrts- und Ankunftszeiten sowie einer Rückmeldung zu der Auswahl und Preisdifferenzierung bieten, ermöglichen den neuen Service ›Mobility on Demand‹. Ein Computer organisiert die Zuordnung der Personen auf die geeignetsten Fahrzeuge. Diese ergeben sich aus den geringsten Umwegen für die anderen Fahrgäste und der kürzesten Fahr- und Wartezeit für den Fahrgast.

Mögliche Buslinien der Zukunft

Der Verkehrsentwicklungsplan enthält auch Vorschläge, wie das Busnetz einer wachsenden Stadt sich künftig wandeln könnte. Dabei geht es um aktualisierte und auch neue Verbindungen. Insbesondere aufgrund der dynamischen Stadtentwicklung unterliegen die Überlegungen des VEP aber Veränderungen. Ein Beispiel dafür ist das im Frühjahr 2019 umgesetzte neue Buskonzept für die Überseestadt mit den modifizierten Linien 20, 26 und 28, das im VEP nicht enthalten ist.

Noch Zukunftsmusik sind Überlegungen, die Buslinie 52 zu einer neuen Querverbindung zwischen Flughafen, BSAG-Zentrum, Neuenlander Straße, GVZ und Bahnhof Oslebshausen auszubauen. Sie würde den geplanten Wesertunnel der Autobahn A 281 in Seehausen nutzen, dessen Bau im Januar 2019 begann, und einen schnellen Weg zwischen der Neustadt und Oslebshausen bieten. Auch ganz neue Verbindungen sind im Gespräch, etwa eine Buslinie A (Arbeitstitel) ab Bahnhof Föhrenstraße über Stresemannstraße, Klinikum Bremen-Mitte, Graf-Moltke-Straße, Hollerallee, Eickedorfer Straße,

Ein Bus der Linie 52 in Neuenlande. Diese Linie könnte laut VEP künftig durch den neuen Wesertunnel bis nach Oslebshausen fahren.

Fürther Straße, Holsteiner Straße, Bahnhof Walle und Waller Ring in die Überseestadt. Vorteile dieser möglichen neuen Tangente mit hohem Fahrgastpotenzial sind laut VEP die verbesserte Anbindung des Klinikums Bremen-Mitte sowie eine schnellere Verbindung zwischen Walle, Findorff und Schwachhausen.

Perspektive Straßenbahn

Für die Zukunft der Mobilität in Bremen sind auch neue Schienen im Gespräch. Denn die Straßenbahn kann mehr Passagiere aufnehmen als ein Bus und hat zudem noch ausreichend Platz für Rollstühle, Rollatoren, Kinderwagen und weitere Fahrhilfen oder Gepäck. Weitere Vorteile sind der höhere Fahrkomfort und, sofern bevorrechtigt und auf besonderem Bahnkörper verkehrend, auch eine höhere Zuverlässigkeit und Pünktlichkeit. Auf stark genutzten Verbindungen ist daher die Straßenbahn bei ähnlicher Taktfolge und höherer Attraktivität wirtschaftlicher als ein Bus. Zudem fahren Straßenbahnen bereits heute mit Ökostrom klimaneutral, ohne Abgase und Schadstoffe.

Vor allem in der Überseestadt besteht der Wunsch nach einer neuen Straßenbahnstrecke zum Wendebecken. Tatsächlich sind die dort geplanten Projekte nur mit einer Weiterentwicklung der verkehrlichen Infrastruktur denkbar, daher ist eine Schienenanbindung des westlichen Bereichs bis zur Überseestadt-Nord wieder aktiv im Gespräch – eine Machbarkeitsstudie wurde jüngst vom Senat beschlossen. Im Stadtteil Osterholz ist neben der Querverbindung Ost auch die Erweiterung der Straßenbahn bis zur Osterholzer Landstraße oder sogar bis zum Bahnhof Mahndorf nach wie vor ein Thema. Besonders die Verlängerung ab Sebaldsbrück liegt der Ortspolitik am Herzen.

Die Überlegungen der Stadt Bremen schlagen sich laut VEP, Seite 154, neben den bereits beschlossenen und in Planung befindlichen Erweiterungen bis nach Mittelshuchting und Leeste sowie die Querverbindung Ost in Form von fünf Maßnahmen nieder: Im Bremer Westen könnte die Straßenbahn von Gröpelingen bis zum Bahnhof Oslebshausen verlängert werden, wo ein Anschluss an die Regio-S-Bahn und an die Busse aus Bremen-Nord hergestellt würde. Ein Teil der 90er-Linien endet dann bereits dort, wo ein Mobilitätsdrehkreuz ähnlich wie am Bahnhof Mahndorf vorstellbar ist.

Im Bremer Südosten ist eine Verlängerung der Straßenbahn von Sebaldsbrück über die Osterholzer Heerstraße bis zur Hans-Bredow-Straße angedacht. Eine Linie würde dann über den Weserpark bis zum Bahnhof Mahndorf verkehren. Um eine effizientere Verknüpfung zu erreichen und den Entfall einer Straßenbahnlinie zu kompensieren, ist zudem eine Verlängerung der Straßenbahn vom Weserwehr über die Malerstraße bis nach Sebaldsbrück vorgeschlagen.

Die Straßenbahnlinie 6 im Zentralbereich der Universität im Jahr 2018.
Es gibt frühe Überlegungen, auch die Linie 8 von der Kulenkampffallee
bis dorthin zu verlängern.

Im Nordosten Bremens wäre mit einer von der Kulenkampffallee bis zur Universität verlängerten Linie 8 eine Entlastung der heute sehr stark genutzten Linie 6 und die höhere Auslastung des heutigen Asts durch die Hartwigstraße möglich. Damit sind zudem eine bessere Erschließung von Teilen des Campus und des Technologieparks sowie die Anbindung eines möglichen neuen Haltepunkts der Regio-S-Bahn denkbar. Mit einer neuen Straßenbahnstrecke zwischen Riens-

berg und Horn ist eine Verknüpfung der Strecken der Linien 4 und 6 in der Diskussion. Diese neue Linie könnte dann, von Lilienthal kommend, ab Horn über die neue Querspange und weiter über die Wachmannstraße fahren und die Fahrzeit in die Innenstadt verkürzen.

VIELE VERKEHRSMITTEL FÜHREN ZUM ZIEL

Durch die Nutzung verschiedener Verkehrsmittel für eine Fahrt (›multimodaler Verkehr‹) mittels ÖPNV, Car-Sharing, Fahrradverleihsystemen, Fähren sowie Park & Ride und Bike & Ride entstehen künftig Mobilitätsketten, die im Idealfall vom Ausgangs- bis zum Endpunkt einer Ortsveränderung reichen und somit eine ansprechende Alternative zum privaten Pkw bieten. Busse und Bahnen sind die Grundlage, auf der sich die neuen Angebote erfolgreich weiterentwickeln können. ›Die logische Fortentwicklung der bekannten Verkehrsverbünde für den öffentlichen Personenverkehr (ÖPV) ist ein umfassender Mobilitätsverbund. Dieser entsteht durch die Vernetzung des ÖPV mit weiteren Verkehrsmitteln und Mobilitätsdienstleistungen. Ziele sind: aufeinander abgestimmte Angebote, ein Ticket für alles, umfassende Information nicht mehr ausschließlich für den ÖPV, sondern für die wechselnden Mobilitätsbedarfe‹ (Verband deutscher Verkehrsunternehmen; 20. April 2017).

Die BSAG arbeitet immer mehr mit Car- und Bike-Sharing-Anbietern zusammen.

Infos zur Fähre Pusdorf:
www.weserfähre-bremen.de

*Die Fähre Pusdorp im Sommer 2018 am Gröpelinger
Anleger mit Blick auf das Lankenauer Höft.*

Zukunft

Für den Erfolg bestehender wie auch neuer, ergänzender Mobilitätsangebote haben Information, Reservierung, Buchung und Bezahlung eine zentrale Bedeutung. Diese Vorgänge werden mithilfe digitaler Techniken zunehmend einfacher zugänglich und leichter bedienbar. Darüber hinaus wachsen mit zusätzlichen Angeboten auch die Kombinationsmöglichkeiten und der Wettbewerb. Es ist klar erkennbar, dass die Kundinnen und Kunden in Zukunft nicht länger Verträge mit mehreren verschiedenen Anbietern eingehen wollen, sondern sie erwarten, Mobilitätsangebote gebündelt von einem einzigen Anbieter angeboten und abgerechnet zu bekommen. Dabei können allerdings die Dienstleistungen mehrerer Unternehmen in Anspruch genommen werden. Paketangebote ähnlich dem von Tele-

kommunikationsfirmen runden den Service idealerweise ab.

Ein Bus fährt auf der Weser

Bei unseren MOBILDIALOGEN kamen die Bürgerinnen und Bürger der wesernahen Quartiere Gröpelingen und Woltmershausen schnell auf den Schiffsverkehr zu sprechen. Die Trennwirkung der Weser könnte durch zwei regelmäßig in einem attraktiven Takt verkehrende Fähren abgebaut werden, meint auch der VEP. Aufgrund der Erfahrungen mit dem saisonalen Fährverkehr zwischen Lanke-nauer Höft, Waterfront und der Überseestadt sind zwei Verbindungen (›Weserbus‹) denk-bar, die werktags zunächst im 30-Minuten-Takt bedient werden könnten: Woltmers-hausen–Überseestadt (F1) und Woltmers-hausen–Waterfront (F2). Eine Kooperation zwischen der BSAG und der Fährbetriebsgesellschaft sowie die Einbindung in das VBN-Tarifsystem sind wünschenswert.

Einen Modellversuch gab es im Jahr 2018: Eine Fähre verkehrte werktags mehrmals nach festem Fahrplan zwischen dem Weserstadion und dem Landmarktower in der Überseestadt. Das Shuttle war eine Initiative einiger Bremer Unternehmen und von Werder Bremen. Für Inhaber von MIA, MIAplus, JobTickets und VBN-Monatsfahrkarten war das Angebot kostenlos. Die ersten Erfahrungen fielen jedoch leider nicht positiv aus: Zu wenige Fahrgäste nutzten das Angebot. Die Zukunft des Shuttles ist derzeit ungewiss.

Die Nachteile von Fährverbindungen sind aus heutiger Sicht zu geringe Fahrgeschwindigkeiten, langwierige An- und Ablegemanöver und nicht mit dem ÖPNV verknüpfte Anlegestellen.

Die Paketsendung fährt mit dem Bus

Immer mehr Menschen bestellen ihre Waren im Internet. Das führt verstärkt zu Lieferverkehr und belastet vor allem unsere Innenstädte. Das sogenannte elektromobile City-Logistik-Konzept sieht in einem ersten Schritt vor, Sendungen im Bremer Güterverkehrszentrum zu bündeln und dann mit einem Cargo-Anhänger, gekoppelt an einen Elektrobus der BSAG, in die Innenstadt zu transportieren. Der Anhänger wird dann in einem von mehreren sogenannten Micro-Hubs in der Innenstadt abgestellt. Die Bedienung der Empfänger in der Innenstadt erfolgt anschließend mit einem E-Lastenfahrrad.

Für den Versuch bedarf es eines Fahrzeugs, das in der Lage ist, in der einen Richtung Passagiere und in der anderen Richtung Güter zu transportieren. Hierdurch können Zustellfahrten, die derzeit einzeln per Diesel-Lkw ausgeführt werden, durch ohnehin fahrende (Elektro-)Busverkehre erfolgen. Das Projekt sieht einen Busanhänger vor, der mit einfachen Maßnahmen zum Güteranhänger umgewandelt werden kann. Er sollte einen elektrischen Antrieb aufweisen, um bei Abkoppelvorgängen in eine optimale Position zum Entladen (und späteren Wiederbeladen) gebracht zu werden. Hierbei könnten in der Weiterentwicklung auch Komponenten des automatisierten Fahrens und Ankoppelns zum Einsatz kommen, um den Anhänger automatisiert jeweils in eine optimale Position zu bringen. Ein derartiger Anhänger ist derzeit noch nicht auf dem Markt verfügbar und müsste im Rahmen eines Forschungsprojekts entwickelt und zugelassen werden. An dem Konzept sind neben der BSAG unter anderem das Fraunhofer-Institut für Fertigungstechnik und Angewandte Materialforschung sowie die Jacobs University beteiligt. Sobald die Förderung gesichert ist, soll das Projekt in Angriff genommen werden.

TARIFE NEU GEDACHT

›Ich begrüße es außerordentlich, dass eine Diskussion angestoßen wird, die den ÖPNV in Bremen stärken soll. Dafür die Tarife zu senken, ist sicherlich sehr überlegenswert. Der Vorschlag muss aber sehr gut überlegt sein und kann nicht ohne begleitende Maßnahmen funktionieren. Zunächst muss die Finanzierung des Angebots sichergestellt werden.‹

HAJO MÜLLER

*Moderner
Fahrkartenautomat
Mitte 2018.*

Wien und Weyhe probieren es

Im Jahr 1986 brachte eine preisreduzierte innovative Monatskarte nicht nur
zusätzliche Fahrgäste, sondern auch neuen
Schwung in die bremische Verkehrspolitik:
die Bremer Karte. Ähnliche Überlegungen
gibt es auch heute: Ist es realistisch, durch
attraktivere Preis- und Ticketangebote mehr
Fahrgäste zu gewinnen, die bisher ihr Auto
nutzen? Zur Diskussion steht unter anderem
das sogenannte Wiener Modell. Die Wiener
haben den Preis für ihr Jahresticket auf einen
Euro pro Tag ermäßigt. Dadurch sinken allerdings auch die Einnahmen. Diese werden
dann an anderer Stelle teilweise gegenfinan-
ziert. Die Stadt Wien hat etwa die Parkraum-
überwachung ausgebaut, das Parken teurer
gemacht und das Bußgeld für das Schwarzfahren erhöht. Wichtig ist aber vor allem das
Plus an Fahrgästen. Seit dem Jahr 2012 ist
die Zahl der Jahreskartenbesitzer um über
50 Prozent gestiegen, und es sind mehr als
angemeldete Autos in der Metropole. Damit
dieses Konzept auch in Bremen Erfolg hat,
müsste das ÖPNV-Angebot ausgeweitet, die
Takte verkürzt und hinreichend Fahrzeuge zur
Verfügung gestellt werden. Unter Umständen
muss es mehr Buslinien und Bahnschienen
geben. Derartige Umstellungen haben zum
Teil erhebliche Vorlaufzeiten. Nur den Preis
zu senken, wäre kontraproduktiv. Der Nahverkehr müsste außerdem eine Vorrangstel-
lung bekommen. In Zürich zum Beispiel wird
das konsequent umgesetzt: Wenn dort ein
Bus oder eine Bahn an die Ampel kommt,
schaltet sie direkt auf Grün. Denn einerseits
ist es für wartende Fahrgäste frustrierend,
wenn Fahrzeuge verspätet eintreffen, und
andererseits bietet der Bus sonst keinen
Vorteil gegenüber den privaten Autos, die im
Stau stehen.

Einen Schritt hin zu günstigen Preisen
erprobt die Gemeinde Weyhe: Seit dem
1. Oktober 2018 gibt es für deren Bürgerinnen und Bürger das EinwohnerTicket ›MIA
für Weyhe‹. Der auf zwei Jahre angelegte
Modellversuch im VBN in Zusammenarbeit
mit dem Kommunalverbund Niedersachsen/
Bremen e.V. wird finanziell durch den ZVBN
unterstützt. Mit dem neuen EinwohnerTicket
können alle Weyherinnen und Weyher bequem mit Bus und Bahn unterwegs sein und
sparen gegenüber dem herkömmlichen Preis.
Der Zuschuss wird einmal im Jahr nach Vorlage einer Bescheinigung von der Gemeinde
an die Bürgerinnen und Bürger ausgezahlt.
Mit dem Modellprojekt soll erprobt werden,
ob sich durch eine deutliche Preissenkung
in Verbindung mit einer konzentrierten
Werbekampagne von Verkehrsverbund und
Kommune signifikant mehr Menschen für
eine regelmäßige Nutzung von Bus und Bahn
gewinnen lassen. Erweist sich das Modell in
Weyhe als Erfolg, ist in einem zweiten Schritt
zu klären, wie der Ansatz im Verbundgebiet
ausgeweitet werden kann.

Zukunft

Und in Bremen?

Während vor dem Hintergrund der Luftreinhaltung mancherorts eine für alle Menschen verpflichtende ÖPNV-Abgabe zur Minderung des Autoverkehrs diskutiert wird, gibt es ein derartiges Modell für Studierende in Bremen schon lange. Bei unserem MOBIL-DIALOG an der Universität zeigten sie sich mit dem Preis-Leistungs-Verhältnis des VBN-Semestertickets sehr zufrieden. Für viele ist das ein unschlagbares Angebot. Wie stark sie die ›Öffis‹ nutzen, sieht man im Zentralbereich der Universität. Dort halten ständig Linien der BSAG. Aber auch diejenigen, die mit dem Auto zur Uni fahren oder direkt auf dem Campus wohnen, müssen den gleichen Semesterbeitrag zahlen – selbst, wenn sie das darin enthaltene Ticket gar nicht nutzen.

Auch aus der Bremer Politik plädieren vermehrt Stimmen dafür, eine Preissenkung der Tickets in Betracht zu ziehen, sofern die Finanzierung geklärt ist. Zur Bezahlung wird über Nahverkehrsabgaben oder höhere Parkplatzgebühren gesprochen. ›Illegales Parken sollte so bestraft werden wie das Schwarzfahren. Das Geld könnte zur Finanzierung rabattierter Fahrkarten verwendet werden‹, lautet dazu eine Meinung. Günstige ÖPNV-Tickets sorgen aber nicht automatisch für einen Anstieg der Fahrgäste. Das ist eine der Botschaften, die Verkehrsexperten Bremer Politikern am 29. November 2018 nahebrachten. In einer Anhörung der Verkehrsdeputation diskutierten die Fachleute

Moderner Ticketautomat in einer Straßenbahn.

mit den Deputierten über zahlreiche Ansätze für die Ausrichtung des ÖPNV. Ein 365-Euro-Ticket nach Wiener Vorbild? Einen kompletten Nulltarif, vielleicht auch nur für die Innenstadt? Oder doch den Tarif ganz allgemein absenken? Ideen, wie die Preis- und Ticketstruktur des ÖPNV in Bremen zukünftig gestaltet werden könnte, gibt es einige. Bei allen diskutierten Tarifsenkungen, ganz gleich ob SchülerTicket, StadtTicket oder JahresTicket, müsse man auch immer die Effekte betrachten, so ein Behördenvertreter. Ziel sei es, die Zahl der Fahrgäste zu erhöhen, einen guten Modal Split zu erreichen und die Qualität des Nahverkehrs zu steigern. Man müsse immer schauen, wer die Kosten für Tarifanpassungen trage.

Fortschrittliche Geräte in einem Bus der BSAG: Hier das Einstiegskontrollgerät.

Verkaufsautomat der neuen Generation

Im Vergleich dazu: ein alter Automat zur Buchung von Tickets mit der BOB-Karte.

Auf dem Weg zum vollautomatischen Ticket

Unabhängig vom Preisniveau arbeiten BSAG und VBN daran, dass die Fahrgäste den ÖPNV noch einfacher und ohne Tarif- kenntnisse nutzen können. Unter den Begrif- fen ›Check-in/Check-out‹ oder ›Check in/ Be-out‹ werden Ticketsysteme verstanden, die eine Fahrtstrecke vollautomatisch über das Smartphone abrechnen können. Das System beruht auf einer App, in der man sich beim Einstieg in ein Verkehrsmittel einloggt. Bei Beendigung der Fahrt erfolgt ein manuel- les (›Check-out‹) oder ein automatisiertes (›Be-out‹) Ausloggen. Im Hintergrund ermit- telt die Anwendung dann den günstigsten Fahrpreis für die jeweilige Strecke. Dabei werden die genauen Linien- und Haltestel- lendaten des Fahrgasts erfasst und mit den GPS-Positionsdaten seines Smartphones abgeglichen. Der ermittelte Fahrpreis wird vom Konto abgebucht. Damit entfällt die Suche nach dem günstigsten Ticket. Der VBN ist seit Sommer 2017 mit Anbietern derarti- ger Techniken im Gespräch. Geprüft wird auch, ob und wie BOB als Handy-Applikation aufgebaut werden kann.

Das neue Bremen und seine Straßenbahn

Am Weser Tower

Hajo Müller

Kaufmännischer Vorstand, Sprecher des Vorstands: Der studierte Kaufmann kam 2009 aus dem Management der Deutschen Bahn nach Bremen. Der Betriebswirt machte seine berufliche Karriere in der Verkehrsbranche, die er in allen Facetten kennengelernt hat.

Michael Hünig

Vorstand Betrieb und Personal, Arbeitsdirektor: Er kennt die BSAG wie kaum ein Zweiter. Seine beruflichen Erfahrungen hat er in verschiedenen Bereichen des Unternehmens gesammelt. Nach seiner Lehre war er viele Jahre Betriebsratsvorsitzender und nach seinem Studium ist er seit 2007 Arbeitsdirektor.

Für die BSAG ist es eine Auszeichnung und Herausforderung zugleich, dass sie von den Menschen dieser Stadt mittels Öffentlichem Dienstleistungsauftrag (ÖDLA) bis ins Jahr 2041 mit dem ÖPNV beauftragt wurde. Für Bremen ist das die Entscheidung zugunsten einer zeitgemäßen Mobilität, die unsere Lebensqualität erhöht, die Umwelt schützt und den Lebensraum für die Menschen wieder vergrößert, indem sie den Einsatz des individuellen Autoverkehrs durch moderne Alternativen vermindert. Der ÖDLA sichert zudem attraktive Arbeitsplätze in einer zukunftsorientierten Branche.

Nicht zuletzt durch die Diskussion um den ÖDLA hat sich die BSAG intensiv Gedanken darüber gemacht, wie sie die Mobilität in Bremen mitgestalten kann, und zu diesem Zweck ein Zukunftsbild entwickelt. Das Unternehmen nennt es ›BSAG 2030‹. Geschlossene Mobilitätsketten für alle Menschen, die Umsetzung ihrer Bedürfnisse auf Feldern wie der Ökologie und der Barrierefreiheit sowie die Nutzung neuer technischer Möglichkeiten sind wichtige Bestandteile. Die Verkehrsmittel sollen möglichst für alle Bürgerinnen und Bürger der Stadt individuell verfügbar, komfortabel, bezahlbar und zu jeder Zeit nutzbar sein. Wer heute und zukünftig das öffentliche Mobilitätsangebot nutzt, ist selbst Teil der Bewegung hin zur sauberen und lebenswerten Stadt.

Bis Anfang 2020 soll feststehen, wie die BSAG diese Ziele erreichen will. Dafür beschäftigt sich ein Team mit dem Netz der Zukunft. Ein zweites untersucht Produkte und Dienstleistungen, also neue Serviceangebote, sowie Vertriebs- und Informationskonzepte. Eine dritte Gruppe betrachtet die Arbeitswelt der Zukunft. Unterstützende Themen sind die Digitalisierung, der Wertewandel und die Kommunikation bis zum Jahr 2030. Die Umsetzung soll ab dem Jahr 2020 beginnen.

Unser Zukunftsbild ›BSAG 2030‹

Der kaufmännische Vorstand und Vorstandssprecher, Hajo Müller, und Michael Hünig, Vorstand für Betrieb und Personal (Arbeitsdirektor), erklären das Zukunftsbild der BSAG.

Redaktion: Woraus besteht das Zukunftsbild ›BSAG 2030‹ im Kern?

Hajo Müller: ›Gemeinsam mit unseren Partnern, der Freien Hansestadt Bremen und dem VBN, werben wir dafür, der Verkehrswende mehr Dynamik zu verleihen. Erklärtes Ziel ist, den Modal Split zugunsten des Umweltverbunds zu verändern. Damit meinen wir, dass mehr Menschen die Bahnen, Busse und das Fahrrad benutzen oder zufuß gehen. Weil die BSAG über fast 150 Jahre Mobilitätserfahrung in der Region verfügt und von einem sehr stabilen Fundament in die Zukunft ›abspringt‹, trauen wir uns diese Aufgaben zu.‹

Welche Aufgaben übernimmt die BSAG bei der Verkehrswende?

Michael Hünig: ›Die BSAG ist selbst Teil der Verkehrs- und Energiewende und eine starke Alternative zum Individualverkehr. Wir sind Partnerin der mobilen Umweltschutzbewegung und handeln immer und überall ökologisch. Jeder Straßenbahnkilometer wird klimaneutral angeboten, denn wir arbeiten ausschließlich mit zertifiziertem Ökostrom. Die BSAG wird ihre Busflotte schrittweise auf den Elektroantrieb umstellen. Unsere Fahrzeuge sollen möglichst wenig Strom verbrauchen. Bei der Schiene setzen wir verstärkt auf ›Grüne Gleise‹ und

auf die Minderung der Lärmemissionen. Wir berücksichtigen den demografischen Wandel unserer Gesellschaft: Alle Fahrzeuge sind heute schon niederflurig und mit einem Hublift ausgestattet, und wir bieten barrierefreie Mobilität an möglichst vielen Haltestellen. Die Fahrgäste sollen sich bei uns sicher und gut aufgehoben fühlen. Wir entwickeln unser nachhaltiges Handeln in den Bereichen Unternehmensführung, Wirtschaftlichkeit, Soziales und Ökologie stetig weiter und veröffentlichen dazu in regelmäßigen Abständen den Nachhaltigkeitsbericht der BSAG. Er ist auch online auf unserer Website unter der Rubrik Unternehmen verfügbar.‹

H. Müller: ›Auf der Grundlage der Koalitionsvereinbarung, des Verkehrsentwicklungsplans Bremen 2025, des Masterplans Green City Bremen, des Öffentlichen Dienst-

Der Nachhaltigkeitsbericht der BSAG ist auch online auf der Website www.bsag.de verfügbar.

leistungsauftrags (ÖDLA) und der aktuellen Stadtentwicklung arbeiten wir an neuen Mobilitätsangeboten. Im Fokus stehen die Konzeptionierung, Entwicklung und Bewertung eines Zukunftsnetzes in Modulen genauso wie die Schaffung eines attraktiven Angebots für die Einleitung der Verkehrswende bei vorgegebenem Finanzrahmen. Unsere Strategie wird insbesondere darin bestehen, Mobilität aus einer Hand anzubieten, mit allen zur Verfügung stehenden Mitteln das bestmögliche Angebot zu schaffen und im Kern weiter auf Bus und Straßenbahn als starkes Rückgrat des Öffentlichen Personennahverkehrs in Bremen zu setzen. Zusätzlich bauen wir auf bedarfsorientierte Fortbewegung. Wir wollen die multimodale Mobilität fördern und alle Verkehrswege nutzen – auch die Einbeziehung von Fähren ist denkbar. Kooperationen mit anderen Anbietenden machen es uns möglich. Unsere Haltestellen werden immer häufiger mit anderen Verkehrsmitteln vernetzt. Unser Denken endet nicht an der Landesgrenze, sondern schließt die niedersächsischen Nachbargemeinden ein.‹

Und wie könnten aus diesen Überlegungen konkrete Angebote werden?

M. Hünig: ›In enger Abstimmung mit der Stadt Bremen überprüft die BSAG ihr Liniennetz auf Aktualität und bringt es mit der Stadtentwicklung in Einklang. In einigen Bereichen wollen wir unsere Verbindungen weiter ausbauen – beispielsweise in Richtung Stuhr und Weyhe. Darüber hinaus untersuchen wir, unter welchen Bedingungen die Reisezeiten durch Veränderungen bei den Strecken, Linien, Takten oder an der Infrastruktur zu verkürzen sind. Wir beabsichtigen, die Voraussetzungen für ergänzende Angebote zu den Straßenbahnen und Bussen durch Kooperationen oder On-Demand-Angebote zu schaffen.‹

H. Müller: ›Bei den Produkten und Dienstleistungen schauen wir, wie beispielsweise Haltestellen und Umsteigeanlagen gestaltet sein müssen, damit sie den Nahverkehr attraktiver machen. Genauso sind der Aufbau und das Design der Fahrzeuge – von der Antriebsart bis zum Innenraum – für uns Themen. Deutschlandweit werden derzeit Tarifmodelle diskutiert. Aber welches ist das richtige für Bremen? Auch das ist für uns eine zentrale Fragestellung. Darüber hinaus nehmen wir unser Angebot bis hin zur Taktung auf einzelnen Linien genau unter die Lupe.‹

Welche Bedeutung hat die Digitalisierung für die BSAG?

H. Müller: ›Die fortschrittliche digitale Technik bedeutet auch für uns einen grundlegenden Wandel und bietet viele neue Möglichkeiten. Beispielsweise ist sie eine Voraussetzung für neue individuelle Angebote wie On-Demand-Mobilitätskonzepte und übernimmt zudem eine Schlüsselrolle für die Information sowie die Buchung und Bezahlung von Mobilitätsdienstleistungen. Im Mittelpunkt aller Angebote könnte eine Mobilitäts-App stehen. Von großer Bedeutung ist zudem die stärkere Vernetzung unserer Daten, zum Beispiel aus dem Vertrieb, dem Betrieb,

*Wir sind nachhaltig:
Mit Sedum begrüntes
Gleis in Arsten.*

Epilog

von den Fahrzeugen, Nutzungen der BSAG-Website und Fahrgastbefragungen. Dies sind für uns die Grundlagen, um das Fahrplanangebot besser auf die Bedürfnisse der Fahrgäste abzustimmen und auf besondere Wetterlagen – etwa im Winter bei Schneefall – gezielter reagieren zu können. Dafür werden künftig sogar Wetterdaten in die Betrachtungen einbezogen. Genauso sind für unsere Kundschaft aber auch Mitarbeitende Ansprechpartner für die Mobilitätsbedürfnisse, sei es im Fahrzeug, auf den Bahnsteigen oder in den Kundencentern. Die BSAG ist heute und bleibt auch in digitaler Zukunft ein Unternehmen mit Menschen, die sich für die Menschen einsetzen.‹

Welche Perspektiven haben die Beschäftigten der BSAG?

M. Hünig: ›Wir sind die Top-Arbeitgeberin in unserer Stadt. So wird in allen Bereichen besonders großer Wert auf ökologisches, gesundes und soziales Handeln gelegt. Hervorragende Ausbildungs- und Weiterbildungsmöglichkeiten, das Gesundheitsmanagement, die an Lebensphasen orientierten Arbeitszeitmodelle und natürlich das freundliche, faire und wertschätzende Miteinander schaffen einen attraktiven Arbeitsplatz und eine gute Work-Life-Balance. Das Unternehmen spiegelt die Zusammensetzung der bremischen Gesellschaft wider. Männer und Frauen, Erfahrene, Anfänger und Berufszurückkehrende: Sie alle bilden die BSAG. Wir nutzen die Technik, Automatisierung und Digitalisierung für uns. Wir arbeiten an ergonomischen und gesunden Arbeits-

plätzen, unterstützt durch technische Innovationen. Daten werden durch Vernetzung zu Information, und so wird zum Beispiel das flexible Tablet zu einer Ergänzung zum Schraubenschlüssel oder zum Notizblock.‹

Wie werden die Stadt Bremen und die BSAG künftig zusammenarbeiten?

H. Müller: ›Als kommunales Unternehmen verstehen wir uns als Teil der Stadtgesellschaft. Die Weiterentwicklung der Mobilität für Bremen ist grundlegendes Ziel unseres Handelns, auch in der Zusammenarbeit mit Politik, Gremien und Verwaltung. Wir stellen all unser Wissen, unsere Kompetenz, Erfahrung und kreative Kraft in den Dienst der Stadt und ihrer Bürgerinnen und Bürger. Die BSAG ist als Expertin für Mobilität, von der Planung über die Gestaltung bis zur Umsetzung, Beraterin und verlässliche Partnerin. Die Entscheidungen trifft die Stadt Bremen und finanziert die bestellte Leistung. Außerdem kooperieren wir mit einigen niedersächsischen Nachbargemeinden.‹

M. Hünig: ›Zur Nachhaltigkeit zählt auch unsere enge Verbundenheit mit der Stadt Bremen. Bereits seit dem Jahr 1876 machen wir die Bremerinnen und Bremer mobil, haben auf Zeiten des Wandels mit neuen Lösungen reagiert und verfügen über einen großen Erfahrungsschatz. Die BSAG ist sich ihrer Tradition bewusst und bewahrt sie für die Nachwelt. Unsere fast 150-jährige Erfahrung auf dem Gebiet der Mobilität bringen wir aktiv in die Stadtentwicklung ein und gestalten so die Zukunft. Dabei sind wir seit jeher offen für Neues und Innovatives.‹

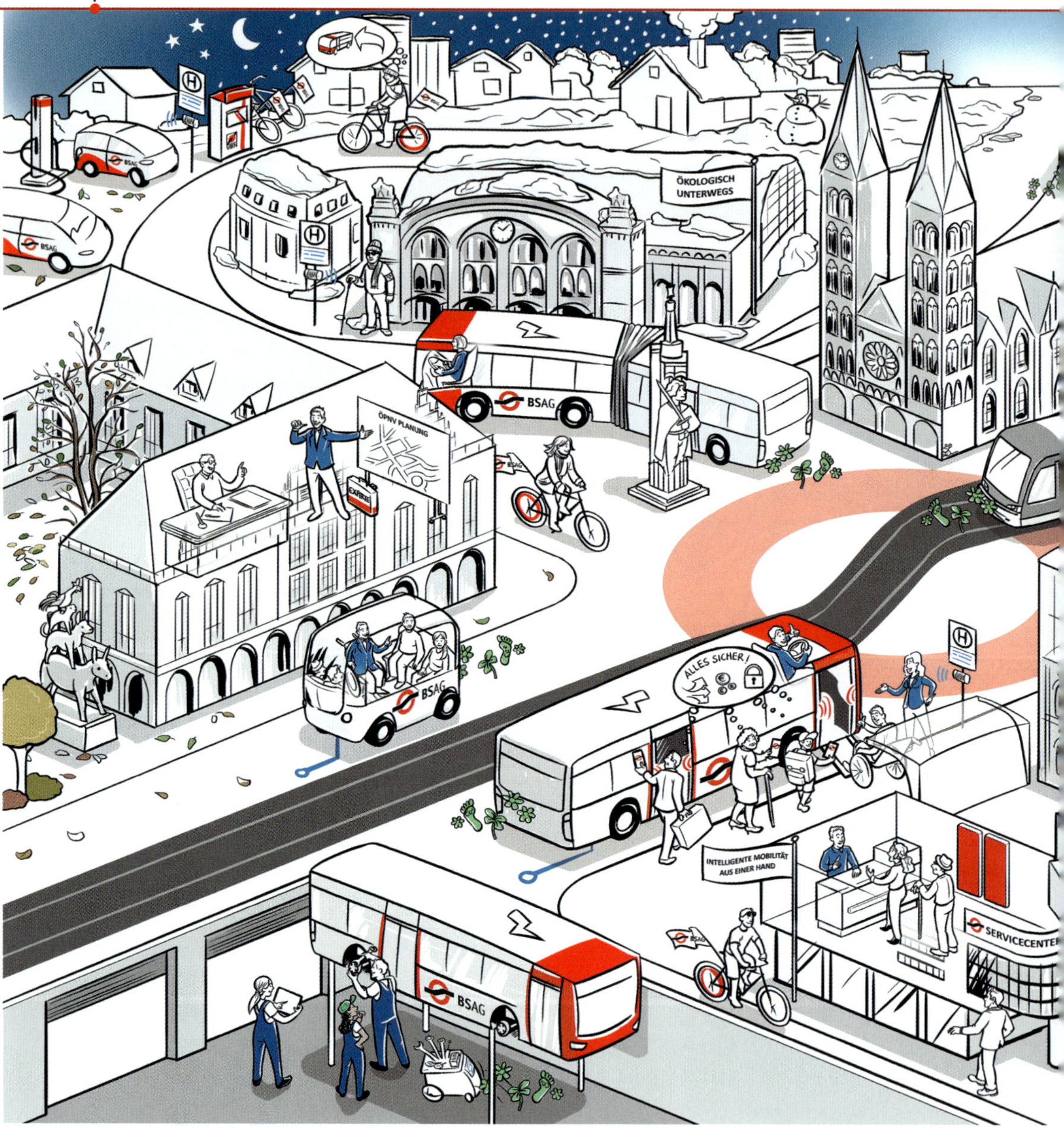
ÖKOLOGISCH
UNTERWEGS
ÖPNV PLANUNG
BSAG
ALLES SICHER!
INTELLIGENTE MOBILITÄT
AUS EINER HAND
SERVICECENTE

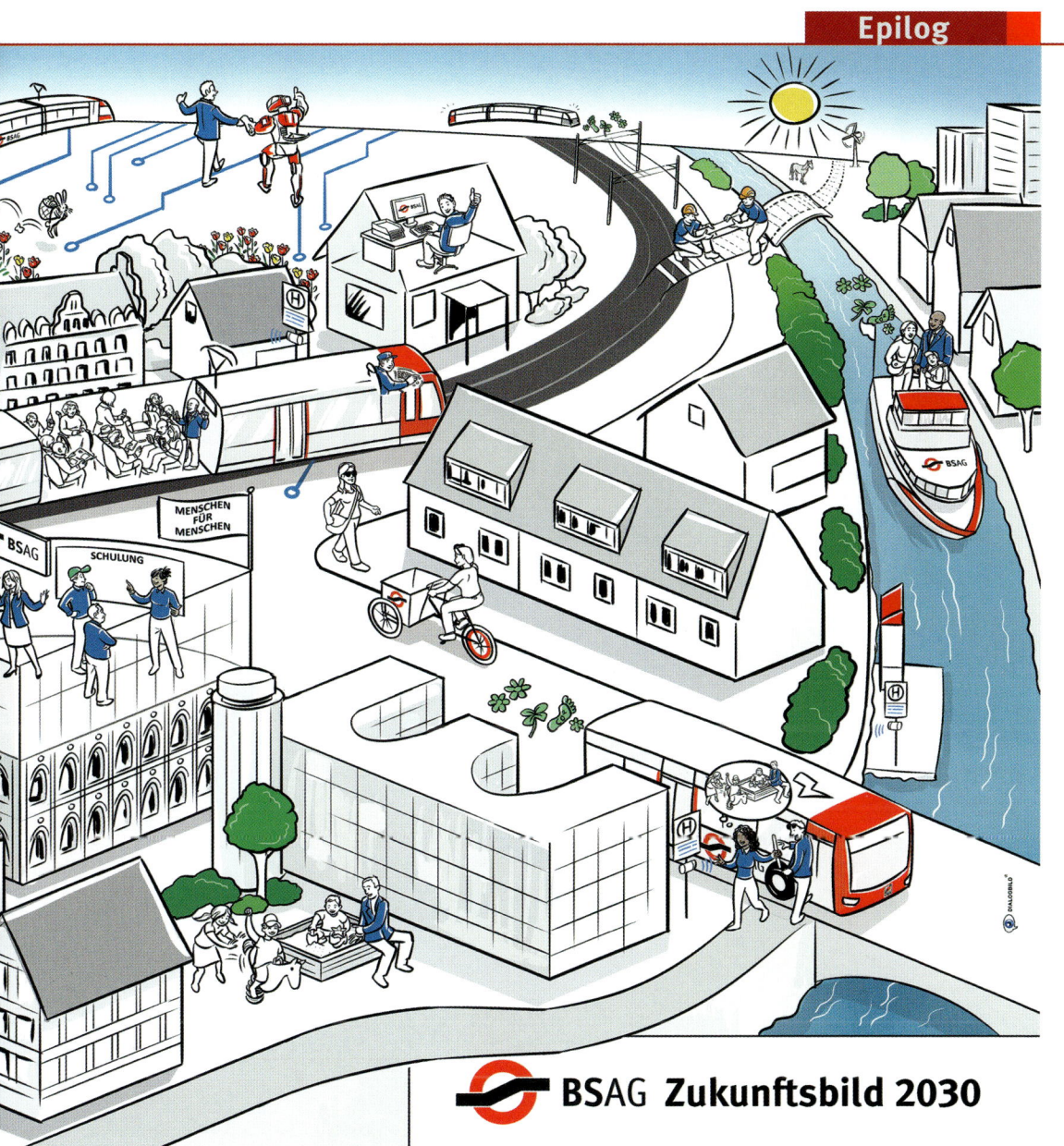

BSAG Zukunftsbild 2030

Mobilität im Wandel – die Chronik

Sielwall-Kreuzung

BSAG

Von der Pferdebahn über die erste elektrische Straßenbahn und Niederflurfahrzeuge bis hir zum Elektrobus und bargeldlose Tickets steht die BSAG für urban Mobilität in unserer Stadt – hanseatisch, modern und zuverlässig seit mehr als 140 Jahren.

Die Anfänge der Mobilität in Bremen

12.4.1875 *Beantragung der Konzession für eine Pferdebahn von Bremen bis nach Oberneuland beim Senat durch den Zivilingenieur Carl Westenfeld*

4.6.1876 *Eröffnung der ersten Strecke der ›Actiengesellschaft Bremer Pferdebahn‹ vom Herdentor bis zur Vahrster Brücke (heute Bürgermeister-Spitta-Allee)*

3.11.1879 *Eröffnung der ersten Linien der Großen Bremer Pferdebahn (Tramways Union Company Limited aus London) zwischen Walle und Hastedt*

9.8.1880 *Eröffnung der Linie Markt–Kirchweg (Große Bremer Pferdebahn), damit erste Weserquerung*

21.6.1890 *Eröffnung der elektrischen Ausstellungsbahn Börse–Bürgerpark der Bremer Pferdebahn*

25.6.1891 *Umbenennung der ›Actiengesellschaft Bremer Pferdebahn‹ in Bremer Straßenbahn*

18.4.1893 *Vollständiger elektrischer Betrieb auf der Bremer Straßenbahn mit Ausnahme der Strecke im Freihafen*

30.6.1899 *Fusion der Großen Bremer Pferdebahn mit der Bremer Straßenbahn, Umbenennung der neuen Gesellschaft in Bremer Straßenbahn AG und Elektrifizierung der meisten Strecken*

22.6.1903 *Eröffnung der Linie nach Burg (Lesum)*

1908 *Einführung von Liniennummern – Straßenbahnlinien 1 bis 8*

31.10.1911 oder 3.7.1913 *Einstellung der letzten Pferdebahnlinie in Hastedt*

Mobilität setzt sich durch

1913 *Erster NeubauTriebwagen (Hansawagen) mit geschlossenen Plattformen im Einsatz*

6.8.1913 *Eröffnung der Linie 9 nach Findorff*

1914 *Einberufung von nahezu zwei Dritteln des Personals bei Kriegsausbruch, Frauen als Schaffnerinnen (ab 1915) und Fahrerinnen (ab 1916) im Einsatz*

1923 *43 Tariferhöhungen, der Fahrpreis im November beträgt 130.000.000.000 Mark (oder drei amerikanische Cents)*

21.10.1924 *Eröffnung der ersten Buslinie Horn–Oberneuland, betrieben durch eine Tochtergesellschaft der BSAG, die Bremer Vorortbahnen GmbH (BVG)*

28.3.1926 *Eröffnung der Betriebshöfe Gröpelingen und Sebaldsbrück*

13.1.1934 *Eröffnung der Flughafenbahn*

1.3.1934 *Beginn der Umstellung von Fahrzeugen und Oberleitung auf Scherenstromabnehmer*

3.7.1937 *Inbetriebnahme des ersten Triebwagens mit dreiachsigem Lenkgestell*

1.7.1939 *Einweihung der Westbrücke (Stephanibrücke), Verlängerung der Straßenbahnlinie 15 bis zur Emder Straße*

17./18.5.1940 *Erster Luftangriff auf Bremen – Beschädigung der Fahrleitung an drei Stellen und Gleisschaden an der Nordstraße*

27.3.1942 *Einstellung der Ringbahnlinie 1 aus Personalmangel*

26.11.1943 *Gebäude- und Innenraumschäden beim Straßenbahnhaus, verursacht durch Blindgänger*

18./19.8.1944 *Verwaltungsgebäude Am Wall mit dem BVG-Reisebüro und BSAG-Kundendienst ausgebrannt*

24.2.1945 *Zerstörung des Verwaltungsgebäudes durch Bomben*

22.4.1945 *Kriegsbedingte Einstellung des gesamten Straßenbahnbetriebs*

13.6.1945 *Wiedereröffnung der ersten Straßenbahnstrecke (Flughafendamm– Am Deich), Trennung des Netzes in Altstadt (A) und Neustadt (N) aufgrund der Zerstörung aller Weserbrücken*

26.6.1945 *Wiedereröffnung der ersten Buslinien der BVG (Horn–Oberneuland/– Lilienthal/–Hauptbahnhof)*

29.11.1947 *Wiedereröffnung der Großen Weserbrücke, Vereinigung von Alt- und Neustadtnetz, damit gewisse Normalisierung des Verkehrs*

1.11.1949 *Umstellung der Straßenbahnlinie 8 auf Oberleitungsbusse und Verlängerung über die Lesumbrücke bis nach Burgdamm*

Mobilität im Wettbewerb

28.6.1952 *Einweihung der Bürgermeister-Smidt-Brücke, neue Führungen der Straßenbahnlinien 5, 6, 7 und 16, damit weitgehende Normalisierung des Verkehrs*

1.1.1953 *Bremer Straßenbahn übernimmt den Linienverkehr, BVG führt nur noch den Reisedienst durch*

24.1.1953 *Inbetriebnahme des ersten Straßenbahn-Großraumwagens*

27.4.1953 *Eröffnung der Linie 23 in die Neue Vahr*

14.10.1955 *Inbetriebnahme des ersten Gelenkbusses, Fabrikat Büssing-Emmelmann*

27.10.1955 *Inbetriebnahme des ersten dreiachsigen Gelenkstraßenbahnwagens (›Ackerwagen‹)*

25.6.1959 *Einweihung der Hauptwerkstatt Flughafendamm*

Dezember 1959 *Fertigstellung des Prototyps eines modernen vierachsigen Gelenktriebwagens von Hansa-Waggonbau GmbH*

14.8.1960 *Eröffnung der neuen Großen Weserbrücke (heute Wilhelm-Kaisen-Brücke)*

1.5.1964 *Einstellung der Straßenbahnlinie 5 Pappelstraße–Hemmstraße*

31.5.1965 *Umstellung der Straßenbahnlinie 7 Rablinghausen–Hemmstraße auf Bus (Linien 24 und 25)*

1.11.1965 *Gemeinschaftstarif mit der DB im Verkehr zwischen Bremen-Nord und Bremen-Stadt*

3.11.1965 *Verlegung der Umsteigestelle vom Markt zur Domsheide*

November 1965 *Einstellung der ersten Straßenbahnfahrerin*

3.4.1967 *Umstellung der Straßenbahnlinie 6 Gastfeldstraße–Hemmstraße in der Neustadt auf Busse der Linie 26*

17.6.1967 *Umstellung der Linie 6 in Findorff auf Bus (Linie 26)*

18.6.1967 *Eröffnung der Straßenbahnlinie 1 Arsterdamm–Blockdiek durch die Neue Vahr, Einsatz der Linie 4 nur noch im Berufsverkehr und verkürzt auf der Strecke Domshof–Horn, Verlängerung der Buslinien 30, 31 und 33/34 in die Innenstadt*

15.1. bis 24.1.1968 *Demonstration gegen Tariferhöhungen*

6.10.1968 *Verlängerung der Linie 1 bis nach Osterholz (Züricher Straße)*

26.7.1971 *Einführung eines ausschließlich schaffnerlosen Betriebs*

11.10.1971 *Eröffnung der ersten Buslinie bis zur Universität*

18.10.1971 *Einführung des Firmenlogos (liegende Acht mit rotem Kreis), das sogenannte ›Hühneraugenpflaster‹*

1.5.1972 *Einstellung der Straßenbahnlinie 4*

14.2.1973 *Lieferung des ersten Stadtbahnwagens (Nr. 501) der Firma Wegmann & Co, Kassel*

7.10.1973 *Verlängerung der Straßenbahnlinie 1 von Huckelriede bis nach Arsten, dafür Abschnitt Arsterdamm–Huckelriede aufgegeben*

1.7.1974 *Eröffnung des Kundenzentrums (Stadtbüros) in der Langenstraße Nr. 12*

26.9.1976 *Verlängerung der Straßenbahnlinie 6 von Grolland bis nach Huchting (Roland-Center)*

1.1.1977 *Erste Fahrpreiserhöhung seit 1968*

1.10.1980 *Gründung der Verkehrsgemeinschaft DB/BSAG*

Mobilität mit neuem Schwung

11.9.1986 *Bürgermeister Wedemeier bewirbt in einem Bürgerbrief die neue Bremer Karte*

1.10.1986 *Einführung der Bremer Karte*

27.6.1987 *Einführung der Tageskarte Bremer Kärtchen, Verkaufszahlen verdoppeln sich etwa*

13.7.1987 *Aufgabe der Streckenführung über den Domshof, Straßenbahnen fahren über die Violenstraße*

26.5.1988 *Eröffnung des ersten Kundencenters an der Domsheide (Volksbank)*

8.10.1988 *Einsatz des ersten Niederflurbusses auf den Linien 24, 25 und 30*

1.1.1989 *Gründung der Verkehrsgemeinschaft Bremen/Niedersachsen (VBN)*

Sommer 1989 *Vorlage des neuen ÖPNV-Konzepts*

Anfang 1990 *Beschluss der kurz- und mittelfristigen Maßnahmen des ÖPNV-Konzepts, unter anderem Neubau der Linie 4*

9.2.1990 *Vorstellung des Prototyps der ersten weltweit durchgängigen Niederflur-Straßenbahn*

6.10.1990 *Einführung des Nachtliniennetzes*

1991 *Größtes Fahrzeugerneuerungsprogramm in der bisherigen Geschichte der BSAG: Bestellung von 78 vierteiligen Niederflurtriebwagen (Typ GT8N), zudem 112 neue Niederflurbusse*

1.7.1992 *›Tarifhochzeit‹: Integration des BSAG-Tarifs in den VBN-Tarif*

6.11.1992 *Eröffnung der neuen Umsteigeanlage in Gröpelingen*

Mai 1993 *Eröffnung der neuen P+R-Fläche Sielhof*

15.10.1993 *Vorstellung des ersten neuen Niederflurzugs des Typs GT8N in Bremen*

November 1993 *Eröffnung der neuen Umsteigeanlage in Sebaldsbrück*

1994 *Einführung der ersten regulären BSAG-Journale (Zeitungsbeilagen) und des neuen Logos*

Frühjahr 1994 *Beginn der fußgängerzonenähnlichen Umgestaltung im ›Viertel‹ mit der Verbesserung von Haltestellen*

April 1994 *Vertrag zur Planung der Linie 4 bis nach Lilienthal unterzeichnet*

15.9.1994 *In der Falkenstraße entsteht das erste Rasengleis Bremens*

Dezember 1994 *Verkauf der Bremer Karte mit digitaler Telefonkarte*

1995 *Vorstellung der elektronischen Fahrplanauskunft (EFA), für zu Hause wird das PC-Programm EFAwin angeboten und kostet 40 DM*

4.8.1995 *Die ersten ausrangierten Straßenbahnzüge gehen nach Rumänien (Timişoara), die letzten am 13.2.1998 – insgesamt rund 40 Züge*

1996 *Rechnergestütztes Betriebsleitsystem wird zunächst probeweise eingeführt*

Januar 1996 *Alle 112 Busse des Fahrzeugerneuerungsprogramms sind geliefert*

18.4.1996 *Vorstellung des neuen Fahrzeugdesigns: Bunte Köpfe sorgen für Farbtupfer, der Rest ist weiß*

27.6.1996 *Die Große Koalition teilt mit, dass der Bau der Linie 4 nunmehr beschlossen ist*

23.9.1996 *Baubeginn für die Linie 4, erster Abschnitt Kirchbachstraße–Horner Mühle*

Oktober 1996 *Im Vorverkauf wird versuchsweise das bargeldlose Bezahlen u. a. mit der EC-Karte eingeführt*

20.12.1996 *Mit Wagen Nr. 3078 wird der letzte GT8N in Bremen geliefert*

1.1.1997 *Der VBN wird ein Verkehrsverbund*

16.1.1997 *Die Informationen an den Haltestellenvitrinen werden verbessert und moderner gestaltet*

3.3.1997 *Baubeginn der Tech-nologielinie 6 von Riensberg bis zur Universität*

2.6.1997 *Beginn der Bauarbei-ten für die Linie 4 in Horn-Lehe*

14.9.1997 *Das VBN plus Anruf-Sammeltaxi in Neu-Lesum und Schönebeck geht als Bedarfsverkehr in Betrieb*

14.9.1997 *Die Bauarbeiten für die Linie 4 in der Schwach-hauser Heerstraße sind so weit gediehen, dass sie wieder in beiden Richtungen befahrbar ist*

21.10.1997 *Zum ersten Mal in Deutschland wird bei der BSAG (Unibahn) in dieser Größenordnung das Gleis-system INFUNDO eingebaut – es wurde bereits im Ärmel-kanaltunnel installiert*

3.11.1997 *Einführung des neuen Kompaktfahrplans – alle Abfahrten, die über zwei und mehr Stunden zur gleichen Minute und über die gleiche Fahrstrecke erfol-gen, sind zu Stundengrup-pen zusammengefasst*

27.11.1997 *Das neue Weihnachtsticket kann als Testangebot an drei frei wählbaren Tagen bis zum Heiligabend genutzt werden*

28.11.1997 *Verwendung von Fertigbauteilen bei der 60-Stunden-Powerbaustelle an der Kreuzung Schwach-hauser Heerstraße/Bürger-meister-Spitta-Allee für den Bau der Linie 4*

1998 *Ausschließlich Niederflur-busse im Linienverkehr*

14.1.1998 *Onlineschaltung der ersten Homepage des VBN mit elektronischer Fahrplan- und Tarifauskunft*

3.3.1998 *Erster Spatenstich zum Umbau des Bahnhofs-platzes*

23.5.1998 *›Auf die Schiene, fertig los‹ – Eröffnung des ersten Bauabschnitts der Linie 4 bis Horn-Lehe und der direkten Flughafenbahn*

24.5.1998 *Das ›Neue Netz‹ mit den neu gestalteten Linien 1, 4, 5, 6 und 8 geht an den Start, die Buslinie 26 fährt mit etwa jeder zweiten Fahrt ins Neubaugebiet Weide-damm III (heute Linie 27)*

Juni 1998 *Veröffentlichung der ersten Homepage der BSAG (www.bsag.de)*

20.8.1998 *Super-100-Stunden-Dauerbaustelle bis zum 25.8.1998 im Gustav-Deetjen-Tunnel und An der Weide*

3.9.1998 *80-Stunden-Power-baustelle zum Umbau der Kreuzung Am Brill*

14.9.1998 *Erster Spatenstich für die Verlängerung der Linie 4 nach Arsten-Südwest*

10.10.1998 *Eröffnung der Uni-bahn, damit Komplettierung der Technologielinie 6*

7.12.1998 *Verlängerung der Linie 4 in Arsten-Süd bis zum Sportplatz*

1.4.1999 *Tarifreform im VBN mit weniger Zonen und neuen Ticketangeboten*

21.5.1999 *›Eine Visitenkarte für Bremen‹ – Einweihung des neuen Bahnhofsplatzes mit zentraler Haltestellenan-lage, die Bauzeit betrug rund 400 Tage*

22.5.1999 Einweihung des Kundencenters am Hauptbahnhof in der Ellipse

1.9.1999 Herbert König, Leiter der Münchener Verkehrsbetriebe, fährt eine blau-weiße Münchener Trambahn durch Bremen, die bei der BSAG instandgesetzt wurde und nach Schweden verkauft ist

13.9.1999 Die ›Kultourbahn‹ startet das erste Mal als rollende Bühne auf einem speziellen Ringkurs

1.3.2000 Die BVG übernimmt eine zehnprozentige Beteiligung an der BTE und wird damit zum Eisenbahn-Verkehrsunternehmen

4.7.2000 Baubeginn für die Gleisverbindung in der Westerstraße

7.8.2000 Einbau eines Gleisvierecks im Kreuzungsbereich Langemarck-/Westerstraße

20.3.2001 Vorstellung des Jubiläumsbands ›Bremen und seine Straßenbahn‹, Teil 1

24.3.2001 Eröffnung der Strecke in der Westerstraße und neue Führungen der Linie 8 über Domsheide und der Linie 5 über Am Brill

25.3.2001 ›Wir bewegen Bremen‹ – die BSAG feiert ihren 125. Geburtstag mit einem großen Fahrzeugkorso in der City und ab dem 12. April bis zum 29. April mit der Ausstellung ›Ganz Bremen auf Zeitreise‹ im Bremer Rathaus

Juni 2001 Einweihung der neuen Umsteigeanlage Bahnhof Burg

5.6.2001 ›Drei Projekte in einem Streich‹ – Baubeginn für den zweiten Abschnitt der Linie 4 bis nach Borgfeld, Neugestaltung der Obern- und Hutfilterstraße mit Gleiserneuerung und Umbau der Kulturmeile im ›Viertel‹

8.6.2001 Der Aufsichtsrat der BSAG stimmt der Beschaffung von 42 Straßenbahnwagen als Ersatz für die Wegmannzüge aus den 1970er Jahren zu

26.11.2001 Bargeldloses Zahlen mit der GeldKarte, das ›Chippen‹, wird schrittweise eingeführt

2.11.2002 ›Erst offen richtig gut!‹ – Eröffnung des neuen Kundencenters an der Domsheide in der Baumwollbörse

6.12.2002 Verlängerung der Linie 4 bis nach Borgfeld

19.12.2002 Bestellung von 20 neuen Niederflur-Straßenbahnwagen vom Typ Flexity Classic (GT8N-1) bei Bombardier

12.3.2003 Zweite Website der BSAG geht online

4.9.2003 Runder Tisch zum Ausbau der Straßenbahn in Huchting stellt die Ergebnisse vor – mehrheitlich wird die Verlängerung über die BTE-Trasse empfohlen

12.10.2003 Eröffnung des Bremer Straßenbahn-Museums ›Das Depot‹ in Sebaldsbrück

11.12.2003 Erste Anbindung der neuen Überseestadt durch Verlängerung einzelner Fahrten der Buslinie 26

25.6.2004 Bei der Bürgerbefragung in Lilienthal entscheidet sich eine klare Mehrheit von rund 60 Prozent der Betroffenen für den Weiterbau der Linie 4 bis zum Falkenberger Kreuz

14.12.2004 *Das Projekt ›Nachtwanderer‹ startet in Bremen-Nord, eine freiwillige und ehrenamtliche Initiative von Eltern und anderen Erwachsenen, die nachts auf zentralen Plätzen und in Bussen für Jugendliche präsent sein wollen*

8.4.2005 *Die Bremer Baudeputation beschließt den Ausbau des Straßenbahnnetzes: Linie 1 zum Bahnhof Mahndorf und nach Mittelshuchting, Linie 8 bis nach Stuhr, Linien 2 und 10 bis zur Osterholzer Landstraße und zum Mercedeswerk sowie Wiederaufnahme des Personenzugbetriebs auf der Farge-Vegesacker Eisenbahn*

Mai 2005 *Bestellung der ersten zehn Gelenkbusse mit dem hohen EEV-Abgasstandard (besser als Euro 5) bei der Firma Solaris*

24.5.2005 *Das BOB-KONTO-TICKET wird präsentiert*

21.9.2005 *Lieferung der ersten neuen Straßenbahn vom Typ GT8N-1 von der Firma Bombardier in Bautzen, öffentliche Vorstellung am 6.12. auf dem Bremer Marktplatz*

21.9.2006 *Vorstellung des ersten Busses mit EEV-Abgasstandard*

2.12.2006 *Einweihung der Hafen-Straßenbahn, Linie 3*

15.12.2006 *Michael Hünig wird Vorstand für Betrieb und Personal (Arbeitsdirektor)*

14.11.2007 *Bremens Bausenator, die Bürgermeister von Stuhr und Weyhe sowie BSAG und BTE unterzeichnen die Rahmenvereinbarung zur Weiterführung der Linie 8 bis nach Leeste*

27.5.2008 *›So kommt der Fahrplan auf das Handy‹ – VBN-Kundinnen und -Kunden können den Fahrplan auf ihrem Mobiltelefon einsehen*

27.10.2008 *Bremens Bausenator übergibt dem Lilienthaler Bürgermeister den Planfeststellungsbeschluss zum Weiterbau der Linie 4 bis nach Falkenberg*

30.1.2009 *Das Unternehmen verkündet die Aufsichtsratsbeschlüsse zur weiteren Fahrzeugbeschaffung: neun zusätzliche Straßenbahnzüge und 60 Niederflurbusse*

2.2.2009 *Die Website bietet nun auch einen Fundsachen-Service*

11.5.2009 *Der Rat der Gemeinde Lilienthal stimmt dem Bau der Linie 4 mehrheitlich zu*

16.6.2009 *Der Senat beschließt den neuen, bis 2020 gültigen Vertrag mit der BSAG sowie die Einführung des StadtTickets Bremen*

1.10.2009 *Hajo Müller wird neuer Finanzvorstand der BSAG*

24.10.2009 *Neue Verbindungsstrecke in der Richard-Dunkel-Straße wird erstmals befahren*

12.12.2009 *›Für Bremen: Straßenbahngeschichten‹ – BSAG und Kellner Verlag stellen den zweiten Band der Reihe ›Bremen und seine Straßenbahn‹ vor*

1.1.2010 *Einführung des Stadt-Ticket Bremen – ein im Preis reduziertes Ticket für berechtigte Personengruppen zur Sicherstellung der Mobilität aller Bevölkerungsschichten*

19.2.2010 *Das Oberverwaltungsgericht (OVG) der Freien Hansestadt Bremen gibt bekannt, dass die Verlängerung der Linie 4 nach Lilienthal von Rechts wegen gebaut werden kann*

1.3.2010 *Der VBN führt ein neues Ticketangebot für Kinder und Jugendliche unter 21 Jahren ein: das Jugend-Freizeit-Ticket, das als MonatsTicket oder als JahresTicket erworben werden kann*

20.3.2010 *Der neue Jahresfahrplan bietet bessere Verbindungen in die Überseestadt (verlängerte Buslinie 26), zum Güterverkehrszentrum (neue Buslinie 63) und ins Niedervieland (Buslinien 61, 62 und 65/66)*

19.4.2010 *Verbesserte Online-Fahrplanauskunft für alle Fahrten mit der BSAG – sie berücksichtigen Abweichungen vom Fahrplan*

30.4.2010 *Der symbolische Spatenstich für die 4,8 Kilometer lange Verlängerung der Linie 1 bis zum verlegten Bahnhof Mahndorf erfolgt*

26.5.2010 *Der Senator für Umwelt, Bau, Verkehr und Europa verleiht der BSAG als einem von zwölf bremischen Unternehmen die Auszeichnung zum Klimaschutzbetrieb CO$_2$-20*

16.9.2010 *Die ersten Gleise für die Verlängerung der Linie 1 werden in Tenever verlegt*

1.10. bis 3.10.2010 *›Sie feiern – wir fahren!‹ – die zentralen Feierlichkeiten zum Tag der Deutschen Einheit finden zum zweiten Mal in Bremen statt und bringen nach dem Kirchentag im Jahr 2009 erneut einen Großeinsatz für die BSAG*

16.12.2010 *Die BSAG erprobt zwei Elektroautos für Dienstzwecke*

1.1.2011 *Der neue Kontrakt mit der Freien Hansestadt Bremen tritt in Kraft*

4.1.2011 *Der Lilienthaler Rat beschließt die Finanzierung des Eigenanteils für den Bau der Linie 4 von Borgfeld bis Falkenberg*

17.2.2011 *Eröffnung des Lilienthaler Baubüros und Info-Points an der Falkenberger Landstraße*

1.4.2011 *Im Ortsteil Gröpelingen-Ohlenhof beginnt der Probebetrieb der Quartierbuslinie 82*

16.4.2011 *In Gröpelingen wird das letzte lokale Kundencenter geschlossen*

6.5.2011 *Der symbolische erste Spatenstich für die Verlängerung der Linie 4 von Bremen-Borgfeld bis nach Lilienthal-Falkenberg erfolgt im Ortszentrum*

5.7.2011 *Zwei Elektro-Mini-Busse werden für die Stadtrundfahrten der Bremer Touristik-Zentrale in Betrieb genommen: Emma 1 und Emma 2*

13.7.2011 *Der Bürgermeister der Gemeinde Lilienthal präsentiert in Kooperation mit der BSAG die LiLi-Werbekampagne als Marketingmaßnahme rund um den Bau der Linie 4*

18.8.2011 *Schülerinnen und Schüler, die selbst oder deren Eltern Leistungen nach Hartz IV oder nach SGB XII beziehen, können ab sofort das sogenannte SchülerTicket Bremen erwerben – das Ticket berechtigt dazu, die Verkehrsmittel des VBN in Bremen zu nutzen*

22.11.2011 *Die neue VBN-App FahrPlaner informiert über alle Busse und Bahnen der Länder Bremen und Niedersachsen, bei vielen Fahrten sogar in Echtzeit*

11.12.2011 *Das neue Busnetz Bremen-Nord mit den 90er-Linien geht an den Start – Anlass für die Umstellung ist die Betriebsaufnahme der Regio-S-Bahn*

3.2.2012 *Aufgrund der starken Kälte dürfen Obdachlose bis Ende des Monats kostenlos die Bahnen und Busse der BSAG zum Aufwärmen nutzen*

9.2.2012 *Die Pläne für den Ausbau des Bremer Straßenbahnnetzes werden modifiziert – aktuelle Überlegungen berücksichtigen eine 1,9 Kilometer lange Querverbindung Ost (QVO), die die östliche Vorstadt mit den Stadtteilen Vahr und Osterholz verknüpfen soll*

26.3.2012 *›Eine 1 für Osterholz!‹ – das erste, 4,1 Kilometer lange Teilstück der Linie 1 durch den Ortsteil Tenever zunächst bis zur provisorischen Wendeschleife Nußhorn wird eröffnet*

14./15.5.2012 *Zwischen Trupe und Tornéestraße erfolgt die erste Schienenlegung in Lilienthal*

August 2012 *Die Bauarbeiten für die rund 800 Meter lange Strecke der Linie 1 ab Nußhorn bis zum Bahnhof Mahndorf beginnen*

29.8.2012 *Auf Initiative der BSAG findet in der Straßenbahnhalle in Sebaldsbrück der Workshop ›1. Bremer Wissensbörse Elektromobilität‹ mit Teilnehmenden von interessierten Bremer Unternehmen, Institutionen, Verbänden und Vereinen statt*

5.11.2012 *Eröffnung der neuen Buslinie 20 als schnelle Direktverbindung zwischen dem Hauptbahnhof und der Überseestadt und weiter bis zum Bahnhof Walle und ins Gewerbegebiet Osterfeuerberg bis zum Hohweg*

5.11.2012 *Als neues Medium für die Fahrgastinformation wird auf der Website der BSAG ein interaktiver Liniennetzplan angeboten – er verbindet Informationsmittel wie Karten, Fahrplanauskunft und Fahrzeiten auf Basis einer interaktiven Bedienerführung*

9.12.2012 *Eröffnung der neuen Umsteigestelle Buschdeel im Ortsteil Rönnebeck*

15.1.2013 *Erprobung eines neun Meter langen Elektrobusses der Firma Solaris auf der Linie 82 in Gröpelingen*

18.1.2013 *Die BSAG erhält drei Elektro-Smarts für die interne Verwendung*

25.3.2013 *Der Planfeststellungsbeschluss für den Ausbau der Linie 8 bis nach Leeste auf niedersächsischem Gebiet ergeht*

2.4.2013 *Die Linie 1 kommt an und befährt die rund 800 Meter lange Neubaustrecke bis zum Bahnhof Mahndorf mit Umsteigemöglichkeiten zu den Nahverkehrszügen, den Busverbindungen, dem Pkw (P+R) und dem Fahrrad (B+R)*

29.4.2013 *Das Projekt ›Vahr vernünftig‹ startet mit einer attraktiven Mobilitätsstation an der Berliner Freiheit, an der Elektro-Pkw angemietet werden können – beteiligt ist neben der BSAG unter anderem der Car-Sharing-Anbieter Move About GmbH*

1.5.2013 Das AboTicket MIA wird eingeführt und ist das neue elektronische AboTicket im VBN

16.7.2013 Die BSAG testet für rund vier Wochen einen rein elektrischen Bus der Firma BYD (›Build Your Dreams‹) – der rund zwölf Meter lange Bus übertrifft die Erwartungen und fährt mehr als 250 Kilometer ohne Nachladung

12.8.2013 Die neu gestaltete Umsteige-Haltestelle Huckelriede wird eröffnet und die Linie 42 bindet den Gewerbepark Hansalinie besser an

17.10.2013 Die VBN-App Fahr-Planer erhält ein Update und zeigt Abweichungen vom Fahrplan übersichtlicher an

4.11.2013 Erprobung eines Elektrobusses des holländischen Herstellers Ebusco

26.11.2013 Ein acht Meter langer Elektrobus der Wiener Linien und der Hersteller Siemens/Rampini ist für etwa vier Wochen in Bremen zu Gast

10.12.2013 Fortschritte bei den Bauarbeiten in Lilienthal – der Verkehr fließt wieder in beiden Richtungen durch das Ortszentrum

20.12.2013 Sämtliche im Linienverkehr eingesetzten Fahrzeuge sind innen mit Videokameras ausgestattet – ein wichtiger Beitrag zur Sicherheit

21.12.2013 Zum letzten Mal wird ein Straßenbahnzug mit Hochflurtechnik eingesetzt – die Umstellung auf Niederflur ist damit komplett

11.2.2014 Michael Hünig wird als Vorstandsmitglied der BSAG bestätigt

11.3.2014 Der Gleisbau in Lilienthal ist beendet, die letzten Schienen werden am Borgfelder Landhaus im Bereich der Landesgrenze verlegt

19.3.2014 Die dritte Website der BSAG geht online – farbig und übersichtlich gestaltet erhalten die Nutzenden bequem alle Infos auf einen Blick

22.4.2014 Einführung von QR-Codes auf Haltestellenfahrplänen zunächst in Bremen-Stadt – mit ihrer Hilfe und dem Smartphone können die Fahrgäste die Abfahrtszeit in Echtzeit ablesen

5.6.2014 Endspurt für den ›Verkehrsentwicklungsplan Bremen‹ – die Verkehrsdeputation beschließt das sogenannte Zielszenario

11.6.2014 Das Planfeststellungsverfahren für die deutlich optimierte Planung der Verlängerungen der Linien 1 und 8 in Huchting wird neu eingeleitet

24.6.2014 Die erste Straßenbahn fährt von Borgfeld bis nach Lilienthal – der Schienen-Schleifwagen verkehrt als Premierenbahn auf der neuen Strecke und sorgt für glatte Gleise

15.7.2014 BSAG, Move About und GEWOBA erweitern die Mobilitätsstation in der Vahr – angeboten werden neben Elektroautos nun auch verschiedene Pedelecs und klassische Fahrräder

22.7.2014 Die BSAG erprobt einen Elektrobus des Herstellers Euracom

1.8.2014 *Die Linie 4 geht in ihre niedersächsische Verlängerung: die 5,5 Kilometer lange Strecke von Borgfeld durch Lilienthal bis zum Falkenberger Kreuz wird eröffnet – sie ist die erste Verbindung, die die Landesgrenze zwischen Bremen und Niedersachsen überquert*

● **Die Zukunft hat schon begonnen**

16.9.2014 *Eröffnung des neuen Kundencenters auf dem Vegesacker Bahnhofsplatz*
23.9.2014 *Beschluss des Verkehrsentwicklungsplans durch die Bremische Bürgerschaft*
24.10.2014 *Die Verhandlungen zwischen der Freien Hansestadt Bremen und der BSAG zum neuen Kontrakt und zum Öffentlichen Dienstleistungsauftrag (ÖDLA) beginnen*
1.12.2014 *Die BSAG erprobt einen Elektrobus des deutschen Herstellers Sileo GmbH aus Salzgitter*
14.12.2014 *Ausstattung der Aushang-Fahrpläne mit QR-Codes auch in Bremen-Nord*

1.1.2015 *›Eine Stadt, ein Tarif‹ – der VBN entspricht dem langjährigen Wunsch nach einer einzigen Preisstufe für die Bremer Fahrgäste*
17.3.2015 *Ab sofort sind Fahrplanauskünfte für den VBN auch über Google Maps erhältlich – wer dort bei der Routenplaner-Funktion den Button ›mit öffentlichen Verkehrsmitteln‹ anklickt, bekommt die nächsten Fahrtmöglichkeiten mit Straßenbahn, Bus und Zug angezeigt*
4.5.2015 *Tickets für Busse und Bahnen können jetzt verbundweit über die bekannte FahrPlaner-App des VBN auch mit dem Handy gekauft und gespeichert werden*
27.6.2015 *In den Koalitionsverhandlungen von SPD und Grünen zum neuen Senat wird der Kauf von 67 neuen Niederflur-Straßenbahnwagen beschlossen – zehn ältere Niederflurbahnen vom Typ GT8N sollen umfassend saniert werden – diese Planung wird jedoch 2017 aus wirtschaftlichen Gründen aufgegeben, sodass insgesamt 77 neue Züge bestellt werden*

1.7.2015 *Die Freie Hansestadt Bremen und der VBN schließen einen Vertrag über eine erweiterte Nutzung des StadtTickets in Bremen ab – damit erhalten Inhaber des StadtTickets die Möglichkeit, alle in der Stadt Bremen verkehrenden Verkehrsunternehmen des VBN zu nutzen*
21.7.2015 *Direkt an der Umsteigehaltestelle der Linien 1, 25 und 37 eröffnen die BSAG, der Car-Sharing-Anbieter Move About GmbH und das Einkaufszentrum Walliser Straße eine neue E-Mobilitätsstation an der Züricher Straße im Stadtteil Osterholz*
5.9.2015 *Eröffnung des Info-Points in Lilienthal – bis Mitte Dezember stehen Mitarbeitende der BSAG im Lilienthaler Ortszentrum für Fragen und Anregungen zur Verfügung*
14.9.2015 *›Wir fahren 4‹ – sieben Lilienthaler Fahrgäste der Straßenbahn haben in der Werbekampagne das Wort und berichten, warum es sich lohnt, mit der Straßenbahnlinie 4 zu fahren*

21.9.2015 *Das Planfeststellungsverfahren für die Querverbindung Ost beginnt – die Planunterlagen für den Neubau der Straßenbahnverbindung zwischen den Linien 2 und 10 und der Linie 1 werden bei der zuständigen Behörde zur Genehmigung eingereicht*

30.10.2015 *Drei Jahre lang wird die BSAG zwei zweiachsige Elektrobusse und einen batteriebetriebenen dreiachsigen Gelenkbus im alltäglichen Einsatz testen – als Lieferant für den Gelenk- und einen Solobus wurde ein deutscher Hersteller gewonnen, der zweite Solobus wird in den Niederlanden angefertigt*

10.11.2015 *Der Bremer Senat beschließt die Finanzierung für 67 neue Straßenbahnen sowie die Generalüberholung von zehn sich derzeit im Betrieb befindlichen Bahnen – insgesamt 602,3 Millionen Euro werden in den kommenden Jahren in die Bahnen sowie in die Infrastruktur der Betriebshöfe investiert, davon übernimmt die Stadtgemeinde rund zwei Drittel der Summe, die restlichen Mittel werden von der BSAG aufgebracht*

12.1.2016 *Die Ausschreibung für 67 neue Niederflur-Straßenbahnwagen wird veröffentlicht*

19.1.2016 *Gemeinsam mit ihrem Partner Move About eröffnet die BSAG am Standort Flughafendamm eine weitere Mobilitätsstation*

31.5.2016 *Zur Sitzung des Aufsichtsrats wird der neue Elektrobus von der Firma Sileo vorgestellt*

16.8.2016 *Unter der Adresse blog.bsag.de berichtet die BSAG über ihre Arbeit, erzählt Geschichten und Geschichte und erlaubt einen Blick hinter die Kulissen*

17.8.2016 *Die Stadt Bremen beabsichtigt auch in Zukunft, den ÖPNV in Bremen durch die BSAG erbringen zu lassen – dies dokumentieren die Partner des Kontrakts, die Stadt, das Verkehrsunternehmen, die Gewerkschaft ver.di und der Betriebsrat der BSAG, mit ihrer Unterschrift*

26.8.2016 *Das Niedersächsische Oberverwaltungsgericht hebt mit drei Urteilen den Planfeststellungsbeschluss der Niedersächsischen Landesbehörde für Straßenbau und Verkehr für die Verlängerung der Straßenbahnlinie 8 in die niedersächsischen Gemeinden Stuhr und Weyhe auf*

5.9.2016 *Bequem und kostenlos chatten, surfen und mailen – im Rahmen eines sechsmonatigen Probebetriebs ist der mobile Internetzugang in einigen Bussen und Bahnen der BSAG möglich*

25.10.2016 *Der Bremer Senat entscheidet über die geplante Direktvergabe des Öffentlichen Dienstleistungsauftrags (ÖDLA) über den Stadtverkehr Bremen an die BSAG und stimmt der EU-weiten Vorabbekanntmachung der geplanten Direktvergabe zu*

20.4.2017 *Die BSAG und die Polizei Bremen wollen ihre Zusammenarbeit ausweiten und sich gemeinsam für mehr Sicherheit in Bussen, Straßenbahnen und an den Haltestellen in der Stadt einsetzen*

25.4.2017 *Im Projekt Straßenbahnlinie 1 in Huchting gibt das Ergebnis der Standardisierten Bewertung grünes Licht für die Bundesförderung*

22.6.2017 *Die Gleisbauarbeiten am Hauptbahnhof beginnen – in rund elf Wochen Bauzeit werden dabei die Weichen, Kreuzungen und Bögen der Straßenbahngleise zwischen Bahnhofsplatz, An der Weide, Gustav-Deetjen-Tunnel und Bahnhofstraße erneuert*

29.6.2017 *Die BSAG und die Siemens AG unterzeichnen den Liefervertrag über insgesamt 67 Fahrzeuge der Baureihe Avenio*

14.8.2017 *Präsentation der beiden Elektrobusse des Herstellers Sileo, darunter der Gelenkbus, und eines Fahrzeugs des Herstellers Ebusco auf dem Bremer Marktplatz*

29.10.2017 *Modern, komfortabel und sicher – so präsentiert sich der neue Busbahnhof am Bahnhof Blumenthal den Fahrgästen: Das modernisierte Mobilitätsdrehkreuz im Bremer Norden ermöglicht einen bequemen Umstieg zwischen den Buslinien der BSAG, des VBN sowie der Regio-S-Bahn der NordWestBahn*

12.12.2017 *Ein zehn Meter langes Innenraummodell zeigt, wie der neue Avenio aussehen wird – zahlreiche Ausstattungsdetails werden mithilfe von Bürgerbeteiligungen weiterentwickelt*

28.2.2018 *Die ersten stationären Ticketautomaten werden an der Domsheide aufgestellt*

26.4.2018 *Die BSAG präsentiert ihr neues Vertriebssystem mit neuen Ticketautomaten an wichtigen Haltestellen und kontaktlosen Bezahlmöglichkeiten*

19.6.2018 *Das gemeinsame Fahrradverleihsystem ›WK-Bike‹ von Weser-Kurier, BSAG und Bremen Bike it geht an den Start*

22.6.2018 *Der Umbau des Kundencenters an der Domsheide beginnt*

26.6.2018 *Der ZVBN unterzeichnet den Öffentlichen Dienstleistungsauftrag (ÖDLA)*

27.7.2018 *Das Bundesverwaltungsgericht lässt in einer Entscheidung die Revision zu einem Urteil zur Verlängerung der Linie 8 nach Stuhr und Weyhe zu – das Verfahren geht damit weiter*

14.8.2018 *Im Rahmen der ›Perspektive Arbeit Saubere Stadt‹ des Senators für Wirtschaft, Arbeit und Häfen nehmen die ersten 20 Teilnehmenden ihren Dienst auf*

22.8.2018 *Vorstellung des ›Masterplan Green City Bremen‹*

4.9.2018 Die BSAG-Tour MOBILDIALOG beginnt – die Menschen teilen uns ihre Wünsche und Ideen zur Mobilität mit

9.10.2018 Der Kaufmännische Vorstand und Sprecher des Vorstands, Hajo Müller, bleibt bis zum 28. Februar 2023 im Amt – dies entschied der Aufsichtsrat der BSAG

4.11.2018 Die erste Ausgabe des neuen Kundenmagazins ›MOBILDIALOG‹ erscheint als Beilage im Weser-Kurier

5.11.2018 Die Gemeinde Stuhr weitet den Fahrplan der Buslinie 55 erheblich aus

26.11.2018 Wiedereröffnung des runderneuerten Kundencenters Domsheide

12.2018 An den neuen Verkaufsautomaten kann nun auch per Smartphone bezahlt werden

7.12.2018 Das Radio Bremen-Nachrichtenmagazin ›buten un binnen‹ informiert auf Monitoren in zunächst vier Straßenbahnwagen

1.1.2019 Der neue Öffentliche Dienstleistungsauftrag (ÖDLA) tritt in Kraft

7.1.2019 Die Linie 94 wird tagsüber mit jeder zweiten Fahrt bis Schwanewede-Nord (Am Spreeken) verlängert

28.1.2019 Die Infoplattform zum Umbau des Gröpelinger Depots geht online www.zukunft-groepelingen.de

Februar 2019 Vertragsverlängerung von Michael Hünig, Arbeitsdirektor der BSAG

1.2.2019 ›WK-Bikes‹ können nach der Registrierung auch mit der MIA-Karte geliehen werden

12.3.2019 Der Bremer Senat beschließt die Querverbindung Ost und bewilligt dafür Finanzmittel

30.3.2019 Die neue Straßenbahnlinie 5 bietet eine Direktverbindung zwischen Gröpelingen, Europahafen und Hauptbahnhof – zudem erhält die Überseestadt mit den Linien 20, 26 und 28 ein neues Busnetz – die Linien 29 (abends) und 42 werden in den neuen östlichen Bereich des Gewerbeparks Hansalinie erweitert

8.4.2019: Mit der erweiterten VBN-FahrPlaner-App kann die gewünschte Fahrkarte als HandyTicket nun auch

für den Niedersachsentarif dazu gekauft werden – sie ermöglicht Fahrgästen erstmals eine durchgehende Fahrplan- und Preisauskunft für die gesamte Strecke von Tür zu Tür über Tarifgrenzen hinweg

12.4.2019 Fahrrad und Skateboard fahren, reiten, spazieren gehen, wandern oder inlineskaten – die BSAG veröffentlicht die besten Outdoor-Plätze in einer interaktiven Freizeitkarte: freizeitkarte.bsag-netz.de

15.4.2019 Das BSAG-Fundbüro eröffnet seinen neuen Standort im Kundencenter Domsheide

2.5.2019 Mit dem Relaunch der Website www.bsag.de gehen viele Verbesserungen ans Netz

20.6.2019 Die Sonderausstellung ›Der mobile Mensch – Deine Wege. Deine Entscheidung. Deine Zukunft‹ öffnet im Universum Bremen

18.7.2019 Das neue Kundencentrum Hauptbahnhof eröffnet im ›City-Gate‹

Dezember 2019 Die ersten beiden neuen Bremer Straßenbahnen werden geliefert

Der mobile Mensch im Universum Bremen

Universum Bremen

Mehr Infos:
www.dermobilemensch.de

ERFORSCHEN SIE IHRE PERSÖNLICHE MOBILITÄT

Gibt es Alternativen zu meiner jetzigen Verkehrsteilnahme und kommen sie für mich überhaupt infrage? Auf welche Art und Weise werden wir uns künftig durch die Stadt bewegen und wie wird Bremen dann aussehen? In unserer Ausstellung ›Der mobile Mensch – Deine Wege. Deine Entscheidung. Deine Zukunft‹ im Veranstaltungszentrum Universum Bremen können Sie sich nicht nur auf unterhaltsame Art über Perspektiven der Fortbewegung informieren, sondern sich zudem aktiv in das Geschehen einbringen. Noch bis August 2020 haben Sie die Möglichkeit, Ihre eigenen Mobilitätsbedürfnisse zu erforschen – und sie dabei zugleich auch zu hinterfragen.

Fachliches

Die Ausstellung informiert unter anderem über den sich verändernden Alltag in der Stadt und dessen Effekt auf die Mobilität. Zentrale Fragestellungen sind: Welchen Einfluss haben Wohnen, Arbeiten und Konsum auf unsere Fortbewegung? Wie mobil gestalten wir unsere Freizeit? Welche Rolle spielt dafür eine sichere Energieversorgung?

Erlebnisse

Die Sonderausstellung bietet acht Stationen mit je einem interaktiven Exponat, einem rund zweiminütigen digitalen Minispiel sowie einem Ideentisch mit innovativen Praxisbeispielen. So haben Besucherinnen

Rauf auf den Sattel! Durch schnelles Radeln können die Ausstellungsgäste virtuelle Landschaften erblühen lassen und gleichzeitig etwas für die Gesundheit tun.

und Besucher die Möglichkeit, einer Spielfigur eine möglichst stressfreie Reise zu ermöglichen. An anderen Stationen balancieren Sie über einen virtuellen Abgrund, bringen beim Radeln eine virtuelle Landschaft um sich herum zum Blühen oder schlüpfen in die Position eines Stadtplaners. Spielerisch erfahren Sie ganz nebenbei, welche modernen Mobilitätsformen es heute schon gibt und mit welchen Technologien die Menschen künftig von A nach B kommen werden.

An den Stationen werden zudem die Erwartungen der Gäste hinsichtlich der Sicherheit, der gesundheitlichen Auswirkungen, der Verfügbarkeit, der Flexibilität und des Komforts von Verkehrsmitteln erhoben. Alle Ergebnisse werden von Ihrem Begleiter, einer handlichen intelligenten Plastikkugel, registriert. Dank eines integrierten Chips kann man mit deren Hilfe wichtige Ausstellungsergebnisse speichern oder die Multi-Touch-Displays an den acht Stationen aktivieren. Am Ende der Ausstellung verrät die Kugel Ihnen, welchem Mobilitätstyp Ihr Verhalten entspricht. Darüber hinaus können Sie uns natürlich auch noch mitteilen, welcher Mobilitätstyp Sie in Zukunft sein wollen. Nach dem Parcours erwartet Sie zudem ein Blick in Ihre ganz persönliche virtuelle Stadt – gestaltet nach den eigenen mobilen Bedürfnissen.

Nachdenken

Ein wichtiges Ziel der interaktiven Ausstellung ist es, die Menschen zum Nachden-

Dieses Team hat die Ausstellung ›Der mobile Mensch‹ vorbereitet.

ken anzuregen. Denn es gibt für die zukünftige Fortbewegung in der Stadt nicht nur eine einzige Vision: Wir beleuchten das Thema Mobilität daher aus verschiedenen Blickwinkeln und möchten Verständnis für die Vielfalt der Entwürfe wecken. Aus dem Grund haben die Macher ganz unterschiedliche Partner für das Projekt zusammengebracht. Neben dem Universum Bremen und der BSAG sind das Mercedes-Werk Bremen, die GEWOBA Aktiengesellschaft Wohnen und Bauen, der Versorger swb AG und die Gruppe für Gestaltung beteiligt. Für die wissenschaftliche Begleitung und Beratung konnte das Deutsche Zentrum für Luft- und Raumfahrt (DLR) mit dem Institut für Verkehrssystemtechnik aus Braunschweig sowie dem Institut für Verkehrsforschung aus Berlin gewonnen werden. Unterstützt wird die Sonderausstellung von der Wirtschaftsförderung Bremen (WFB).

So geht es weiter

Die Ausstellung im Universum bietet die ideale Gelegenheit, sich bei dem globalen Thema Mobilität auf die lokalen Bremer Bedürfnisse zu fokussieren. Zur Ergänzung und Vertiefung planen die Macher weitere Aktivitäten und Veranstaltungen mit zusätzlichem Raum für Ihre Beteiligung. Denn wir wollen im direkten Kontakt mit den Menschen bleiben.

- Infos: Universum Bremen
  Wiener Straße 1a,
  28359 Bremen
  Web: www.universum-bremen.de
  Telefon: 0421 / 33 46-0

Mobilität

Die Straßenbahnlinie 6 bringt Sie in etwa 15 Minuten vom Hauptbahnhof Richtung Universität zum Universum Bremen (Haltestelle Universität Süd). In etwa 5 Gehminuten entlang der Universitätsallee erreichen Sie das Universum Bremen. Alternativ erreichen Sie uns über die Straßenbahnlinie 8 bis Endstation Kulenkampffallee und Umstieg in die Buslinie 22 (Horn-Lehe / Spittaler Straße) bis zur Haltestelle Wiener Straße, die sich direkt vor dem Universum Bremen befindet.

An digitalen Spielen schlüpfen die Besuchenden beispielsweise in die Rolle eines Mobilitätsmanagers und helfen den Bewohnerinnen und Bewohnern, passende Fortbewegungsmittel in ihrer Nähe zu finden.

Unsere Ausstellung

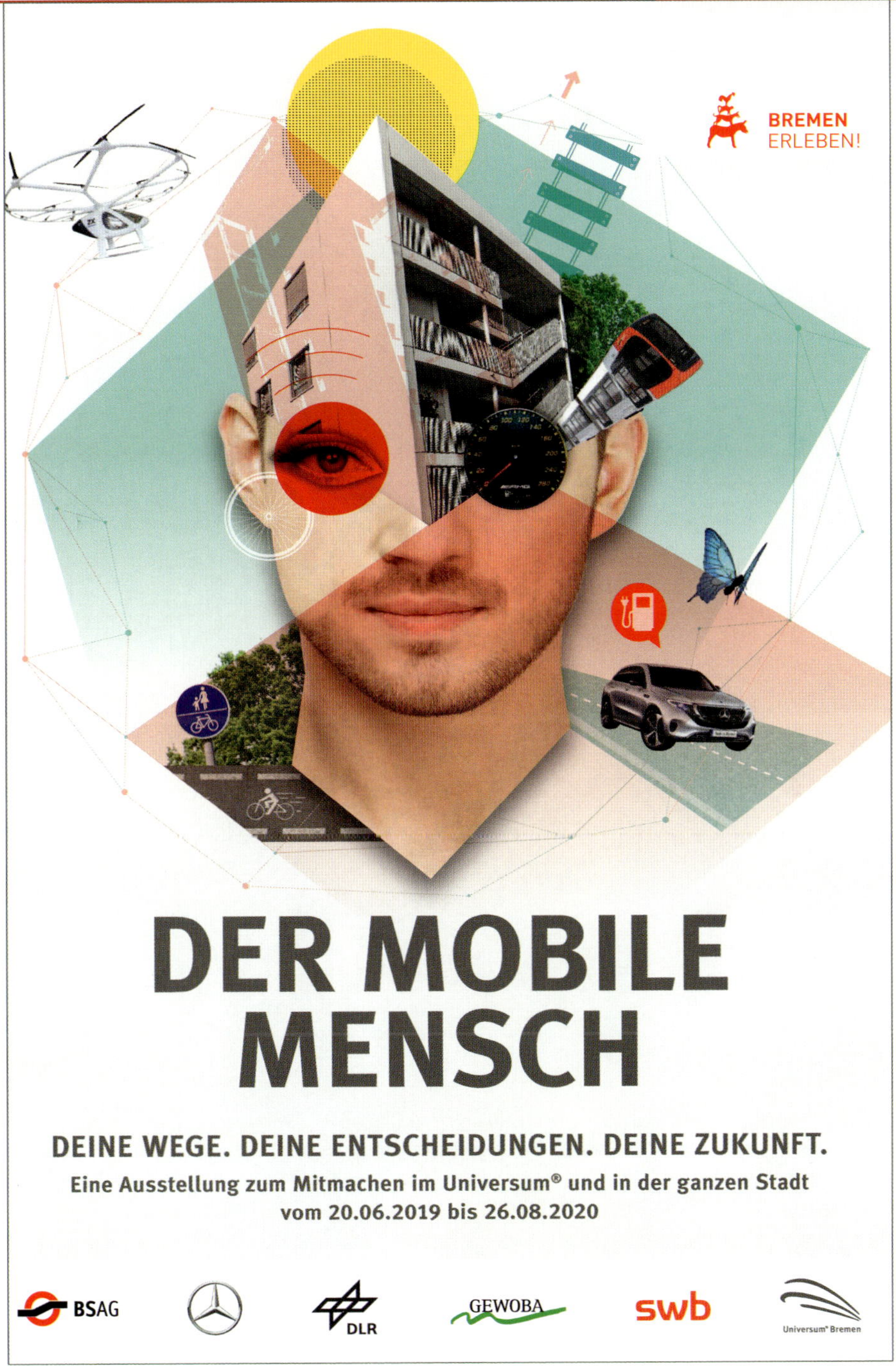
BREMEN
ERLEBEN!
DER MOBILE
MENSCH
DEINE WEGE. DEINE ENTSCHEIDUNGEN. DEINE ZUKUNFT.
Eine Ausstellung zum Mitmachen im Universum® und in der ganzen Stadt
vom 20.06.2019 bis 26.08.2020
BSAG
DLR
GEWOBA
swb
Universum® Bremen

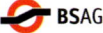

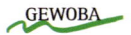

Hauptbahnhof

LITERATURQUELLEN

Für die Bearbeitung dieses Buchs wurden verschiedene Veröffentlichungen der Bremer Straßenbahn AG genutzt, so unter anderem Geschäftsberichte, Journale, das BSAG-Kundenmagazin MOBIL-DIALOG, die Mitarbeitendenzeitung auftour, Pressemitteilungen etc. Ich danke zudem dem Verein Freunde der Bremer Straßenbahn für die Erlaubnis zur Nutzung des Archivs und verschiedener Publikationen, wie zum Beispiel der Veröffentlichungsreihe ›Die Elektrische‹.

Weitere wesentliche Quellen sind:
- Der Senator für Umwelt, Bau und Verkehr: Verkehrsentwicklungsplanung Bremen 2025, Oktober 2014
- Der Senator für Umwelt, Bau und Verkehr: Masterplan Green City Bremen, August 2018
- Freie Hansestadt Bremen: Zukunft Bremen 2035, Ideen für morgen, Oktober 2018
- Wikipedia – Die freie Enzyklopädie
- Zweckverband Verkehrsverbund Bremen/Niedersachsen: Nahverkehrsplan 2018–2022, Bremen, Stand Mai 2018

ABBILDUNGSNACHWEIS

Archiv BSAG / FdBS:
72, 76, 78, 79, 81, 84, 85, 88, 89, 91–95, 98, 99, 101, 109–111, 115–119, 124, 126, 127, 130, 131, 139–142, 150, 153, 154, 162/163, 167, 169, 170, 174, 178, 228/229

Archiv Hansa Waggonbau GmbH:
102, 103, 106

Michael Balho:
38, 163

Heiner Brünjes:
7, 22, 30–34, 39, 40, 42, 43, 50–52, 54, 58, 59, 62, 65, 66–69, 74, 78, 87, 104, 108, 114, 145, 147, 149, 159, 160/161, 166, 177, 188, 191, 195–201, 207–209, 211, 213

Archiv BSAG:
41, 55, 56, 64

Thomas Joswig:
Vorsatz, 8/9, 12/13, 70/71, 82/83, 96/97, 132/133, 186/187, 216/217, 224/225, 244/245, 250/251, Nachsatz

Dietmar Krebs:
6/7, 135–137

Madita Krügler:
50

Konrad Lübbers:
120

Martin Poloczek:
178

Werner Rabe:
105, 107, 121, 122

Martin Rospek:
4, 17, 18–20, 25, 28, 29, 36, 37, 40, 44, 53, 60, 61, 76, 113, 129, 134, 144, 146, 148, 151, 156, 158, 161, 162, 171, 173, 175, 179–185, 200, 202, 203, 205, 221, 236/237

Senator für Bau:
34, 35, 46–49, 193

Siemens AG:
1, 2/3, 14/15, 26, 254/255

Jochen Stoss:
155

Focke Strangmann:
30

Geoffrey Tribe:
125

Universum® Bremen:
246–249

Tristan Vankann:
11, 211, 218

WEITERE FOTOS VOM BAU DER ›NORDLICHTER‹

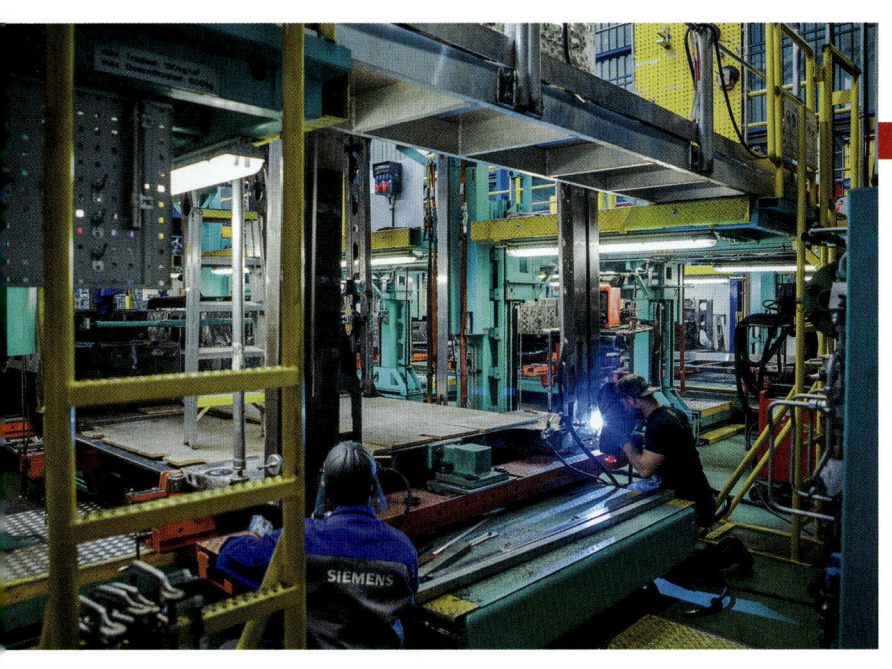

BREMER KARTE

WeserQuartier